古典文獻研究輯刊

二九編

潘美月・杜潔祥 主編

第 1 冊

《二九編》總目

編 輯 部 編

文獻學視域下的《藝文類聚》研究

韓 建 立 著

國家圖書館出版品預行編目資料

文獻學視域下的《藝文類聚》研究／韓建立 著 -- 初版 --
新北市：花木蘭文化事業有限公司，2019〔民 108〕
目 4+206 面；19×26 公分
（古典文獻研究輯刊 二九編；第 1 冊）
ISBN 978-986-485-940-5（精裝）
1. 藝文類聚 2. 研究考訂
011.08   108011991

ISBN-978-986-485-940-5

9 789864 859405

古典文獻研究輯刊
二九編　第 一 冊   ISBN：978-986-485-940-5

文獻學視域下的《藝文類聚》研究

作　　者　韓建立
主　　編　潘美月　杜潔祥
總 編 輯　杜潔祥
副總編輯　楊嘉樂
編　　輯　許郁翎、王筑、張雅淋　美術編輯　陳逸婷
出　　版　花木蘭文化事業有限公司
發 行 人　高小娟
聯絡地址　235 新北市中和區中安街七二號十三樓
　　　　　電話：02-2923-1455／傳真：02-2923-1452
網　　址　http://www.huamulan.tw 信箱 hml810518@gmail.com
印　　刷　普羅文化出版廣告事業
初　　版　2019 年 9 月
全書字數　154720 字
定　　價　二九編 29 冊（精裝）新台幣 58,000 元　　版權所有・請勿翻印

《二九編》總目

編輯部　編

《古典文獻研究輯刊》二九編　書目

《二九編》各書作者簡介・提要・目次

第一冊　文獻學視域下的《藝文類聚》研究

作者簡介

　　韓建立，吉林大學古籍所博士，目前執教於吉林大學文學院，碩士生導師。講授中國語文教育文獻研究、唐宋詩詞鑒賞等課程。主要研究方向爲類書與文學、語文課程與教學。

提　要

　　本書以「問題」爲導向，在文獻學視域下，選擇目前《藝文類聚》研究中的重要問題加以闡述，涉及《藝文類聚》書名釋義、權力話語與編纂背景、編纂人員、編纂的主導思想、引用書目、分卷依據和部類數量、類目編排、輯錄文獻的方法、事文合璧的編纂體制、事前文後的編排次序及其影響、分類思想、子目數量、互著與別裁、參見法、索引功能及其現代價值、分類與主題相結合的目錄體系、選錄的文體名稱和數量、對陶淵明的認知與接受等諸多方面，糾正了謬誤，澄清了模糊不清的認識，充實了現有的研究成果。

目　次

第二、三、四、五冊　文獻辨僞書錄解題

作者簡介

　　司馬朝軍，湖南南縣人，珞珈特聘教授，上海社會科學院歷史研究所研究員、古代史室主任。曾任武漢大學國學院經學教授、歷史學院專門史教授、信息管理學院文獻學教授、中國傳統文化研究中心研究員、四庫學研究中心主任。著有《四庫全書總目研究》《四庫全書總目編纂考》《四庫全書總目精華錄》《續修四庫全書雜家類提要》《四庫全書與中國文化》等四庫學系列著

作，主撰《辨偽研究書系》，此外出版國學系列著作多種（如《國故新證》《國故新衡》《漢志諸子略通考》《子略校釋》《黃侃年譜》《黃侃評傳》等），著述遍及四部。組織主持「經學論壇」與「江南學論壇」，主編連續性學術集刊《傳統中國研究集刊》與不定期學術集刊《江南學論壇》。

提　要

　　《文獻辨偽書錄解題》是一部有關文獻辨偽學研究的專門書目，收錄文獻辨偽學研究的論文與著作，著錄時間範圍為 1912～2018 年，共收錄 3926 條。重要文章附錄摘要或者結論，一般經過加工提煉。少數篇目加了案語，個別地方附錄了相關鏈接。大體分為十類：首四類大體按照四庫分類，次錄佛、道二藏，末為辨偽論著。按「部──大類──小類」排列，小類一般按照時間順序排列。一般只收錄中文論著，暫不收外文論著（偶而著錄日文論著）。書後附錄了作者索引，按照音序排列。

目　次

第二冊

第三冊

第六、七冊　敦煌文獻校讀記

作者簡介

蕭旭，男，漢族，1965 年 10 月 14 日（農曆）出生，江蘇靖江市人。常州大學兼職教授，南京師範大學客座研究員。中國訓詁學會會員，中國敦煌吐魯番學會會員。

無學歷，無職稱，無師承。竊慕高郵之學，校讀群書自娛。出版學術專著《古書虛詞旁釋》、《群書校補》、《群書校補（續）》、《淮南子校補》、《韓非子校補》、《呂氏春秋校補》、《荀子校補》，560 萬字。在海內外學術期刊發表學術論文近 120 篇，都 200 萬字。

提　要

敦煌寫本多俗字俗語詞的性質，決定了敦煌寫本的錄文、校注，無論是誰做的，都不能十分準確，誤錄、誤校、誤注、失校、失注隨處可見。前人的校錄工作，都有重新核對圖版重新審視的必要。《敦煌文獻校讀記》是我所讀一部分敦煌文獻的校讀札記。

目　次

上　冊

第八、九冊　《白虎通疏證》研究

作者簡介

　　邵紅艷，山東省汶上縣人。2014 年畢業於浙江大學古籍研究所，獲博士學位，同年進入曲阜師範大學文學院工作至今。2016 年進入山東大學儒學高等研究院從事博士後研究工作。主要從事先秦兩漢文學文獻研究，曾在《中華文史論叢》、《圖書館雜誌》等刊物上發表論文。

提　要

漢代，班固撰《白虎通》，清代的陳立爲之疏解，著《白虎通疏證》十二卷。本文從文獻學角度對陳立《白虎通疏證》進行研究，以解決《白虎通疏證》版本選擇與文本利用方面存在的一些問題，主要深入研究了以下幾方面：

一、考證了《白虎通疏證》版本的優劣。通過異文考證與統計數據得出《皇清經解續編》本優於淮南書局本，並論說了中華書局整理點校本《白虎通疏證》在底本選擇與點校方面的缺失，亦指出了《續修四庫全書》所收《白虎通疏證》的版本並非善本。

二、揭示了《白虎通疏證》的體例與成績。通過對陳立所創體例從部分到整體的關照，可以更好地理解陳立疏解時的行文特點以及著力點。通過對陳立所取得的校勘成績與訓詁成績的探討，可以更好地把握陳立《白虎通疏證》的價值所在。如，既有校《白虎通》原文與盧文弨注以及徵引文獻的校勘學價值，又有辨明今古文書與訓釋字、詞義等方面的語言學價值。

三、論說了《白虎通疏證》的缺失。通過原因分析與文本表現的舉例論說，指出了《白虎通疏證》還存在一些問題，該書亟需繼續整理完善。

四、概括了《白虎通疏證》的影響力。學者對陳立《白虎通疏證》的讚譽以及其學說理論的贊同是最好的詮釋。另外，輯錄了該書頗具影響力的一個方面，即陳立在辨別今古文說方面所做的努力。

五、整理點校《白虎通疏證》。本文下編以《皇清經解續編》本《白虎通疏證》爲底本進行整理點校。其創新之處表現在三個方面：第一，所選底本爲眞善本；第二，所搜集到的《白虎通疏證》相關版本較爲齊全；第三，全面吸收孫詒讓、孫星華、劉師培等前輩的校勘成果。下編僅錄《白虎通疏證》第一卷爲例，以便引起學界重視。

目　次

第十冊　《唐會要》研究

作者簡介

　　董興艷，歷史學博士，畢業於廈門大學歷史系。曾任四川師範大學歷史與旅遊文化學院講師、廈門大學出版社編輯，現爲廈門大學馬克思主義學院助理教授，主要研究方向爲中國歷史文獻學。

提　要

　　《唐會要》一百卷，由宋人王溥在唐人蘇冕《會要》四十卷、崔鉉《續會要》四十卷的基礎上編撰而成，兩宋時三書各自行世，明代以前《會要》、《續會要》逐漸亡佚，《唐會要》流傳至今。《唐會要》是現存最早的會要體史書，全面記載唐代典章制度沿革，具有很高的史料價值和史學價值。本書從利用史料的實際需要出發，從文獻學的角度考察了《會要》、《續會要》、《唐會要》撰者生平事蹟、成書過程、史料來源、版本流傳、校勘輯佚，以及會要體史書創立與發展等問題。認爲蘇冕在繼承《周禮》、《春秋》、紀傳體書志等前代史書的基礎上，撰成第一部會要體史書，開創了新的史書體裁。從《會要》、《續會要》到《唐會要》，會要體史書的體例、編撰思想有所變化：《續會要》的體例基本承自《會要》；《唐會要》保留了《會要》門類的主體，大部分史料取自《會要》、《續會要》；《唐會要》有一定的創新，《會要》、《續會要》的門類當更謹嚴，「鑒戒」、「垂訓」的意味更濃，王溥《唐會要》門類更散漫繁瑣，更利於保存史料，以供官員尋檢。從對《唐會要》經濟史料的校勘來看，《唐會要》通行本各有優劣，對四庫本與殿本的差異要引起重視。

目 次

第十一冊　宋代聖政錄研究

作者簡介

他維宏，1992 年生，甘肅永靖人，山東大學歷史文化學院博士研究生。主要研究宋代地方官學、西北史等。

提　要

本書分為上、下兩編。上編主要對宋代聖政錄的編修機制（包括編修緣起、編修機構、參編人員、編纂過程、體例、內容、進呈和管理制度）、聖政錄與其他史籍（如時政記、日曆、起居注、會要、玉牒、寶訓）的關係、聖政錄的政治、社會和文化功能，以及聖政錄的修纂對後世修史的影響等方面進行深入研究。下編對於現存於其他史籍中的宋代多部聖政錄之佚文進行輯錄。

目　次

第十二、十三、十四冊　胤禎（允禵）西征奏稿全本（清廷統一西藏史料輯錄一）

作者簡介

蔡宗虎，甘肅省平涼市人，西元二〇〇五年畢業於西安交通大學，工學碩士學位，史地愛好者。

提　要

　　胤禎（胤禎爲本名，允禵爲清世宗繼位後爲避諱而改者）者爲清聖祖長成者第十四子，清世宗胤禛同母弟。康熙五十四年準噶爾部侵襲哈密，清廷與準噶爾之戰爭自噶爾丹爲清聖祖擊滅後再起，康熙五十六年準噶爾遠襲統治西藏爲清廷敕封之和碩特蒙古翊法恭順汗拉藏，據有西藏，四川青海雲南甘肅皆置準部兵鋒之下，且準部擁拉藏汗所立六世達賴喇嘛伊喜嘉措及五世班禪額爾德尼二喇嘛以號令蒙藏二族，清廷滿蒙同盟之國策將傾，故必爭之。康熙五十七年清聖祖命湖廣總督署理西安將軍額倫特、侍衛色楞自青海進軍西藏，至那曲全軍敗沒，額倫特戰死，色楞被俘。清聖祖鑒額倫特全軍覆沒之前事，改其軍事征服之策，謀以宗教之名義號召青海蒙古之助己，亦招藏人勿拒清兵也，康熙五十七年命胤禎爲撫遠大將軍帥師出征，至康熙五十九年八月二十三日四川路清軍入拉薩，九月十五日青海路清軍青海蒙古軍護送七世達賴喇嘛至藏坐床，西藏終納清廷之治下，胤禎建殊勳於青史也。而胤禎於康熙晚年頗爲清聖祖器重，大有皇位將屬之勢，此爲其兄胤禛所忌，及至清世宗即位即自軍前召回而終雍正朝囚禁之，胤禎西征之史實於《清聖祖實錄》等官書幾刪略殆盡而泯滅不聞，今存世胤禎之奏摺爲此一史實最原始之記載也，本書蒐集整理之，以爲學人之取資。

目　次

第十五、十六、十七冊　平定西藏紀略（清廷統一西藏史料輯錄二）

作者簡介

　　蔡宗虎，甘肅省平涼市人，西元二〇〇五年畢業於西安交通大學，工學碩士學位，史地愛好者。

提　要

　　統一西藏爲清聖祖晚年之偉業，帥師出征者爲聖祖第十四子胤禛，胤禛之奏摺已於《胤禛（允禵）西征奏檔全本》整理之。而清聖祖之統一西藏實謀劃周全，遣五路大軍與準噶爾戰，雲南之兵與四川路清軍合爲一路，以定西將軍噶爾弼統之，是爲四川入藏清軍。青海爲入藏之主力，胤禛居此調度統籌，清軍合之青海蒙古軍以平逆將軍延信統之，護送七世達賴喇嘛入藏。振武將軍傅爾丹於阿爾泰，靖逆將軍富寧安於巴里坤率師兩路進擾準部以分其力，免其援軍西藏。因胤禛居青海之故，青海路進軍之奏摺均彙於胤禛而上奏之，而四川、阿爾泰、巴里坤、雲南諸路備兵進軍之情形因路途遙遠皆未奏於胤禛，故胤禛之奏摺多爲青海路清軍之情形，於其餘諸路之情形甚少，本書將散見於諸書關涉者一一輯錄，彙爲一書，仿清代紀略體名之《平定西藏紀略》，合之《胤禛（允禵）西征奏檔全本》，既爲清廷統一西藏文檔之全璧，亦爲清聖祖擊滅噶爾丹後，自康熙五十四年準噶爾襲擊哈密至清聖祖駕崩此一時期清準戰爭文檔之彙集。

第十八、十九、二十、二一冊　劉毓崧文集校證

作者簡介

　　陳開林（1985～），湖北麻城人。2009 年畢業於重慶工商大學商務策劃管理學院，獲管理學學士學位（市場營銷專業商務策劃管理方向）。2012 年畢業於湖北大學文學院，獲文學碩士學位（中國古代文學先秦方向）。2015 年畢業於華中師範大學文學院，獲文學博士學位（中國古代文學元明清方向）。現爲鹽城師範學院文學院講師。主要研究宋元明清文學、近代文學、中國古典文獻學、經學。出版專著《〈全元文〉補正》，並在《圖書館雜誌》《文獻》《中國典籍與文化》《古典文獻研究》《圖書館理論與實踐》《中國詩學》等刊物發表論文 90 餘篇。

提　要

　　儀徵劉氏（劉文淇、劉毓崧、劉壽曾、劉師培）四世傳經，馳譽藝林。劉毓崧的文集內容豐贍，極富學術價值，有整理、考釋之必要。基於此，本書選擇劉毓崧文集作爲考察對象，以期爲學界提供一個較爲完備的文本。內容主要包括兩個方面：一、以求恕齋《通義堂文集》十六卷爲底本，施以現代標點。二、對劉毓崧文集加以疏證。疏證有別於傳統的箋注，重在文字音讀、版本異同、文字釋義等，而是側重於作品繫年、爲何人代筆、引書考索、相關人事觀點的補充說明等，以便爲相關研究提供較爲集中的材料。

目　次

〔註1〕「代」，正文作「儀徵縣志稿」。

第二二、二三冊　「大學國文」科課程研究（1898～1983）

作者簡介

楊鍾基，一九四三年十二月生於香港。學歷：一九六七年畢業於香港中文大學，獲榮譽文學士。一九七二年日本京都大學文學部博士課程畢業。職歷：一九七三年至二〇一四年任教於香港中文大學中國語言及文學系，先後任副講師、講師、教授。行政職務及校外服務舉要：聯合書院通識教育主任、語文自學中心中文部主任、香港考試局中國語文科科目委員會及考試委員會主席。學術著作：《詩集傳輯校》等三十餘種。

提　要

筆者這份《大學國文科課程研究》書稿，是一九八三年的一項課題結項報告，從寫作時間上看，是中國大學語文百年第一種專題著作，當時未及出版，現經「全國大學語文研究會」同仁推薦，認為有出版價值。書稿分正文與附錄兩大部分，正文又分三章：第一章「大學國文科的歷史沿革」，從清朝末年起，述及「一九一二至一九三六年」「一九三七年至一九四九年」「一九四九年至現在」等幾個歷史階段大學國文學科的發展過程。第二章「大學國文科教材」，詳細介紹了有代表性的三十六種大學國文教材，並略加點評。第三章「大學國文科課程檢討」，研究了設置本科的意義、教學目標、課程設計等重要問題。書稿又有三種附錄，所附資料既是筆者撰寫書稿之所本，亦可為讀者及後來研究者提供方便。書後附《大學國文課程百年變遷與新世紀的挑戰》一文，雖是後來的寫作，卻正是前期書稿研究的拓展性成果。

目　次

第二四、二五冊　中俄文學交流論稿

作者簡介

　　李逸津，男，1948 年 10 月出生於天津市，1973 年畢業於天津師範學院（現天津師範大學）中文系，留校任教，直至 2011 年退休。曾任天津師範大學文學院教授、文藝理論教研室主任、國際中國文學研究中心副主任。於 1988～1989 年、1999～2000 年兩度受國家公派，到俄羅斯列寧格勒國立赫爾岑師範學院、聖彼得堡國立大學做訪問學者。在國內外學術刊物發表中國古代文論、中俄文學關係研究論文 80 餘篇，70 餘萬字。出版個人及合作學術專著 7 部，主編古代文論和美學教材兩部。

提　要

　　本書為作者自 2009 年以來，參與多個國家或省部級社會科學重點研究項目而撰寫的論文匯編。各篇所論，基本圍繞 20 世紀中國與俄羅斯（包括蘇聯時期）之間文學交流這個中心。內分「文化外播」「文論吸納」「個案分析」三編，分別介紹俄羅斯漢學關注中國民俗文學與文化的傳統，並通過譯介中國古代志怪傳奇、「三言二拍」、《聊齋誌異》等通俗小說對中國民俗文化的接受與闡釋；中國自 20 世紀 30 年代左翼文學運動，尤其是 1949 年之後對俄蘇文論的吸收引進和本土化改造；當代俄羅斯著名漢學家宏觀論述中國文學史寫作和中國現代文學在俄蘇的研究情況，以及對《文心雕龍》《金瓶梅》《紅樓夢》等中國古典文學和文學理論經典著作的專題研究史。所有論文皆建立在實證材料的基礎上，舉證翔實，史論結合，對所述材料不是簡單羅列，而是皆有作者個人的議論和點評，具有一定的民俗學、文藝學、文學史研究乃至翻譯闡釋學方面的理論價值。文中所引俄文資料，大多由作者直接根據原文譯出，其中有些材料係首次向中文讀者披露，故亦有一定的資料價值。讀者可從中瞭解 20 世紀俄羅斯漢學—文學研究的發展概況，中國文學與文化在俄羅斯的傳播，以及中國特色現代文藝理論體系對俄蘇文論選擇性吸納的歷程。

目　次

第二六、二七、二八、二九冊　國故新語

作者簡介

　　司馬朝軍，湖南南縣人，文獻學博士，珞珈特聘教授，上海社會科學院歷史研究所研究員、古代史室主任。曾任武漢大學國學院經學教授、歷史學院專門史教授、信息管理學院文獻學教授、中國傳統文化研究中心研究員、四庫學研究中心主任。著有《四庫全書總目研究》《四庫全書總目編纂考》《四庫全書總目精華錄》《續修四庫全書雜家類提要》《四庫全書與中國文化》等四庫學系列著作，主撰《辨僞研究書系》，此外出版國學系列著作多種（如《國故新證》《國故新衡》
《漢志諸子略通考》《子略校釋》《黃侃年譜》《黃侃評傳》等），著述遍及四部。組織主持「經學
論壇」與「江南學論壇」，主編連續性學術集刊《傳統中國研究集刊》與不定期學術集刊《江南學論壇》。發起成立中國經學研究會、中國四庫學研究會，並擔任負責人。

提　要

　　《國故新語》是繼《國故新證》《國故新衡》之後的又一部國學方面的文集，分爲五輯：輯一收論文，收錄四庫學、經學、諸子學以及章黃之學方面的近作；輯二收筆記，收入專類學術筆記；輯三收序跋，分爲四庫學之什、辨僞學之什、國學之什、黃學之什；輯四爲雜俎，收入感言、講話、雜感、選題、提綱；輯五爲附錄，收前輩時賢的序跋、評論及報導文章。此書既是國學方面的文章彙編，也能從那些序跋文字中大致窺見作者艱辛探索的歷程，在某種意義上此書也可以視爲作者的學術自傳。

目　次

第一冊

傅傑教授序

小　引

第三冊

文獻學視域下的《藝文類聚》研究

韓建立 著

作者簡介

韓建立，吉林大學古籍所博士，目前執教於吉林大學文學院，碩士生導師。講授中國語文教育文獻研究、唐宋詩詞鑒賞等課程。主要研究方向爲類書與文學、語文課程與教學。

提　　要

　　本書以「問題」爲導向，在文獻學視域下，選擇目前《藝文類聚》研究中的重要問題加以闡述，涉及《藝文類聚》書名釋義、權力話語與編纂背景、編纂人員、編纂的主導思想、引用書目、分卷依據和部類數量、類目編排、輯錄文獻的方法、事文合璧的編纂體制、事前文後的編排次序及其影響、分類思想、子目數量、互著與別裁、參見法、索引功能及其現代價值、分類與主題相結合的目錄體系、選錄的文體名稱和數量、對陶淵明的認知與接受等諸多方面，糾正了謬誤，澄清了模糊不清的認識，充實了現有的研究成果。

目次

一、《藝文類聚》釋名

　　據歐陽詢《藝文類聚序》說：「爰詔撰其事且文，……號曰《藝文類聚》。」
〔註1〕《藝文類聚》是唐高祖李淵下令纂修的。《舊唐書・令狐德棻傳》《舊唐
書・歐陽詢傳》和《唐會要・修撰》都有奉詔編纂的記載。它收錄範圍廣，
經史子集無所不錄，爲綜合性類書。

　　書名《藝文類聚》，說明了它的編纂手法，即把採集的資料分類編排，以
類聚「事」與「文」。

　　對其名稱的由來，可以分開來理解，即由「藝文」和「類聚」兩個詞構成。

（一）《漢語大詞典》和方師鐸對「藝文」的解釋

　　《漢語大詞典》對「藝文」的解釋是：

　　　　① 六藝群書之概稱。漢班固《典引》：「苞舉藝文，屢訪群儒。」
　　《南史・隱逸傳上・雷次宗》：「時國子學未立，上留意藝文……凡
　　四學並建。」宋司馬光《仁宗賜張公卿書記》：「當是時，國家中外
　　無事，天子方向藝文。」② 辭章；文藝。晉葛洪《抱朴子・審舉》：
　　「心悅藝文，學不爲祿。」唐白居易《賦賦》：「四始盡在，六義無
　　遺，是謂藝文之儆策，述作之元龜。」況周頤《蕙風詞話續編》卷
　　二：「楊娃亦稱楊妹子，宋寧宗恭聖皇后妹，以藝文供奉内廷。」魯
　　迅《墳・科學史教篇》：「希臘、羅馬科學之盛，殊不遜於藝文。」
　　③ 見「藝文志」。〔註2〕

〔註1〕（唐）歐陽詢，撰；汪紹楹，校，藝文類聚〔M〕，上海：上海古籍出版社，
　　　　1999：27。（以下簡稱「《藝文類聚》」）
〔註2〕羅竹風，主編，漢語大詞典：縮印本〔M〕，上海：漢語大詞典出版社，1997：
　　　　5557。

　　《漢語大詞典》對「藝文」的解釋，有以下不足。第一，忽視了「藝文」產生的時代，即它是一個至少在漢代就已經出現的詞彙，是一個「古語」，而「古語」是以單音詞為主的，所以將「藝文」僅僅解釋為「六藝群書之概稱」，就混淆了「藝」與「文」各自的含義，不能追述詞語的語源。第二，將「藝文」解釋為「六藝群書之概稱」，縮小了義項的內涵，這樣的解釋不夠完備，也不十分準確。第三，將「藝文」解釋為「辭章、文藝」，又抹殺了「藝」的含義。

　　方師鐸對「藝文」的解說是：「自魏、晉以至隋、唐，甚至延長到北宋，這一段時期中的文學觀念，是與我們今日大不相同的。他們把：文學和學術、詞藻和聲韻、類事和訓詁，完全牽扯到一塊兒，而總稱之為『藝文』。」〔註3〕這種解釋也同樣是不十分準確的，混淆了「藝」與「文」各自的含義，模棱兩可，讓人覺得「藝」與「文」是兩個意義相近或相等的語素。

　　《漢語大詞典》認為「藝文」的一個義項是指「藝文志」。何謂「藝文志」呢？《漢語大詞典》的解釋是：

　　　　中國歷代紀傳體史書、政書、方志等，將歷代或當代有關圖書典籍，彙編成目錄，謂之「藝文志」。區分類例，始於劉歆《七略》。班固《漢書》首著《藝文志》，分六藝、諸子、詩賦、兵書、術數、方技六略。其後《新唐書》、《宋史》、《明史》、《清史稿》亦相繼編纂《藝文志》。《隋書》、《舊唐書》改稱《經籍志》，性質則相同。其類例自《隋志》後大都改為經、史、子、集四部。清代學者對後漢、三國、兩晉、南北朝、五代、遼、金、元各史原無藝文志者做了大量輯補工作，都另刊行世。藝文志的編纂，對研究歷代圖書文獻，考訂學術源流，頗具參考價值。方志中編輯收錄的詩文，亦多稱「藝文志」。亦省稱「藝文」。《宋書・律曆志上》：「典墳殘缺，耆生碩老，常以亡逸為慮。劉歆《七略》，固之《藝文》，蓋為此也。」〔註4〕

那麼歷代學者對《藝文志》中的「藝文」是如何解釋的呢？

（二）歷代學者對「藝文」的不同理解

　　歷代學者對「藝文」二字的理解有兩種：

〔註3〕方師鐸，傳統文學與類書之關係〔M〕，天津：天津古籍出版社，1986：25。
〔註4〕同〔註2〕。

一是將「藝文」當作並列結構來解釋。多數學者持這種觀點。

清代劉天惠在《學海堂初集‧文筆考》中指出：

> 《藝文志》先六經，次諸子，次詩賦，次兵書，次數術，次方
> 技。六經謂之六藝，兵書、數術、方技亦子也。班氏序諸子曰：「今
> 異家者各推所長，窮知究慮，以明其旨，雖有蔽短，合其要歸，亦
> 六經支與流裔。」據此，則西京以經與子爲藝，詩賦爲文矣。〔註5〕

認爲「藝」指經與子之書，「文」指詩賦。

顧實在《漢書藝文志講疏》中提出：

> 藝，六藝也。孔子曰：「六藝之於治，一也。」司馬遷曰：「中
> 國言六藝者，折中於夫子。」賈誼曰：「《詩》《書》《易》《春秋》《禮》
> 《樂》六者之術，謂之六藝。」鄭玄作《六藝論》。文，文學也。《論
> 語》曰：「文學，子游、子夏。」秦李斯請悉燒諸有文學詩書百家語。
> 故藝文者，兼賅六藝百家之名也。〔註6〕

認爲「藝」指六藝，「文」指「文學」，「藝文」「兼賅六藝百家之名」。

張舜徽在《漢書藝文志通釋》中說：

> 《漢書‧藝文志》，《漢書》十志之一也。其所以名爲「藝文」
> 者，藝謂群經諸子之書，文謂詩賦文辭也。《史記‧滑稽列傳》引孔
> 子曰：「六藝之於治，一也。」古人稱六經爲六藝，起源甚早。藝者
> 學也，謂六種學藝耳。旁逮諸子百家，皆以立意爲宗，悉可以藝統
> 之。文謂文學也，《史記‧李斯列傳》曰：「臣請諸有文學詩書百家
> 者蠲除去之。」可知古人恒舉文學與詩書百家語相聯並稱，用以概
> 括一切書籍，由來久矣。徒以漢代崇儒尊經，故班固此志，以藝居
> 上，文居下，而名之曰《藝文志》。〔註7〕

認爲「藝」指「群經諸子之書」，「文」指詩賦文辭。

陳國慶在《漢書藝文志注釋彙編》的《序言》中說：

> 《藝文志》是《漢書》十志之一。古時，以《易》《詩》《書》
> 《禮》《樂》《春秋》六者之術爲六藝；文，指文學百家之說而言。

〔註5〕（清）阮元，學海堂初集‧文筆考：第七卷〔M〕，清道光五年（1825年）啓
　　　秀山房刻本。

〔註6〕（漢）班固，編撰；顧實，講疏，漢書藝文志講疏〔M〕，上海：上海古籍出
　　　版社，2009：1。

〔註7〕張舜徽，漢書藝文志通釋〔M〕，武漢：華中師範大學出版社，2004：167。

顧名思義，此志蓋爲包括六藝百家文獻的總目錄。〔註8〕

認爲「藝」指「六藝」，「文」指「文學百家」。

臺灣學者周駿富在《藝文志釋義》一文中說：

「藝」，《論語》何晏《集解》以爲即六藝。唯狹義的六藝但指六經，廣義的六藝乃謂禮、樂、射、御、書、數而言。《漢志》所本者，當爲廣義之六藝。《論語》所見「文」，或指道藝（漢馬融、鄭玄注），或指經藝、經書（清劉寶楠《正義》）。《漢志》除《詩賦略》爲後世狹義之「文」外，其餘皆係道術、經藝遺籍。「志」爲紀錄之詞，又爲古書之稱，《漢志》當兼備二義。〔註9〕

認爲「藝」指禮、樂、射、御、書、數；「文」指狹義的「文」，也指道術、經藝遺籍。

二是將「藝文」當作偏正結構來解釋。

清代劉咸炘云：「群書皆文，而以六藝爲宗，故名藝文。」〔註10〕這樣，「藝文」就成了「六經」之文的偏正結構。

張朝富認爲，不應將「藝文」拆成「藝」和「文」來理解，「藝文」是偏正結構，爲藝之文，即《藝文志》所列諸類，均是六經的文本體現或反映。〔註11〕

根據張宏鋒的考證，漢代人在使用「藝文」時，專指儒家六經群書，而不包括其他學派的典籍。「『藝文』二字在漢代有兩層含義，第一層含義指儒家典籍，第二層含義指儒家經典之術。但『藝文志』中，除『六藝略』的書籍外，還有其他五略的書籍，這樣看來『藝文志』之名與其實際內容貌似不符，實則不然。班固在《漢書·藝術志》諸子略小序中云：『今異家者各推所長，窮知究慮，以明其指，雖有蔽短，合其要歸，亦六經之支與流裔。』班固認爲其他學派的典籍皆屬六經支流，故用『藝文』二字便可概括儒家以及儒家以外的所有典籍。」〔註12〕

〔註8〕陳國慶，漢書藝文志注釋彙編〔M〕，中華書局，1983：1。

〔註9〕周駿富，藝文志釋義〔J〕，（臺灣）圖書館學刊（輔大），1972（1）：13～15、18。

〔註10〕施之勉，漢書集釋〔M〕，臺北：三民書局，2003：4023。

〔註11〕張朝富，《藝文志》之「文」正名〔J〕，社會科學家，2005（1）：22。

〔註12〕張宏鋒，藝文志、經籍志命名探微〔J〕，太原師範學院學報（社會科學版），2016（5）：19。

（三）從歐序與輯錄資料的方式考察「藝文」的含義

　　不論學者們對「藝文」有著怎樣的解說，都不能否認《漢書・藝文志》的「藝文」觀念和隱含的審美意識具有不可忽視的奠基作用。歐陽詢們將其所編纂的類書以「藝文」命名，當然是沿襲舊稱，「藝文」的具體所指，自然會受到當時及前代約定俗成的詞義的影響與限制，這從歐陽詢《藝文類聚序》中可以尋出蹤跡。

　　《藝文類聚》在體例上的獨特貢獻，是將以往類書的「事」「文」分離，變爲「事」「文」合一。在探討「藝文」含義的時候，應該結合歐陽詢《藝文類聚》中關於「事」與「文」的說法。歐陽詢在《藝文類聚序》中說：「《流別》《文選》專取其文，《皇覽》《遍略》直書其事」，「爰詔撰其事且文」，「其有事出於文者，便不破之爲事，故事居其前，文列於後。」〔註13〕歐陽詢序中所說的「事」，與「藝文」的「藝」相對應，即「事」就是「藝」；而歐陽詢序中所說的「文」，與「藝文」的「文」的含義完全相同。

　　那麼這個「事」和「文」具體是指什麼，具體含義是什麼呢？讓我們考察一下《藝文類聚》輯錄資料的方式。以卷一天部上・天爲例；

　　　　《周易》曰：大哉乾元，萬物資始，乃統天，雲行雨施，品物流形，大明終始。六位時成，時乘六龍以御天，乾道變化，各正性命。　又曰：立天之道，曰陰與陽。　又曰：天行健。　《尚書》曰：乃命羲和，欽若昊天。　又曰：皇天震怒，命我文考，肅將天威。　《禮記》曰：天地之道，博也，厚也，高也，明也，悠也，久也。日月星辰繫焉，萬物覆焉。　《論語》曰：天何言哉？四時行焉，百物生焉。　《老子》曰：天得一以清。　《春秋繁露》曰：天有十端，天、地、陰、陽、水、土、金、木、火、人。凡十端，天亦喜〔汪紹楹校記曰：《太平御覽》一，喜上有「有」字。〕怒之氣，哀樂之心，與人相副，以類合之，天人一也。　《爾雅》曰：穹蒼，蒼天也。春爲蒼天，夏爲昊天，秋爲旻天，冬爲上天。　《春秋元命苞》曰：天不足西北，陽極於九，故天周九九八十一萬里。《渾天儀》曰：天如雞子，天大地小，天表裏有水，地〔汪紹楹校記曰：《開元占經》一、《太平御覽》二，地上有「天」字。〕各乘氣而立，載水而浮，天轉如車轂之運。　《黃帝素問》曰：積陽爲天，故天

者清陽也。 《莊子》曰：天之蒼蒼，其正色邪？其遠而無所至極邪？ 《申子》曰：天道無私，是以恒正；天常正，是以清明。 《文子》曰：高莫高於天，下莫下於澤；天高澤下，聖人法之。 《太玄》曰：有九天，一爲中天，二爲羨天，三爲從天，四爲更天，五爲睟天，六爲廓天，七爲咸天，八爲沈天，九爲成天。 又曰：天以不見爲玄。 《皇覽記》〔汪紹楹校記曰：《太平御覽》二作《皇覽冢墓記》。〕曰：好道者，言黃帝乘龍升雲，登朝霞，上至列闕，倒影經過天宮。 《禮統》曰：天地者，元氣之所生，萬物之祖也。《廣雅》曰：太初，氣之始也。清濁未分，太始，形之始也。清者爲精，濁者爲形。太素，質之始也。已有素樸而未散也，二氣相接，剖判分離，輕清者爲天。 《呂氏春秋》曰：天有九野。何謂九野？中央曰鈞天，東方曰蒼天，東北曰變天。北方曰玄天，西北曰幽天，西方曰皓天，西南曰朱天，南方曰炎天，東南曰陽天。 《列子》曰：杞國有人，憂天崩墜，身無所寄，廢於寢食。又有憂彼之憂者，曉之曰：「天積氣耳，無處無氣，奈何而崩墜乎？」其人曰：「天果積氣，日月星宿，不當墜也？」曉者曰：「日月星宿，亦積氣中之有光曜者，正復使墜，亦不能有中傷。」 《說苑》曰：齊桓公問管仲：「王者何所貴？」對曰：「貴天。」桓公仰觀天，管仲曰：「所謂之天者，非謂蒼蒼莽莽之天也；君人者以百姓爲天。」 《白虎通》曰：天者身也，天之爲言鎮也，居高理下，爲人鎮也。男女惣名爲人，天地所以無惣名何。天圓地方，不相類也。天左旋，地右周，猶君臣陰陽相對向也。 張衡《靈憲》曰：太素之前，幽清寂寞，不可爲象。惟虛惟無，蓋道之根也。道根既建，由無生有。太素始萌，萌而示兆，斯謂龐洪，蓋道之幹也。道幹既育，萬物成體，於是剛柔始分，清濁異位。天成於外而體陽，故圓以動，斯謂天元，道之實也，天有元位。 徐整《三五曆紀》曰：天地混沌如雞子，盤古生其中，萬八千歲。天地開闢，陽清爲天，陰濁爲地。盤古在其中，一日九變，神於天，聖於地，天日高一丈，地日厚一丈。盤古日長一丈，如此萬八千歲。天數極高，地數極深，盤古極長，後乃有三皇。數起於一，立於三，成於五，盛於七，處於九，故天去地九萬里。 《蜀志》曰：吳使張溫來聘，溫問秦宓曰：「天有頭乎？」

密曰：「有之。」溫曰：「在何方？」密曰：詩云：『乃眷西顧』，以此推之，頭在西方。」溫曰：「天有耳乎？」密曰：「天處高而聽卑。詩云：『鶴鳴九皋，聲聞于天』，若其無耳，何以聽之？」溫曰：「天有足乎？」密曰：「詩云：『天步艱難』，若其無足，何以步之？」溫曰：「天有姓乎？」密曰：「姓劉。」「何以然？」曰：「其子姓劉，以此知之。」　《楚辭・天問》曰：圖〔汪紹楹校記曰：《天問》作「圜」，《初學記》一、《太平御覽》二作「圓」。〕則九重，孰營度之？八柱何當？東南何虧？（言天有八山爲柱，皆何當值，東南不足，誰虧缺之。）日月安屬？列星安陳？　【詩】晉傅言〔汪紹楹校記曰：《初學記》一作「傅玄」。〕《兩儀詩》曰：兩儀始分，元氣上清。列宿垂象，六位時成。日月西邁，流景東征。悠悠萬物，殊品齊名。聖人憂世，實念群生。　又《天行篇》曰：天行一何健，日月無高蹤。百川赴陽谷，三辰因泰蒙。　又《歌》曰：天時泰兮昭以陽，清風起兮景雲翔。仰觀兮辰象，日月兮運周。俯視兮河海，百川兮東流。【賦】晉成公綏《天地賦》曰：天地至神，難以一言定稱；故體而言之，則曰兩儀；假而言之，則曰乾坤；氣而言之，則曰陰陽；性而言之，則曰柔剛；色而言之，則曰玄黃；名而言之，則曰天地。若乃懸象成文，列宿有章。三辰燭燿，五緯重光。眾星回而環極，招搖運而指方。白虎時據於參代，〔汪紹楹校記曰：馮校本作「井」，初學記一作「昴」。〕青龍垂尾於氐房。玄龜匿首於女虛，朱鳥奮翼於星張。帝皇正坐於紫宮，輔臣列位於文昌。垣屏絡驛而珠連，三臺差池而雁行。軒轅華布而曲列，攝提鼎崎而相望。【贊】晉郭璞《釋天地圖贊》曰：祭地肆瘞，郊天致煙。氣升太一，精淪九泉。至敬不文，明德惟鮮。【表】宋顏延之《請立渾天儀表》曰：張衡創物，蔡邕造論。戎夏相襲，世重其術。臣昔奉使入關，值大軍旋斾。渾儀在路，肆觀奇秘。絕代異寶，旋及王府。考諸前志，誠應鳳聞。尚書琁璣玉衡，以齊七政。崔瑗所謂數術窮天地，制作侔造化。經志所云，圖憲所本，故體度不渝，精測尚矣。則七晷運變，無匪康時，九代貞觀，不絕司曆。臣夙懷末意，懼於非任。今忝惟職統，敢昧死以聞。〔註14〕

〔註14〕《藝文類聚》：1～4。

在卷一天部上・天中，所引資料可以截然分成兩個部分，即「事」與「文」。在「事」的部分，輯錄了《周易》《尚書》《禮記》《爾雅》等經部圖書、《三五曆紀》《蜀志》等史部圖書以及《呂氏春秋》《列子》等子部圖書，可見，這個「事」包含了經、史、子類的書籍。在「文」是部分，輯錄了詩、賦、贊、表等文體的作品，可見，這個「文」是指集部的各體文學作品。歐陽詢序中所說的「事」，與「藝文」的「藝」相對應，即「事」就是「藝」，而歐陽詢序中所說的「文」，與「藝文」的「文」的含義完全相同。由此可見，《藝文類聚》中的「藝」是指經、史、子各部的書籍，「文」是指集部的各體文學作品。

（四）以類相從的編纂方法是繼承前代書籍的編輯成果

「藝文」之意，已如上述。「類聚」二字，則本於《周易》的「方以類聚，物以群分。」〔註15〕類聚，就是同類相聚，謂將同類的事物彙集在一起。如《後漢書・文苑傳下・邊讓傳》載：「金石類聚，絲竹群分。」〔註16〕《文心雕龍》云：「迄至魏晉，作者間出，讕言兼存，璅語必錄，類聚而求，亦充箱照軫矣。」〔註17〕均為此義。

《藝文類聚》書名之意，便是將經、史、子、集群書中的材料按各自的類別分別編排在一起。

現在多數學者認為按類編排材料是類書特有的編輯方法，例如傅剛說：「『以類相從』本是類書的工作方法，如中國最早的一部類書《皇覽》便是。」〔註18〕其實，這種看法並不完全正確。「以類相從」的編輯方法，並非是類書所特有。早在類書產生以前，人們就用「以類相從」的方法來編輯圖書了。例如，《爾雅》的作者搜集當時各種知識的用語，將其分為十九類，諸如釋言、釋器、釋草等，使讀者可以按類尋找某個詞語。《呂氏春秋》分十二紀、八覽、六論，包括政治軍事、文學歷史、文化教育、醫學養生、天文曆法、農業科技等內容，按類別分別輯錄有關資料。《說苑》也是這樣，關於其編纂方法，

〔註15〕 （魏）〕王弼，（晉）韓康伯，注；（唐）孔穎達，等，正義，周易正義〔M〕，／／（清）阮元，校刻，十三經注疏，北京：中華書局，1980：76。

〔註16〕 （南朝宋）范曄，撰；（唐）李賢，等，注，後漢書・文苑傳下・邊讓傳〔M〕，北京：中華書局，1965：2642。

〔註17〕 （南朝梁）劉勰，著；范文瀾，注，文心雕龍注〔M〕，北京：人民文學出版社，1958：308。

〔註18〕 傅剛，《昭明文選》研究〔M〕，北京：中國社會科學出版社，2000：34。

王應麟云：「向校中書《說苑雜事》，分別次序，除去與《新序》複重者，以類相從，凡二十篇，《君道》至《反質》七百八十四章。」〔註19〕又據《漢書‧楚元王（劉交）傳（附劉向傳）》載：「（劉）向乃集合上古以來歷春秋六國至秦漢符瑞災異之記，推跡行事，連傳禍福，著其占驗，比類相從，各有條目，凡十一篇，號曰《洪範五行傳論》，奏之。」〔註20〕《後漢書‧應奉傳（附子劭傳）》載：「（應劭）又集駁議三十篇，以類相從，凡八十二事。」〔註21〕可見，「以類相從」並不是類書特有的編纂方法，《藝文類聚》採用此法，是對前代書籍編輯成果的繼承。

細究全書所輯錄的資料，《藝文類聚序》所說的「比類相從」中的「類」，實際上有顯、隱兩種標準：所列各部類，諸如天、歲時、山、水、符命、帝王、人、職官、刑法等，是顯性標準的分類，其中也包括諸多部類中標明的詩、賦、贊、論、樂府、檄文等幾十種文體。所謂隱性標準，則是體現在對文學之文的重視甚至偏好，如全書中輯錄了大量的詩、賦等各體作品，就是很好的證明。這一點，體現了對魏晉以來文學觀念的繼承。

在《藝文類聚》全書的具體操作上，也可以看出對「文」的重視。《藝文類聚序》說：「其有事出於文者，便不破之為事。」〔註22〕如竇玄被逼娶公主的事，在卷三十人部十四‧別下「事」的部分併沒有摘錄，而是出現在後面「文」的部分，被摘錄在「書」這個文體中：

> 後漢竇玄，形貌絕異，天子以公主妻之。舊妻與玄書別曰：「棄妻斥女敬白竇生，卑賤鄙陋，不如貴人。妾日已遠，彼日已親，何所告訴？仰呼蒼天，悲哉竇生！衣不厭新，人不厭故；悲不可忍，怨不自去；彼獨何人，而居我處？」〔註23〕

這是否破壞了「事居其前，文列於後」的體例了呢？並沒有。因為這個條目的主體，是竇玄妻別竇玄書，而其「事」只是略述大概。「事」與「文」難以截然分開，分別放在不同的地方，就彼此割裂了，因此將它們放在一起。此

〔註19〕（宋）王應麟，漢藝文志考證〔M〕，//王承略，劉心明，主編，二十五史藝文經籍志考補萃編：第1卷，北京：清華大學出版社，2014：124。

〔註20〕（漢）班固，撰；（唐）顏師古，注，漢書‧楚元王（劉交）傳（附劉向傳）〔M〕，北京：中華書局，1962：1950。

〔註21〕（南朝宋）范曄，撰；（唐）李賢，等，注，後漢書‧應奉傳（附子劭傳）〔M〕，北京：中華書局，1965：1613。

〔註22〕《藝文類聚》：27。

〔註23〕《藝文類聚》：533～534。

條目中竇玄妻別竇玄書是重點，所以置於「書」這個文體下。《藝文類聚》的編者就是這樣貫徹「有事出於文者，便不破之爲事」的編纂原則的，同時也體現了對「文」的重視甚至偏好。

二、唐初權力話語與《藝文類聚》的編纂

　　我們擬將《藝文類聚》置於唐初權力話語之下，對其編纂情況做多側面的考察。

　　唐武德七年（624年）九月，歐陽詢上書高祖李淵，奏報《藝文類聚》編纂完成。〔註1〕這是中國學術史上值得關注的重大事件。據《舊唐書·趙弘智傳》記載，同修者十數人。至今可知姓名的有六人：歐陽詢、令狐德棻、陳叔達、裴矩、趙弘智、袁朗。《藝文類聚》始纂於武德五年（622年），〔註2〕歷時近三年遂成。唐朝初年，由於隋末戰亂，人口銳減，土地荒蕪，生產凋敝，民不堪命。據《通典》稱，隋煬帝大業二年（606年），戶數為八百九十萬七千五百三十六，人口四千六百〇一萬九千九百五十六，而到了唐貞觀年間，戶數不滿三百萬，驟減三分之二。〔註3〕《貞觀政要》記載，「今自伊、洛之東，暨乎海、岱」，這些原本富庶之地，卻「萑莽巨澤，茫茫千里，人煙斷絕，雞犬不聞，道路蕭條，進退艱阻」。〔註4〕這是貞觀六年（632年）的情形，武德年間的狀況可想而知。戰亂初平，百廢待興，唐高祖李淵聚集朝中精英人物，編纂《藝文類聚》這樣一部百萬字的大型類書，絕非僅僅是為了滿足一般士人的平時閱讀。

〔註1〕（宋）王溥，唐會要·修撰〔M〕，北京：中華書局，1955：651。
〔註2〕（後晉）劉昫，等，舊唐書·令狐德棻傳〔M〕，北京：中華書局，1975：2596。
〔註3〕（唐）杜佑，通典〔M〕／／紀昀，景印文淵閣四庫全書：第603冊，臺北：商務印書館，1983：73。
〔註4〕（唐）吳兢，著；裴汝誠，譯注，貞觀政要譯注〔M〕，上海：上海古籍出版社，2007：59。

　　李淵本是有著雄才大略的開國之主，但是，由於受到《舊唐書》《新唐書》《資治通鑒》等史書的歪曲與醜化，其形象被大大貶低。如范文瀾《中國通史簡編》對李淵的評價是「昏庸無能」，「並無創業的才幹，連做個守成的中等君主也是不成的」。〔註5〕傅璇琮認爲：「唐高祖李淵是一個平庸之主，軍事上主要依靠其子李世民，政治上沒有什麼作爲，」文化上除了編纂《藝文類聚》外，其他也沒有什麼可提。〔註6〕撥開歷史迷霧，綜合有關史料分析，李淵原本不是庸碌之輩，在唐開國之初，政治、經濟均有開創性的實績；大型類書《藝文類聚》的編纂也不是憑空而來，而是與當時特定的政治、文化密切相連，受一定權力話語的支配。

（一）大亂初平，羅致人才，牢牢控制權力話語

　　隋大業十三年（617 年）七月，時任太原留守的李淵，從太原率甲士三萬起兵，十一月，攻克長安，已達二十萬之眾。次年五月受禪，改元武德，唐朝建立。李淵在短時間內橫掃千軍，勢如破竹，與他能夠廣納人才密不可分。早在準備起兵時，李淵便「懷濟世之略」、「經綸天下之心」，廣交各方人士，「接待人倫，不限貴賤」；且篤重情義，「一面相遇，十數年不忘。」同時，「命皇太子於河東潛結英俊，秦王於晉陽密招豪友。太子及王，俱稟聖略，傾財賑施，卑身下士，逮乎鬻繒博徒，監門廝養，一技可稱，一藝可取，與之抗禮，未嘗云倦，故得士庶之心，無不至者。」〔註7〕太原起兵的要員，多是李淵各方網羅的人才。在攻克隋都長安和後來的統一戰爭中，只要有可能，對在實際活動中能發揮作用的文官武將以及皇家隸人，都盡力收羅。在武德年間的統治集團中，既有前朝的顯貴，也有起義軍的將領，還有作戰英勇、脫穎而出的下層人士等；才俊雲集，各盡其力，各顯其能。

　　編纂類書，並非僅是收集與編排資料，更需要「慧眼」與「卓識」。參與編纂《藝文類聚》的人員，就已知姓名的六位，均兼擅文史，爲朝廷的「一時之選」。這六位編纂者均在前朝擔任過官職，他們在編纂《藝文類聚》時所擔任的官職、品級與當時的年齡分別爲：歐陽詢，給事中，正五品上；六十五歲。令狐德棻，秘書丞，從五品上；三十九歲。陳叔達，侍中，正三品；約四十八歲。裴矩，太子詹事，正三品；約七十四歲。趙弘智，詹事府主簿，

〔註5〕范文瀾，中國通史簡編：第三編第一冊〔M〕，北京：人民出版社，1965：92。
〔註6〕傅璇琮，唐初三十年的文學流程〔J〕，文學遺產，1998（5）：35。
〔註7〕（唐）溫大雅，大唐創業起居注〔M〕，上海：上海古籍出版社，1983：4～5。

從七品上；轉太子舍人，正六品上；五十歲。袁朗，齊王文學，從六品上；應在六十歲以上。其中三位爲前朝遺老，三位正值壯年。

如何避免前朝遺老在新朝中「水土不服」，如何充分調動和發揮前朝大臣的積極作用，是李淵必須解決和處理好的問題。邀請這些人來編纂類書，可以充分發揮他們的文史之才，讓他們感到新朝廷的重用。李淵詔令編纂《藝文類聚》，不僅是一項文化建設任務，還是帝王的統治策略，是其加強柔性統治的重要組成部分。《藝文類聚》編纂完成之後，六位主要編纂者依然爲新朝發揮著「餘熱」：歐陽詢在貞觀初，官至太子率更令、弘文館學士，封渤海縣男。令狐德棻負責《周書》及參與《晉書》等史書的編寫；累遷禮部侍郎、太常卿、崇賢館學士等職。陳叔達擔任禮部尙書等職。裴矩官至民部尙書。趙弘智累遷黃門侍郎、國子祭酒等職。袁朗任祠部郎中、給事中等職。正是李淵的柔性統治，使六位主要編纂人員成爲唐王朝的中堅力量。

對典籍的不斷編輯與闡釋，可以起到強化王權的作用。《藝文類聚》這部大型官修類書，彙集了各種典籍中的精華，其本身也是帝王實行有效統治的思想源泉。這部具有官方文化色彩的類書，從某種意義上說，是帝王對文化傳承的一種壟斷——有利於統治的思想與言論被保留下來，反之，則被剔除。例如，爲了配合唐初追求駢偶，堆砌、雕琢的文風，選文也多於此相合，而一些具有社會意義、歷史意義的作品，如范縝爲反對玄學、提倡唯物觀而作的《神滅論》等，反棄置不選。〔註8〕這種由官方壟斷，滲透著官方意識的編纂活動所產生的文本，是經過刻意挑選與遮蔽的，以極其標準的意識形態話語方式呈現出來，權力話語的傾向性十分明顯，最大限度釋放了話語內在的權力。

李淵通過編纂《藝文類聚》的舉措，籠絡了社會精英，使其俯首帖耳地聽從自己的擺佈，避免了這些前朝官員產生離心離德的叛逆之舉，牢牢控制了意識形態的話語權；在唐初政權尙不穩固之時，通過編纂類書，控制了擁有話語權力的士人，有效避免了各種社會思潮的「旁逸斜出」，起到維護穩定、鞏固新生政權的作用。同時，編纂類書及其他圖書，也是戰亂初平之後，文化精英能夠安身立命、賴以生存的必要條件，還可以從中找到上升的機會；幾位主要編纂人員在完成《藝文類聚》之後均得到升遷，即爲明證。

〔註8〕（唐）歐陽詢，撰；汪紹楹，校，藝文類聚〔M〕，上海：上海古籍出版社，1999：9～10。

（二）編纂類書，表面上是話語的爭奪，實質上是權力的爭奪

在編纂《藝文類聚》這一看似平常的學術活動中，因爲有了皇帝的參與，其中便潛隱著權力運作。話語的擁有，意味著對權力的掌控。編纂類書，表面上看是話語的爭奪，實質上是權力的爭奪——唐初的太子之爭。

李淵稱帝之前，李建成、李世民兄弟尚能同心協力。天下平定以後，在爭奪和反爭奪太子地位的鬥爭中，太子李建成與秦王李世民的矛盾漸漸明朗化，雙方競相發展勢力，逐漸形成以李建成爲首的太子集團和以李世民爲首的秦王集團，標誌著太子李建成與秦王李世民雙方矛盾進一步激化。在李建成與李世民明爭暗鬥的時候，李元吉站在了李建成一邊。

對唐高祖李淵來說，處理皇子們的儲位之爭，是件棘手的事情，所以在太子廢立問題上躊躇不定。武德元年（618 年）六月，長子李建成被立爲皇太子，但是，在此前後，李淵有三次欲立次子李世民爲太子。前兩次是：「上（高祖）之起兵晉陽也，皆秦王世民之謀，上謂世民曰：『若事成，則天下皆汝所致，當以汝爲太子。』世民拜且辭。及爲唐王，將佐亦請以世民爲世子，上將立之，世民固辭而止。」〔註9〕李淵進封唐王，是在 617 年，可見這前兩次欲立李世民爲太子，均在建唐之前。第三次是在武德七年（624 年）。慶州都督楊文幹舉兵反叛，李淵命李世民率軍前往平叛，說：「（楊）文幹事連建成，恐應之者眾。汝宜自行，還，立汝爲太子。」〔註 10〕一些學者認爲這些敘述不可信，因爲《資治通鑒》是根據被篡改的唐代的《實錄》編寫的，但是在沒有發現其他史料之前，也沒有理由否定《資治通鑒》的記載。有一點可以肯定，即使李淵有過許立李世民爲太子的想法，其決心也是不堅定的，否則，就不會出現後來的玄武門之變。在《資治通鑒》中還有李淵無意立李世民爲太子的記載：「世民每侍宴宮中，對諸妃嬪，思太穆皇后早終，不得見上有天下，或歔欷流涕，上顧之不樂。諸妃嬪因密共譖世民曰：『海內幸無事，陛下春秋高，唯宜相娛樂，而秦王每獨涕泣，正是憎疾妾等，陛下萬歲後，妾母子必不爲秦王所容，無子遺矣！』因相與泣，且曰：『皇太子仁孝，陛下以妾母子屬之，必能保全。』上爲之愴然。由是無易太子意，待世民浸疏，而建成、元吉日親矣。」〔註 11〕高祖在立太子的問題上前後態度不一，李世民在

〔註 9〕 （宋）司馬光，資治通鑒〔M〕，北京：中華書局，1956：5957。
〔註 10〕 同〔註 9〕：5987。
〔註 11〕 同〔註 9〕：5959。

即位之後也有所披露：「武德六年以後，高祖有廢立之心而未定，我不爲兄弟所容，實有功高不賞之懼。」〔註 12〕李世民的「我不爲兄弟所容」的說法，並不一定符合歷史實際，但高祖廢立之心未定之說，卻有史料可以證明。

其實，歷代皇帝在廢立太子問題上猶豫反覆，屢見不鮮。不過，李淵在太子廢立問題上的矛盾心理，以及忽左忽右的做法，客觀上也促使雙方的明爭暗鬥逐步明朗化。《藝文類聚》的編纂班子是在高祖有意授權給太子李建成時組建的。在現在已知的六位編纂人員中，從《新唐書·袁朗傳》的記載看，屬於太子集團的有三人：領修人歐陽詢，以及裴矩、袁朗；再加上任太子舍人的趙弘智，一共是四人。很顯然，從這個編纂班子的組成人員看，明顯是傚力於太子李建成和齊王李元吉，並爲日後太子李建成當朝儲備人才的。雖然隨著玄武門之變，李建成、李元吉被殺，這一切準備也就付諸東流。但是，這種利用編纂類書來網羅人才、組織自己政治班子的做法，還是顯而易見的，是李淵在皇子之爭中所持傾向性的昭顯。

編纂人員的選用，彰顯著兩大權力集團權勢的分佈態勢。編纂團隊的一邊倒，是在利益糾葛尖銳對立的狀況下，李淵藉以推揚、壯大太子集團，打擊李世民集團的刻意安排。

（三）與興學校、復科舉相配合，編纂類書蘊涵教化功能

與興辦學校和恢復科舉相配合，編纂類書《藝文類聚》同樣蘊涵著行使教化百姓的功能。

據《舊唐書·儒學》和《資治通鑒》記載，李淵即位後，立刻採取興學舉措，恢復國子學、太學、郡縣學等，招收學生。各級各類學校的教學內容，主要是講授儒家經書：「凡教授之經，以《周易》、《尚書》、《周禮》、《儀禮》、《禮記》、《毛詩》、《春秋左氏傳》、《公羊傳》、《穀梁傳》各爲一經；《孝經》、《論語》、《老子》，學者兼習之。」〔註13〕據《舊唐書·禮儀制》記載，高祖李淵還駕幸國子監，親自觀看行釋奠禮，讓有學問的道士、僧人與博士互相辯論、問對，表明朝廷對學校教育的重視。

爲了改變唐初官員缺乏、選官混亂的情況，李淵在武德四年（621年）四月下詔，參照隋代成法開科取士，明確規定「諸州學士及白丁」「爲鄉曲所稱

〔註12〕同〔註9〕：6117。
〔註13〕（唐）李林甫，等，唐六典〔M〕，北京：中華書局，1992：558。

者」，經過縣、州兩級考試，合格者於每年十月再到朝廷應試，〔註14〕解決了生徒和鄉貢的來源問題。武德五年（622 年）三月，李淵再次頒佈詔書，明確了國家設科公開招考，士人可以「自進」「自舉」的報考辦法，〔註15〕宣告以考試爲中心選拔官員的科舉制度正式得到恢復。李淵在位時間不長，卻重開科舉，並形成以後每年開科的慣例，實爲英明之舉。

關於唐朝初年科舉考試的科目，《封氏聞見記》載：「國初，明經取通兩經，先帖文，乃按章疏試墨策十道；秀才試方略策三道；進士試時務策五道。」〔註16〕

興辦學校，重開科舉，與《藝文類聚》的編纂，可謂相輔相成。

從《藝文類聚》的編纂體例上看，它糾正了以往類書偏重類事的缺點，創立了「事居其前，文列於後」的獨特體例，就是爲了適應科舉和學校教育的需要。「事」可以供選材、取事之用，是作文資料庫；「文」可供閱讀、揣摩，是範文選本；「事」與「文」兩者有機結合，尋檢起來十分方便，說明《藝文類聚》是爲科舉考試和學校教育編寫的參考書。王昌齡《詩格》云：「凡作詩之人，皆自抄古今詩語精妙之處，名爲隨身卷子，以防苦思。作文興若不來，即須看隨身卷子，以發興也。」〔註17〕從中可以看出唐代詩人對類書的依賴，他們大都隨身攜帶類書，以備查用。作詩時，若無靈感，就把類書拿出來翻檢，幫助構思。

從《藝文類聚》「事」的選錄上看，學校教育以儒家經書爲主，參加科舉考試，應舉者要熟讀並背誦儒家經典，與之相應，《藝文類聚》「事」的部分，輯錄了大量儒家典籍。

從《藝文類聚》的選文上看，唐初文風沿襲南朝餘續，正如《新唐書·文藝列傳·杜甫傳贊》所言：「唐興，詩人承陳、隋風流，浮靡相矜。」〔註18〕文士作文時所追慕的對象，是南朝那些重事典與對偶的綺麗文章。科舉取士，

〔註14〕 （五代）王定保，著；姜漢椿，校注，唐摭言校注〔M〕，上海：上海社會科學院出版社，2003：293。

〔註15〕 （唐）李淵，著；韓理洲，輯校編年，唐高祖文集輯校編年〔M〕，西安：三秦出版社，2002：214～215。

〔註16〕 （唐）封演，著；趙貞信，校注，封氏聞見記校注〔M〕，北京：中華書局，2005：15。

〔註17〕 （唐）王昌齡，詩格〔M〕，／／張伯偉，全唐五代詩格匯考，南京：江蘇古籍出版社，2002：164。

〔註18〕 （宋）歐陽修，宋祁，新唐書·文藝列傳〔M〕，北京：中華書局，1975：5738。

特別是進士科，時務策優劣的標準主要看文章辭藻是否華麗。用典繁密、字雕句琢、文辭華美的，就容易被錄取。與之相應，《藝文類聚》輯錄的作品尤以南朝爲最多，約 2470 篇，相當於《藝文類聚》全部選文的二分之一稍多，而其中又以南朝梁的作品被輯錄的最多。南朝文學素以華麗綺靡著稱，《藝文類聚》這樣的選錄標準，是與唐初文學發展的實際相適應的。

編纂類書，既是目的，又是手段。說它是手段，是說類書與學校、科舉一樣，承載著教化的功能。在傳統的閱讀方式下，由於閱讀對象——類書文本的限制，加之當時典籍的匱乏，人們的閱讀視野受到很大限制。閱讀《藝文類聚》這樣的類書，是人們獲取知識的重要途徑。通過編纂類書，作爲文化精英的編者，壟斷、控制了文化的傳承。從類書的文本看，輯錄的材料具有選擇性，人們的閱讀範圍是被事先規定的，也是比較狹窄的。傳統意義上的閱讀活動，是被動的，可控制的，是有固定程序的文化傳承行爲，是一種定向的操作程式。在固定的、被動的文本框架內的閱讀，沒有選擇的自由，沒有比較參照，沒有對立思辨，只能在文本所劃定的範圍內馳騁想像，這樣就會不知不覺受到文本的影響，只能就範——以官方的社會意識形態爲統一規範，只能臨摹——對前代經典的亦步亦趨地接受。這樣，類書的教化功能，通過編纂和閱讀的雙邊活動，共同完成了。

（四）弘揚儒學，重新確立儒家經學中心主義話語權力

編纂《藝文類聚》是奉詔進行的，是具有官方色彩的文化活動。《藝文類聚》的編纂因此要體現官方意識，顯現權力對話語的必然控制，即要重新回歸自漢武帝以來所確立的儒家經學中心主義話語權力。

「自隋氏道消，海內版蕩，彝倫攸斁，戎馬生郊，先代之舊章，往聖之遺訓，掃地盡矣。」〔註19〕隋末唐初，戰亂之後，儒學衰微，急需重新振興。儒學具有「篤父子，正君臣，尚忠節，重仁義，貴廉讓，賤貪鄙，開政化之源，鑿生民之耳目，百王損益，一以貫之」〔註20〕的重要作用。

在武力征討天下取得勝利後，人們認識到文治的必要：「武爲救世之砭劑，文其膏粱歟！亂已定，必以文治之。否者，是病損而進砭劑，其傷多矣！然則武得之，武治之，不免霸且盜，聖人反是而王。故曰武創業，文守成，

〔註19〕（後晉）劉昫，等，舊唐書・儒學傳〔M〕，北京：中華書局，1975：4939～4940。

〔註20〕（唐）魏徵，令狐德棻，隋書・儒林傳序〔M〕，北京：中華書局，1973：1705。

百世不易之道也。若乃舉天下一之於仁義，莫若儒。」〔註21〕這就是說，在用武力取得政權之後，必須用儒家思想來加以治理，才是「百世不易之道」。

作為開國君主，唐高祖親臨國子學釋奠，倡導文教，崇尚儒宗，明確表示他「敦本息末」的意思就是尊崇儒學，以儒家思想治理國家。經過隋朝末年的戰亂，唐初統治者深刻認識到儒學對於維護國家社會秩序的重要意義，積極致力於儒學的復興。《藝文類聚》雖為類書，但它不是機械地照抄、照錄有關資料，在材料取捨、體例設置等方面，均能體現出編者一定的思想傾向。在崇儒這樣的大背景下編纂的《藝文類聚》，自然是以弘揚儒學為要義了。

《藝文類聚》以弘揚儒學為要義，首先表現為全書對儒家典籍的大量輯錄。它輯錄的儒家經典，幾乎遍佈所有子目。《隋書·經籍志》是唐初編纂的一部國家書目，分經史子集四部排列，著錄的都是當時存世的著作，與《藝文類聚》的編者所見書籍應該大體相同。《隋書·經籍志》著錄的儒家典籍，主要集中在經部和子部儒家類。其經部包括易、書、詩、禮、樂、春秋、孝經、論語、圖緯、小學等十類，主要是六經及解經著作；對於六經，《藝文類聚》多有收錄，如收錄《易》54 條、《尚書》70 條、《詩》194 條等。《隋書·經籍志》子部共著錄儒家著作 39 部（同一書的不同箋疏本未重複計算，亡書未計），《藝文類聚》輯錄其中的 22 部，占整個儒家著作的 56％；輯錄的總條目為 315 條。

《藝文類聚》以弘揚儒學為要義，其次表現在具體類目對材料的選取上偏重儒家典籍。以《藝文類聚》「天部」子目「天」為例，其「事」的部分共輯錄 25 部著作的片段。分別是：五經及其他儒家著作 12 部：《周易》《尚書》《禮記》《論語》《春秋繁露》《爾雅》《春秋元命苞》《太玄》《禮統》《廣雅》《說苑》《白虎通》。道家著作 4 部：《老子》《莊子》《文子》《列子》。雜家著作 1 部：《呂氏春秋》。法家著作 1 部：《申子》。醫學著作 1 部：《黃帝素問》。天文學著作 2 部：《渾天儀》《靈憲》。史學著作 2 部：《三五曆紀》《蜀志》。類書 1 部：《皇覽記》（筆者按，應作《皇覽·冢墓記》，為《皇覽》中的一個子目或一篇。）楚辭著作 1 部：《楚辭·天問》。「文」的部分輯錄的詩有晉傅玄《兩儀詩》《天行篇》《歌》，賦體有晉成公綏《天地賦》，贊體有晉郭璞《釋天地圖贊》，表體有宋顏延之《請立渾天儀表》。《藝文類聚》「天部」子目「天」下收錄的著作相當廣泛，但以儒家著作為主，其次是道家著作。

〔註21〕 （宋）歐陽修，宋祁，新唐書·儒林傳〔M〕，北京：中華書局，1975：5637。

歷代帝王重視儒學，不是對其內容感興趣，也不是眞正關心其學術論爭。他們重視儒學，實際上是將其看作整個國家思想文化建設的一部分。唐高祖李淵也是如此。通過類書的編纂，使編纂者成爲自覺維護正統思想的中堅力量，構建統治階層的人才梯隊，以便實現長治久安之夢。

經過隋末戰爭，社會的權力佈署暫時處於無中心的混亂局面。權力中心的眞空以及權力秩序的癱瘓，同時意味著社會對話語權力的失控。唐朝建立之初，即開始編纂大型類書《藝文類聚》，是新興政權針對話語權力散落民間的彌散狀態，所採取的話語權力回收策略，顯示了權力對話語的控制。儒學之成爲傳統文化中的權力話語，在於儒家話語本身就是王權權力的產物，與王權有著內在的同謀關係。

編纂《藝文類聚》，自然有普及教育、增加社會人群文化知識的目的，但是根本的目的只有一個，那就是爲了推行王政，進行教化，是權力話語在《藝文類聚》編纂中的反映。《藝文類聚》編纂於改朝換代的唐朝初年，其政治目的就是鞏固統治，標榜文治，以博得偃武右文的美譽；以其內容材料、分類體系、類目設置，來宣揚高祖的正統意識，表明高祖登上皇位是符合天意的，繼承的是正宗的儒學衣缽。

通過以上考察，也折射出當時歷史的一個側面。李淵在建立唐朝前後，不僅採取了一些積極的政治、經濟和軍事措施，而且興辦學校，尊崇儒學，設置文館，延攬學者，恢復和發展科舉，搜求、整理前代書籍，編纂大型類書；這些諸多舉措足以說明，李淵是一個比較英明的開國君主。

三、《藝文類聚》編纂人員考辨

在《藝文類聚》編纂研究方面，其編纂人員至今是個模糊不清的問題，研究者均沿襲舊說，尚無人對此做專門考辨。綜合《舊唐書》中《令狐德棻傳》《趙弘智傳》《歐陽詢傳》的記載，可知同修者十數人，但是今天能夠確知姓名的僅有六人，即歐陽詢、令狐德棻、袁朗、陳叔達、趙弘智、裴矩。既然編纂人員有十餘人，那麼為什麼史書沒有一一記載他們的名字呢？原因大抵有三點：第一，記載纂修《藝文類聚》人員的史料有所散失，後人所能看到的史料已經不全；第二，其他纂修人員的地位不高，沒有必要逐一列出姓名；第三，參加編纂的人員前後有變化，有的可能只是短期參與編纂工作，因此史書沒有記載他們的名字。我們的目的是為了闡釋和釐清一些基本事實，即考察六位編纂人員的資歷與任職，說明他們如何能成為《藝文類聚》的編者；指出歐陽詢並非唯一的領修人，陳叔達、裴矩和袁朗也是實際上的領修人。

（一）對已知的六位編纂人員資質的考察

已知姓名的六位編纂人員，均兼擅文史，為朝廷的「一時之選」。

歐陽詢（557 年～641 年），字信本，潭州臨湘人。陳大司空頠之孫。父紇，陳廣州刺史，以謀反誅。詢當從坐，匿而獲免。陳尚書令江總與紇有舊，收養之，教以書計。雖貌甚寢陋，而聰悟絕倫，讀書即數行俱下，博覽經史，尤精《三史》。侍隋，為太常博士。唐高祖李淵微時，引為賓客，數與遊。及即位，累遷給事中。武德七年，受詔與裴矩、陳叔達等編纂的《藝文類聚》完成，奏上，賜帛二百段。貞觀初，官至太子率更令、弘文館學士，封渤海

縣男。歐陽詢素以書法名世，筆力險勁，為一時之絕，世稱「歐體」。人得其尺牘文字，咸以為典範楷模。《全唐文》卷一百四十六錄其文八篇，《唐文拾遺》卷十四輯補六篇；《全唐詩》卷十二錄其詩二首，《全唐詩補編‧續補遺》卷一輯補一首。

令狐德棻（583 年～666 年），宜州華原人。博涉文史，早知名。隋大業末，授藥城長，以世亂不就職。淮安王李神通據太平宮起兵，立總管府，以德棻為總管府記室。唐高祖入關，推薦他擔任大丞相府記室。高祖武德初，為起居舍人，遷秘書丞，與侍中陳叔達等受詔編纂《藝文類聚》。當時正值社會動盪之後，圖書散失，德棻奏請購求圖書，設立機構，任命官吏整理補錄。數年間，群書略備。又建議修撰史書，高祖然其奏。修史歷年不就，罷之。貞觀三年，太宗復敕修撰，乃令德棻與秘書郎岑文本修周史。德棻又奏引殿中侍御史崔仁師佐修周史，德棻仍負責梁、陳、齊、隋諸史的編寫。六年，累遷禮部侍郎，兼修周史，賜爵彭陽男。十年，以修周史賜絹四百匹。十一年，修《新禮》成，爵位由男進封為子。又撰《氏族志》。十五年，轉太子右庶子，皇太子李承乾謀反被殺，德棻受株連罷官。十八年，起為雅州刺史，因公事被免職。不久，太宗下詔改修《晉書》，房玄齡奏請德棻參與修撰，並推德棻為首，編寫體制多取決於德棻。書成，除秘書少監。永徽元年，又受高宗詔，編定律令，復為禮部侍郎，兼弘文館學士，兼修國史及《五代史志》。尋遷太常卿。四年，遷國子祭酒，以修貞觀十三年以後實錄功，兼授崇賢館學士。尋又撰《高宗實錄》三十卷，進封爵位為公。龍朔二年，表請致仕，許之，仍加金紫光祿大夫。乾封元年，卒。年八十四。德棻晚年尤勤於著述，國家凡有修撰，無不參與。除《藝文類聚》《晉書》《周書》外，餘皆佚。《全唐詩》卷三十三錄其詩一首；《全唐文》卷一百四十四錄其文五篇。

陳叔達（約 573 年～635 年），字子聰，吳興長城人。陳宣帝陳頊第十七子，陳後主弟。陳時封義陽王。年十餘歲，嘗侍宴，賦詩十韻，援筆而就，徐陵甚奇之。歷侍中、丹陽尹、都官尚書。隋煬帝時，授內史舍人，出為絳郡通守。入唐，授丞相府主簿，軍書詔誥多出其手。武德元年，進黃門侍郎，二年兼納言。四年拜侍中，封江國公。曾參與編纂《藝文類聚》。貞觀初，加授光祿大夫，後免官。太宗又特擢為禮部尚書。貞觀九年，卒。原有文集十五卷，已佚。《全唐詩》卷十二錄其詩十首，《全唐詩補編‧續拾》卷一補一首；《全唐文》卷一百三十三錄其文兩篇。

裴矩（約 547 年～627 年），字弘大。河東聞喜人。歷齊、周、隋、唐四代。北齊時，為司州牧高貞兵曹從事，轉高平王文學。隋文帝時，任民部侍郎等職。煬帝時，西域諸國至張掖互市，遣矩監其事，遂撰《西域圖記》。累拜黃門侍郎，參與朝政，定征遼之議。從帝至江都，以忤旨罷。宇文化及僭位，任尚書右僕射。化及敗，又從竇建德，為之創定朝儀。後歸唐，官太子詹事，曾參與編纂《藝文類聚》。官至民部尚書。《西域圖記·序》今存。另有《開業平陳記》《高麗風俗》等。

趙弘智（572 年～653 年），洛陽新安人。早年喪母，事父，以孝聞名。學習並通曉三禮、《史記》《漢書》。隋大業年間，為司隸從事。唐武德初年，大理卿朗楚之應詔推薦他，授任詹事府主簿。又參與撰修《六代史》。曾與秘書丞令狐德棻、齊王文學袁朗等十餘人同修《藝文類聚》，轉任太子舍人。貞觀中，累遷黃門侍郎，兼弘文館學士。因病出任萊州刺史。弘智事兄弘安，如同侍父，所得俸祿，皆送於兄處。兄亡後，侍奉寡嫂甚恭敬，撫育孤侄以慈愛見稱。逐漸升到太子右庶子。太子初廢，因受牽連而被除名。不久起為光州刺史。永徽初，入為陳王師。高宗令其於百福殿講《孝經》，召集中書門下三品及弘文館學士、太學儒者，都參與聽講。弘智暢談精微之言，備陳五孝。學士等人相繼問難，弘智對答如響，頗為高宗所嘉賞。不久升任國子祭酒，仍為崇賢館學士。四年後卒，享年八十二歲。

袁朗（563 年～約 627 年），雍州長安人，自幼勤學，善為文章。初仕陳，為秘書郎，甚為尚書令江總所器重。曾作千字詩，當時以為盛作。陳後主聞其才，下詔令其作《月賦》一篇，袁朗一揮而就。又下詔讓其作《芝草》《嘉蓮》兩篇頌，大加讚歎，賞賜優厚。朗歷太子洗馬、德政殿學士，遷秘書丞。陳亡，仕隋為尚書儀曹郎。唐武德初，授齊王文學、祠部郎中，封汝南縣男，再轉給事中。武德五年，參與編纂《藝文類聚》。貞觀初，卒於官。《全唐詩》卷三十錄其詩四首。

六位編纂人員的生卒年，以曹道衡、沈玉成的《中國文學家大辭典》（先秦漢魏晉南北朝卷）和周祖譔主編的《中國文學家大辭典》（唐五代卷）為主；其中，曹道衡、沈玉成的《中古文學史料叢考》將裴矩的生年修訂為 547 年，今從此。生卒年不詳的，則依據有關史料做出大致的推斷。

其一，關於陳叔達的生年。《陳書·高宗二十九王傳》《南史·宣帝諸子列傳》均謂陳叔達為陳宣帝第十七子，《舊唐書·陳叔達傳》作第十六子；今

從《陳書》《南史》。據《陳書·高宗二十九王傳》，陳宣帝有四十二子，第十六子陳叔慎於禎明三年（589年）被殺，時年十八，叔慎當生於太建四年（572年）。陳叔達為叔慎異母弟，約生於太建五年（573年）。

其二，袁朗的生年確定為563年。考證詳見下文。袁朗的卒年，根據《舊唐書》本傳「貞觀初卒官」的記載，確定為627年。

六位編纂人員能夠參加《藝文類聚》的編纂，與其自身的資歷和任職有關。歐陽詢時任給事中，給事中為門下省重要官員。《新唐書·百官志》載：給事中「掌侍左右，分判省事，察弘文館繕寫讎校之課。凡百司奏抄，侍中既審，則駁正違失。詔敕不便者，塗竄而奏還，謂之『塗歸』。季終，奏駁正之目。凡大事，覆奏；小事，署而頒之。三司詳決失中，則裁其輕重。發驛遣使，則與侍郎審其事宜。六品以下奏擬，則校功狀殿最、行藝，非其人，則白侍中而更焉。與御史、中書舍人聽天下冤滯而申理之。」〔註1〕給事中最初的職責是侍從皇帝左右，以備顧問應對等事。唐代給事中的職責雖有所變化，但這項基本職責並沒有太大的變化，仍然是陪侍皇帝左右，考察、審定朝廷的各種文稿。所以，歐陽詢是從事編纂的恰當人選。令狐德棻時任秘書丞，秘書丞為秘書省的主官。秘書省掌圖書經籍之事，相當於國家圖書館兼檔案館，可以為編纂提供足夠的資料。陳叔達時任侍中。他是文章能手。《新唐書·陳叔達傳》載：「（陳叔達）與溫大雅同管機秘，方禪代時，書冊誥詔皆其筆也。」〔註2〕陳叔達於武德四年拜侍中，侍中為門下省長官。當時，以中書省長官中書令、門下省長官門下侍中、尚書省長官尚書令共議國政，都是宰相。「宰相之職，佐天子總百官、治萬事，其任重矣。」〔註3〕陳叔達是朝中重臣，既可以隨時調遣編纂人員；作為南朝遺老，又熟知故實，可備顧問諮詢。裴矩時任太子詹事，掌管皇后和太子家事。《唐六典》載：「太子詹事之職，統東宮三寺、十率府之政令，舉其綱紀，而修其職務；少詹事為之貳。凡天子六官之典制，皆視其事而承受焉。」〔註4〕裴矩既任太子詹事，是太子黨成員，又負責六官典制，可謂是很好的人選。趙弘智時任詹事府主簿，後轉太子舍人。這次遷官可能與參編《藝文類聚》有關。《唐六典》載：太

〔註1〕（宋）歐陽修，宋祁，新唐書·百官志〔M〕，北京：中華書局，1975：1207。
〔註2〕（宋）歐陽修，宋祁：新唐書·陳叔達傳〔M〕，北京：中華書局，1975：3925。
〔註3〕同〔註1〕：1182。
〔註4〕（唐）李林甫，等；陳仲夫，點校，唐六典〔M〕，北京：中華書局，1992：662。

子詹事府設主簿一人,「主簿掌付所受諸司之移、判及彈頭之事而勾會之。」〔註5〕他本來就是太子詹事府的主要官員,又在編纂《藝文類聚》的過程中升遷爲太子舍人。《唐六典》載:「太子舍人掌侍從,行令書、令旨及表、啓之事。」〔註6〕太子舍人的職務更利於《藝文類聚》的編纂。袁朗時任齊王文學。《新唐書·百官志》載:「王府官:……文學一人,從六品上。掌校典籍,侍從文章。」〔註7〕掌校典籍,爲編纂提供了便利;撰寫官樣文章的寫作實踐,有助於準確把握各種實用文體的選錄。

(二)關於領修人歐陽詢的地位問題

現在,一提到《藝文類聚》,就會想到「歐陽詢撰」,宋本、四庫本、汪紹楹校本均是如此署名,史書中提到的另外五名編纂人員則被忽略。一般的看法是,歐陽詢是《藝文類聚》編纂的總負責人,即領修人或主編。我們採用習慣說法,稱爲領修人。

記載《藝文類聚》編纂人員的史料可以分爲兩類,一類表述是突出歐陽詢在編纂中的地位,但沒有稱爲領修人。如《舊唐書·經籍志》云:「《藝文類聚》一百卷,歐陽詢等撰。」〔註8〕只署歐陽詢的名字,意在突出、強調,也是爲了敘述上的方便,但一個「等」字,表明非歐陽詢獨立完成,而是多人合編。《新唐書·藝文志》云:「歐陽詢《藝文類聚》一百卷。令狐德棻、袁朗、趙弘智等同修。」〔註9〕不僅有歐陽詢,還有令狐德棻、袁朗、趙弘智,同時標明是「同修」,但表述爲「歐陽詢《藝文類聚》」,仍有突出、強調的意思。《唐會要·修撰》云:「武德七年九月十七日,給事中歐陽詢奉敕撰《藝文類聚》成,上之。」〔註10〕只提到歐陽詢,似乎書是他自己獨立完成的,這與實際情況不符。

另一類的記載則不同,強調的是幾位編纂人員。如《舊唐書·令狐德棻傳》云:「(武德)五年,(令狐德棻)遷秘書丞,與侍中陳叔達等受詔撰《藝文類聚》。」〔註11〕《舊唐書·趙弘智傳》云:趙弘智「初與秘書丞令狐德棻、

〔註 5〕同〔註4〕:663。
〔註 6〕同〔註4〕:671。
〔註 7〕同〔註1〕:1305。
〔註 8〕(後晉)劉昫,等,舊唐書·經籍志〔M〕,北京:中華書局,1975:2046。
〔註 9〕(宋)歐陽修,宋祁,新唐書·藝文志〔M〕,北京:中華書局,1975:1563。
〔註 10〕(宋)王溥,唐會要·修撰〔M〕,北京:中華書局,1955:651。
〔註 11〕(後晉)劉昫,等,舊唐書·令狐德棻傳〔M〕,北京:中華書局,1975:2596。

齊王文學袁朗等十數人同修《藝文類聚》，轉太子舍人。」〔註12〕《舊唐書‧
歐陽詢傳》云：「武德七年，詔與裴矩、陳叔達撰《藝文類聚》一百卷，奏之，
賜帛二百段。」〔註13〕《大唐新語》云：趙弘智「同令狐德棻、袁朗等修《藝
文類聚》」。〔註14〕這樣，六位編纂人員在不同的史書中均被突出、強調過。
綜觀這些記載，似乎六位編纂人員都是領修人。

　　較早記載《藝文類聚》編纂情況的是劉肅的《大唐新語》。據作者自序，
《大唐新語》成書於元和二年（807年），記事起自唐初，迄於大曆。此書距
《藝文類聚》成書僅一百八十年，所記史實當較爲可靠。劉肅記載的《藝文
類聚》的編纂人員爲三人，並沒有歐陽詢，這不能不讓人懷疑歐陽詢在編纂
過程中的地位與作用。同樣，《舊唐書‧令狐德棻傳》《舊唐書‧趙弘智傳》
也沒有提到歐陽詢的名字。即使在《舊唐書‧歐陽詢傳》中，敘及《藝文類
聚》的編纂，也是歐陽詢與裴矩、陳叔達並提的。只有《舊唐書‧經籍志》
較爲明確，只列了歐陽詢一個人的名字。《舊唐書‧經籍志》是以唐玄宗時毋
煚的《古今書錄》爲底本修纂的，因此也是較早的史料。

　　史書記載互有出入；在敘及《藝文類聚》編纂時，也多是數人並提，與
《藝文類聚》只署「歐陽詢」一人的名字有所不同。《四庫全書總目‧子部‧
類書類‧藝文類聚》條說：「殆以詢董其成，故相傳但署詢名歟？」〔註15〕雖
以存疑的口吻道出，但質疑之意卻是明確的：「歐陽詢果眞是《藝文類聚》的
領修人嗎？」問題是提出來了，但沒有加以論證，所以最終還是沒有解決。
而且歐陽詢「董其成」的史料並不存在，這又增加了一層疑雲。對此，汪紹
楹的解釋是：「關於這一點，其實是可以完全確定的，因爲：（一）全書的序
文由歐陽詢撰寫；（二）從《唐書‧經籍志》以來的本書作者著錄，向來只具
詢名；（三）據《唐會要》，本書由詢奏上，就更可以明確了。」〔註16〕這種
解釋有一定道理，但並不全面。

〔註12〕　（後晉）劉昫，等，舊唐書‧孝友‧趙弘智傳〔M〕，北京：中華書局，1975：
　　　　　4922。
〔註13〕　（後晉）劉昫，等，舊唐書‧儒學上‧歐陽詢傳〔M〕，北京：中華書局，1975：
　　　　　4947。
〔註14〕　（唐）劉肅，大唐新語〔M〕，北京：中華書局，1984：90。
〔註15〕　（清）永瑢，等，四庫全書總目‧子部‧類書類‧藝文類聚〔M〕，北京：中
　　　　　華書局，1965：1141。
〔註16〕　（唐）歐陽詢，撰；汪紹楹，校，藝文類聚〔M〕，上海：上海古籍出版社，
　　　　　1999：1～2。（下簡稱「《藝文類聚》」）

　　《藝文類聚》是奉唐高祖李淵的詔命編纂的，這一點在《舊唐書·歐陽詢傳》《舊唐書·令狐德棻傳》和《唐會要·修撰》中均有記載，歐陽詢的序文也說「爰詔撰其事且文」。存在的疑點是，在唐高祖李淵的詔令中是否任命了領修人？若任命了，是歐陽詢還是其他人？是一人還是幾人？因為這份詔書已經失傳，具體內容無法知曉。

　　在已知的六位編纂人員中，無論是地位還是年齡，歐陽詢都不是最高的，不比其他編纂人員更有優勢。按常理推斷，歐陽詢作為領修人的理由並不充分。在李淵的詔書中，不太可能將歐陽詢確定為領修人；退一步說，即使歐陽詢被確定為領修人，也不是唯一的，應該還有其他人。當然，這只是按照一般的編纂原則做的推斷，並沒有直接的史料加以證明。沒有史料做支撐，研究只能止步不前。至今，那份能夠說明誰是領修人的詔書，在歷史的雲煙中消失得無影無蹤，史書上的記載又互相牴牾，從中難以得出令人信服的結論。只能轉換思維角度，到《藝文類聚》的文本中，從詩文的輯錄上，去尋找領修人的痕跡了。

（三）從詩文輯錄上看有關編纂人員的作用

　　《藝文類聚》與前代類書的不同之處是，前代類書只輯錄「事」，而不錄「文」；《藝文類聚》則是在每個子目下，先羅列從經史子各書中輯錄的資料，作為「事」的部分，再分別輯錄各體詩文，作為「文」的部分。這就是《藝文類聚·序》所說的「事居其前，文列於後」，此乃《藝文類聚》編纂者首創。「事」的部分可以借鑒因襲前代類書，而「文」的輯錄則無所依傍，完全靠編纂者自己去挑選。《藝文類聚》從近千種圖書中，輯錄詩文 4800 多條，工作極其繁雜。同時，選「文」還要符合全書部類與子目構成的框架，花費的時間與精力必然最多，也頗能反映編纂者的意圖，因此值得格外關注。

　　通過對《藝文類聚》全書的考察，我們發現這樣一些特別現象，即《藝文類聚》輯錄的若干篇詩文，或與陳叔達、裴矩、歐陽詢、袁朗四位本人，或與其父親、祖父等有關，為探尋領修人提供了線索。具體為：卷十四帝王部四·陳宣帝輯錄江總的《陳宣帝哀策文》，卷五十三治政部下·奉使輯錄裴訥之的《鄴館公宴詩》、裴讓之的《公館讌酬南使徐陵詩》，卷五十九武部·戰伐輯錄裴讓之的《從北征詩》，卷五十職官部六·刺史輯錄江總的《廣州刺史歐陽頠墓誌》，卷五十二治政部上·善政輯錄徐陵的《廣州刺史歐陽頠德政

碑》，卷三十八禮部上・祭祀輯錄沈炯的《祭梁吳郡袁府君文》，卷二十九人部十三・別上輯錄江總的《贈洗馬袁朗別詩》。

陳宣帝是陳叔達的父親，在卷十四帝王部四設置「陳宣帝」這個子目，其內容單薄，給人的感覺是，這個子目可有可無。卷十一至卷十四爲帝王部，共選隋朝以前帝王（含部落首領）五十個，將他們作爲子目名稱。隋朝以前，見於正史的皇帝就有二百六十多個，可見《藝文類聚》對歷代帝王的選擇帶有舉要性質，並且有一定隨意性。《四庫全書總目・子部・類書類・藝文類聚》條指出其「帝王部三國不錄蜀漢，北朝惟載高齊」，是「繁簡失宜，分合未當」。〔註 17〕魏蜀吳三國，卻只錄魏國；北朝有北魏、東魏、西魏、北齊、北周，卻只載北齊，表面看似乎沒有道理，其實這正是《藝文類聚》子目設置隨意性的表現。同時，將「陳宣帝」設置爲子目，也是陳叔達主導編纂工作留下的痕跡。

在子目「陳宣帝」下，援例摘引史書對陳宣帝的介紹：「《陳書》曰：宣帝諱頊，字紹世，在位十四年。」〔註 18〕又在「哀策」的文體下輯錄江總的《陳宣帝哀策文》。哀策，亦作「哀冊」，是頌揚帝王、后妃生前功德的韻文，多書於玉石木竹之上；行葬禮時，由太史令宣讀後，埋於陵中。《陳宣帝哀策文》分序文、正文兩個部分：

> 望蜃綍而攀摽，拜龍䡨而慟絕。變五統而淒涼，迴三辰而慘切。感川岳而地維傾，號穹蒼而天柱折。千秋茂德，萬世鴻名，爰詔掌禮，式序英聲。其辭曰：嬀水樞宿，姚墟大虹。謳歌承曆，揖讓受終。重規帝緒，踵武王風。名山紀迹，清廟傳功。我后丕承，思弘祖業。莅政恭己，臨朝凝默。煥爛九功，葳蕤七德。憲章昭著，威靈允塞。爰兹發迹，天步艱難。連華滕衛，比譽應韓。羽儀戚右，軒冕朝端。祈膺當璧，繇顯大橫。延喜授玉，告善飛旌。神器有奉，性道無名。詩頌唐年，樂舞姬日。仁聲汪濊，武義洋溢。理訟總街，凝情衢室。巡望如禮，幽祇咸秩。疆垂叛換，關徼虔劉。治兵丹浦，獲醜青丘。屠釣且拔，管庫方搜。如龍駕鼓，獻雉焚裘。天必呈祥，地寧愛寶。神禽奇獸，嘉穀靈草。屈軼抽階，飛黃伏皂。綺雲舒慶，珠星照老。廣敷丘素，弘啓膠庠。書林吐馥，文囿含鏘。南洽侯衛，

〔註 17〕同〔註 15〕：1142。

〔註 18〕《藝文類聚》：275。

北暢遐荒。殷羅自解，周圉無傷。金英掩色，玉床弗豫。天駟摧鑣，
王良失御。鑄鼎奚益，綴衣何處？漫漫幽夜，冥冥上仙。長違拜日，
天意祈年。寧神卜兆，晏駕迴天。銅驎感泣，銀海埋田。出德陽之
廣殿，動繁笳之哀囀。渡洛水之浮橋，望偃師之近縣。背紫陌而未
遠，隱黃山而不見。鐸啓挽而依依，馬嘶風而戀戀。平原欲晦，落
照將垂。鳳蓋飄而水暗，鸞蹕聳而山危。曳蚖旗之舒卷，間翠野之
參差。鳥哀哀而驚曙，松瑟瑟而吟枝。異故鄉之絲竹，非舊宅之塤
箎。掃秋葉而無盡，薦春櫻而願知。北邙已謝，西陵何有？遠宿蒼
梧，便乖仁壽。聲合韶濩，道宣戶牖。共瀛海而恒流，並嵩華而莫
朽。〔註19〕

序文用排比的句式寫舉國悲痛，萬民齊哀，讚美陳宣帝「千秋茂德，萬世鴻
名」，交待作者是「爰詔掌禮，式序英聲」。「其辭曰」以下是正文，全用四六
言韻語，讚美陳宣帝繼位是承天受命，執掌天下功德顯赫。通過上天異象、
神禽奇獸、嘉穀靈草等吉祥之兆，說明陳宣帝是一位無愧天地的英明君王。
用鳥哀哀、松瑟瑟、秋葉掃等意象，渲染哀情，寫上天大地也為陳宣帝的去
世而黯然神傷。既述德又寫哀，語言莊重典雅。

　　裴訥之是裴矩的父親。卷五十三輯錄的裴訥之的《鄴館公宴詩》，為五言
十二句，寫盛情款待使者：

　　　　晉楚敦盟好，喬禮（汪紹楹校記曰：《文苑英華》作「僑札」。）
　　同心賞。禮成罇俎陳，樂和金石響。朝雲駕馬進，曉日乘龍上。雙
　　闕表皇居，三臺映仙掌。當階箟篠密，約岸荷蕖長。束帶盡欣娛，
　　誰言鵲歸兩。〔註20〕

此詩是徐陵來訪時所作，詳下。首二句言兩國之好與朋友之誼。喬禮，《文苑
英華》作「僑札」，是。僑札指春秋鄭國公孫僑（子產）與吳國公子季札。季
札至鄭，與子產一見如故，互贈縞帶紵衣。事見《左傳·襄公二十九年》。後
因以「僑札」比喻朋友之交。「禮成」八句寫朝廷盛大的接待之禮、鄴館的豪
華、公宴環境的清幽。末二句點明主旨。全詩展現出外交往來的彬彬有禮，
抒寫彼此的深厚情義。語言明白曉暢，與南朝的雕琢之風不同。裴訥之至今
僅存詩一首，借《藝文類聚》得以保存。

〔註19〕《藝文類聚》：275。
〔註20〕《藝文類聚》：964。

　　裴讓之是裴矩的伯父。裴讓之存詩三首，兩首見於《藝文類聚》，即《公館讌訓南使徐陵詩》和《從北征詩》。裴讓之好學且有文才，時稱「能賦詩，裴讓之」。據《陳書·徐陵傳》，太清二年（548 年），徐陵兼通直散騎常侍，出使魏。裴讓之的《公館讌訓南使徐陵詩》、裴訥之的《鄴館公宴詩》即是此次所作。

　　《公館讌訓南使徐陵詩》五言二十四句：

　　　　嵩山表京邑，鍾嶺對江津。方域殊風壤，分野居星辰。出境君圖事，尋盟我恤鄰。有才稱竹箭，無用忝絲綸。列樂歌鍾響，張旃玉帛陳。皇華徒受命，延譽本無因。韓宣將聘楚，申胥欲去秦。方期飲河朔，翻屬臥漳濱。禮酒盈三獻，賓筵盛八珍。歲稔鳴銅雀，兵戢坐金人。雲來朝起蓋，日落晚催輪。異國猶兄弟，相知無舊新。

〔註21〕

魏與南方通好，梁朝使者徐陵來，裴讓之兼任主客郎，負責接待。《公館讌酬南使徐陵詩》採用長篇形式，表達對徐陵的深摯情義。首句說北方，次句指南方。三四兩句講北方與南方地貌風物不同。「出境」句言南使造訪。「尋盟」句言我方的友好態度。「有才」兩句稱讚徐陵富有才華，不會辱沒皇帝的使命。「列樂」六句借用韓起、申包胥的典故，敘述兩國的外交往來。「方期」四句寫宴飲。「歲稔」句說五穀豐登；「兵戢」句指銷毀武器；這兩句表達對富足與和平的渴望。「雲來」兩句寫使者的往來。最後兩句申述對徐陵的友誼，不論老友，還是新交，都是親兄弟。

　　《從北征詩》五言八句：

　　　　沙漠胡塵起，關山烽燧驚。皇威奮武略，上將總神兵。高臺朔風馳，絕野寒雲生。匈奴定遠近，壯士欲橫行。〔註22〕

「沙漠」二句寫大漠風塵，邊關告急。「皇威」二句寫將士出征。「高臺」二句展現北方邊塞環境的嚴酷。「匈奴」二句抒發必勝的信心。全詩描寫邊塞風光、戰爭陰雲，展現行伍的軍威和氣勢，充滿積極樂觀的態度，風格豪放、沉摯。

　　卷五十職官部六·刺史輯錄的江總的《廣州刺史歐陽頠墓誌》和卷五十二治政部上·善政輯錄的徐陵的《廣州刺史歐陽頠德政碑》，均是表彰歐陽

〔註21〕 《藝文類聚》：964。
〔註22〕 《藝文類聚》：1068。

頎的。歐陽頎效力於梁、陳兩朝，飛黃騰達。此人不是別人，正是歐陽詢的
祖父。

江總的《廣州刺史歐陽頎墓誌》云：

> 公家習尚書，少府孺高於漢冊；世居渤海，太守文重乎晉原。
> 中原喪亂，避地南徙。公孝敬純深，友悌惇睦，家積遺財，並讓諸
> 季，兼賙同壤。公含率內映，遠識沈通，室嗜欲，謹言行，資貞幹，
> 事廉隅。梁室不造，凶羯憑凌，公被銳執兌，有志匡復。梁孝元帝
> 授散騎常侍、東衡州刺史、始興縣侯。而犬戎弒逆，宗社播遷，陳
> 纂揖讓，攸歸高祖，恩加惟舊。橫使持節，都督南衡二十二州諸軍
> 事、廣州刺史，進爲開府儀同三司、山陽郡公，進號征南將軍，加
> 鼓吹一部。巫山遠曲，諠騎吹於日南；芳樹清音，肅軍容於海截。
> 追贈車騎將軍司空。公涉獵六經，優游百氏。寬徭省賦，化伯越之
> 歸心；撫寒投醪，感三軍之死力。在室如賓，寧懲屋漏？不貪爲寶，
> 每畏人知。殺青無兼兩之疑，薏苡豈懷珠之謗？如羊如粟，不改夷
> 齊之心；遺慶遺風，方留豹產之德。〔註23〕

墓誌敘述歐陽氏世代爲名門望族。褒揚歐陽頎的品行：兄弟和睦，疏財仗義，
內心純美，富有遠見，寡欲慎行，能擔大任。概述在梁、陳兩代的事蹟：在
梁掃除邊患，爲梁元帝重用；在陳被加封要職。最後以稱頌歐陽頎的美德與
才幹作結：爲學博涉百家，學養豐厚；爲官輕繇薄賦，體恤百姓；做人安貧
樂道，清正廉潔。

徐陵的《廣州刺史歐陽頎德政碑》，與《廣州刺史歐陽頎墓誌》的內容有
多處重複，但首尾俱全，文字也多至約800字：

> 弱水導其洪源，軒臺表其增殖。懿哉少府，師儲皇於二京。盛
> 矣司徒，傳儒宗於九世。廣陵邑邑，族擅江右；勃海赫赫，名重洛
> 陽。若夫岳鎮龍璠，星懸鶉火，衡山誕其高德，相（汪紹楹校記曰：
> 本集作「湘」。）水降其清輝，千仞孤摽，萬頃無度。年當小學，志
> 冠成童。因孝爲心，欲仁成體。屯騎府君，早棄榮祿。易簀之日，
> 幾將毀終，不杖之言，深非通制。遺貲巨萬，富擬猗頓，裁變槐榆，
> 並貶（汪紹楹校記曰：本集作「賑」。）宗戚。南茨大麓，北眺清湘，
> 得性於橘洲之間，披書於杏壇之上。三冬文史，五經縱橫，頻致嘉

〔註23〕《藝文類聚》：898～899。

招，確乎難拔。既而帝啓黃樞，神亡赤伏。天地崩實，川冢沸騰。群倬酋豪，更爲禍亂。朝披羽檄，夜炤爝烽。浴鐵蔽於山原，擬金駭於樓堞。公疲兵屢出，獨據胡床，勍賊重圍，尚凭書几。揚灰既散，駕棒將揮。咸剋凶梁，以保衡服。常以二主蒙塵，三光掩曜，出入逾於嘗膽，殷憂獨其撫心。不治第宅，深符去病，志梟群醜，彌同越石。自禹珪既錫，堯玉已傳，物變謳謠，風移笙管。商周之際，孤竹尚其哀歌；曹劉之間，蘇子猶其狂哭。況番禺連帥，寔謂宗枝。迷我天機，自窺梁鼎。以公威名本重，逼統前軍，乾數難違，剝象終悔。高祖永言惟舊，彌念奇功，即訓皇家，深弘朝綱。檻車才至，輿襯已焚。祝史袚於夷吾，壇場延於井伯。綢繆安樂，造次許謀。爰珥豐貂，允光金蠖。但八柱之土，蠻夷不賓，九疑之陽，兵凶歲積。以公昔在衡皋，深留風愛，仁恩可以懷猛（汪紹楹校記曰：原訛「猶」，據馮校本改。）獸，威名可以懼啼兒，乃授持節、散騎常侍、衡州刺史。我皇帝從唐侯以胤國，屈啓筮而登家。一恭寶祚，開定江沔，三改琁衡，苞羅湘峽。昔中宗屈申於處仲，高祖遺恨於平城，漢武承基，方通沙塞，晉明紹運，裁平姑熟（汪紹楹校記曰：本集作「孰」。）。方其盛業，綽有光前。踐祚之初，進公位征南將軍、廣州刺史，又都督東衡州二十州諸軍事宜。公乃務是民天，敦其分地，火耕水耨，彌亙原野。賊盜皆偃，工賈競臻，鬻米商鹽，盈衢滿肆。新垣既築，外戶無扃，脂脯豪家，鍾鼎爲樂。揚袪洒汗，振雨流風，市有千金之租，田多萬箱之詠。僧釋慧羨等，來朝終闕，備啓丹誠，乞於大路康莊，式刊豐琰。庶樊卿寶鼎，復述台司之功；羊叟高碑，更紀征南之德。於是跪開黃素，爰登紫泥。鑒此誠祈，皆如所奏。乃詔庸臣，爲其銘曰：赫赫宗陳，桓桓鼎臣。千乘建學，五典攸因。盛德斯遠，公門日新。嵩高惟岳，眖甫生申。去衡移廣，遷征自鎮。悠悠銅界，藐藐金鄰。莫遠非督，無思不賓。三江靡浪，五嶺奚塵。式歌式舞，仁哉至仁。公其饗福，於萬斯春。〔註24〕

從歐陽頠顯赫的遠祖寫起，展示其家世不凡。稱美歐陽頠的篤學孝行。敘其效力梁朝，平定南方異族的功績，以及在陳朝再受重用的情況。贊其在地方爲官的政績。寫僧侶爲其建德政碑。最後以讚頌性的四言二十句銘文作結。

〔註24〕 《藝文類聚》：945～946。

在《藝文類聚》中輯錄兩篇高調讚頌歐陽頠的文章，這是歐陽詢主導編纂工作留下的痕跡。況且「頠本無德政，史家多溢美」，〔註25〕王鳴盛的話雖有些言過其實，但能夠輯錄兩篇對歐陽頠肆無忌憚讚美文章的人，非其孫歐陽詢所莫能為，是歐陽詢有意圖的選擇。

卷三十八禮部上・祭祀輯錄的沈炯的《祭梁吳郡袁府君文》和卷二十九人部十三・別上輯錄的江總的《贈洗馬袁朗別詩》，均與編纂者袁朗有關。袁府君即袁君正，為袁朗的祖父。袁君正雖然「以貴公子得當世名譽」，「當官蒞事有名稱」，但「蓄聚財產，服玩靡麗」，沉溺奢華生活。晚年不順，失意離世：「賊遣於子悅攻之」，「君正性怯懦，乃送米及牛酒，郊迎子悅，子悅既至，掠奪其財物子女，因是感疾卒。」〔註26〕祭文要追記生平，稱頌死者，帶有抒情性，「祭奠之楷，宜恭且哀」。〔註27〕祭文的這個特點正好適合後人（袁朗）對先人（袁君正）的迴護的心理。

《祭梁吳郡袁府君文》云：

> 夫宮鳴徵應，響韻相趨。桂馥蘭芬，期臭在斯。道合一朝，豈忘千載？日者明德世彥，振纓王室，坐嘯大邦，顯治巨麗。竊以不敏，出宰句吳，上郡下邑，都城接雉。雖王事靡監，無失豫遊。窺洞庭於五湖，登姑蘇於九曲，身後之事，一至於斯。今者長樂未央，已夾樗里之墓。公宮魯庫，非復少昊之墟。成土一棺，未知何託；解劍絮漿，轉增歔欷。〔註28〕

「夫宮鳴徵應」至「顯治巨麗」，讚揚袁君正生前高尚的品德和治理吳地的功績。從「竊以不敏，出宰句吳」句看，沈炯為吳縣令是受到袁君正的提拔。最後表達對死者的哀悼之情。祭文中對袁君正不光彩的一面隻字未提，這與《藝文類聚》追求善與美的編纂主導思想是一致的。

江總的《贈洗馬袁朗別詩》為五言十四句：

> 賈誼登朝日，終軍對奏年。校文升廣內，撫劍入崇賢。奇才殊艷逸，將別愛留聯。驅車命鐃管，拱坐面林泉。池寒稍下雁，木

〔註25〕（清）王鳴盛，十七史商榷：卷六十四〔M〕，北京：中國書店影印，1987：3。

〔註26〕（唐）姚思廉，梁書・袁君正傳〔M〕，北京：中華書局，1973：456。

〔註27〕（南朝梁）劉勰，著；范文瀾，注，文心雕龍注〔M〕，北京：人民文學出版社，1958：177。

〔註28〕《藝文類聚》：680～681。

落久無蟬。霧侵山上月，霜開石路煙。高談無與慰，遲爾報華篇。
〔註29〕

由詩題可知，此詩作於陳後主時，袁朗時任太子洗馬，江總是尚書令。曹道衡、沈玉成的《中古文學史料叢考》認爲此詩作於陳後主（陳叔寶）即位之前，誤。據兩《唐書》本傳，袁朗任太子洗馬是在陳後主之時，爲陳胤的太子洗馬。若定此詩作於陳後主即位前，則這個太子就是指陳叔寶了，顯然與史書記載不合。詩的前六句，對袁朗因才學卓著而被提拔重用，表示出欽佩與讚美，同時表達出惜別之情。將袁朗比作二十歲被漢文帝召爲博士、不到一年就被破格提拔爲太中大夫的賈誼，以及十八歲被選爲博士弟子、至長安上書受到漢武帝賞識、封謁者給事中的終軍。袁朗初仕陳，爲秘書郎，受到特別提拔是在陳後主初年（584 年）。從詩中所作的比喻推斷，袁朗時年二十歲左右，那麼生年應該是 563 年。曹道衡、沈玉成的《中古文學史料叢考》將袁朗時年斷爲未滿三十歲，年齡似乎大了。因爲終軍未及三十歲即被害，賈誼三十三歲便抑鬱而終，江總不會用這時的終軍、賈誼來比喻袁朗的。「驅車」四句，寫在寒凝大地之時，餞別宴上管絃高奏，用蟬比喻袁朗志趣高潔。最後四句，寫時光流逝，分別在即，希望袁朗今後寄情於詩。「華篇」，即「美好的篇章」，是對他人詩文的敬稱，這裡再次表達對袁朗之才的珍愛。能夠將一首稱讚自己才能的詩，輯錄到《藝文類聚》中，這透露出一個信息：袁朗是自始至終起重要作用的編纂者，這樣才能確保將此詩輯錄。作爲一個六十歲的老者，輯錄《贈洗馬袁朗別詩》，並不是袁朗的自我誇耀，而應理解爲袁朗回首前半生遭際時，對江總當年賞識自己的溫馨回憶，藉此表達一種感念的心情。

（四）關於領修人的基本結論

作爲一部百萬字的大型類書，《藝文類聚》能夠進行有效的編纂工作，必須有編纂人員的積極參與，密切配合，分工協作。從以上對詩文的輯錄情況考察，陳叔達、裴矩、歐陽詢、袁朗四人均爲編纂的主要力量，都有擔任領修人的可能。編纂速度之快——兩年多的時間內迅速完成，質量之高——「於諸類書中，體例最善」，〔註30〕是與確定編纂體例後多人一同主導編纂密不可分的。

〔註29〕《藝文類聚》：527。
〔註30〕同〔註15〕。

　　從書成後由歐陽詢奏上，序由歐陽詢撰寫來看，歐陽詢是當然的領修人，但不是唯一的。另外三位領修人是陳叔達、裴矩和袁朗。《藝文類聚》書前只署「歐陽詢撰」，《舊唐書・經籍志》著錄的「《藝文類聚》」只云「歐陽詢等撰」，均是爲了表述上的方便，突出了歐陽詢，卻遮蔽了其他起過重要作用的編纂人員，掩蓋了《藝文類聚》是由四人共同擔任領修人的事實。

　　歐陽詢在李淵微時，引爲賓客，數與遊，是李淵的密友。這是歐陽詢能夠擔任領修人的「人脈」方面的優勢。從官位上看，陳叔達具有優勢；而裴矩在官位和年齡上均具有優勢。另外，陳叔達與朝廷上層的關係非同一般，這也是他成爲領修人的一個重要原因。據《資治通鑒》記載：「建成、元吉與後宮日夜譖訴世民於上，上信之，將罪世民。陳叔達諫曰：『秦王有大功於天下，不可黜也。且性剛烈，若加挫抑，恐不勝憂憤，或有不測之疾，陛下悔之何及！』上乃止。」〔註31〕能夠斡旋於皇子之間的爭鬥，又能成功阻止高祖的行動，可見高祖對他的信任，說明他是朝廷中舉足輕重的重要成員。對於袁朗而言，官位雖不是最高，年齡也不是最長，但若不是在編纂中起主導作用，那麼將《贈洗馬袁朗別詩》輯錄到書中，則是不可思議的。

　　對歷史文獻的誤讀與誤判，是造成《藝文類聚》領修人始終含混不清的根本原因。我們的考證結論並不是要否定歐陽詢在編纂中的重要作用，而是想還歷史的本來面目，進而推動《藝文類聚》這部在中國輯佚史、校勘史上起過重要作用的大型類書的研究。

〔註31〕　（宋）司馬光，資治通鑒〔M〕，北京：中華書局，1956：6005。

四、《藝文類聚》編纂的主導思想

　　按照慣常的編纂方式，作爲一部類書，《藝文類聚》是將有關的資料分散拆解，分門別類地編排成書。受類書這種編纂方式的限制，編者在摘錄原始資料時，要忠實原文，不能憑藉主觀好惡妄加損益篡改。它基本上是「述而不作」的。這是否說明，像《藝文類聚》這樣的類書就不能體現出編者的主導思想了呢？不是的。《藝文類聚》在編纂上的「述而不作」，只是一種相對的說法。相對於百科全書而言，它只是按照原始文獻輯錄資料，這是「述而不作」的；但是，它又不是機械地照抄、照錄有關資料，在材料取捨、體例設置等方面，均能體現出編者一定的思想傾向；從這個意義上說，則是「述而又作」的。

　　《藝文類聚》體現了編者怎樣的主導思想呢？

（一）以弘揚儒學爲要義

　　《藝文類聚》把弘揚儒學作爲編纂的主導思想，有其特定的歷史條件。《舊唐書・儒學傳》載：「自隋氏道消，海內版蕩，彝倫攸斁，戎馬生郊，先代之舊章，往聖之遺訓，掃地盡矣。」[註1] 隋末唐初，儒學衰微，急需重新振興。《新唐書・儒林傳》云：「武創業，文守成，百世不易之道也。若乃舉天下一之於仁義，莫若儒。」[註2] 這就是說，在用武力取得政權之後，必須用儒家思想來加以治理，才是「百世不易之道」。經過隋朝末年的戰亂，唐初統治者深刻認識到儒學對於維護國家社會秩序的重要意義，積極致力於儒學的復興。在崇儒的大背景下編纂的《藝文類聚》，自然是以弘揚儒學爲要義了。

〔註 1〕（後晉）劉昫，等，舊唐書〔M〕，北京：中華書局，1975：4939～4940。
〔註 2〕（宋）歐陽修，宋祁，新唐書〔M〕，北京：中華書局，1975：5637。

　　《藝文類聚》以弘揚儒學為要義，首先表現為全書對儒家典籍的大量輯錄。

　　《藝文類聚》輯錄的儒家經典，幾乎遍佈在它的所有子目。可以把《藝文類聚》與《隋書·經籍志》著錄的著作做一比較，考察《藝文類聚》對儒家著作收錄的情況。《隋書·經籍志》是唐初編纂的一部國家書目，分經史子集四部排列，著錄的都是當時存世的著作，與《藝文類聚》的編者所見書籍應該大體相同。《隋書·經籍志》著錄的儒家典籍，主要集中在經部和子部儒家類。其經部包括易、書、詩、禮、樂、春秋、孝經、論語、圖緯、小學等十類，主要是六經及解經著作。對於六經，《藝文類聚》多有收錄，如收錄《易》54 條、《尚書》70 條、《詩》194 條等。再看對其他儒家典籍的收錄。《隋書·經籍志》子部儒家類著錄的著作 39 部（同一書的不同箋疏本未重複計算，亡書未計），《藝文類聚》輯錄了其中的 22 部，占整個子部儒家類著作的 56％，輯錄的總條目為 301 條。

　　《藝文類聚》以弘揚儒學為要義，其次表現在具體類目對材料的選取上偏重儒家典籍。

　　可以用南朝佛教類書《經律異相》做比較來說明這個問題。兩書的部類設置有的是相同的，比如天部，兩書均有；所不同的是，在《藝文類聚》中「天」部下只有一個以「天」命名的子目，而在《經律異相》的天部中卻有若干個以「天」命名的子目，如欲界六天、色界二十三天、無色四天，等等，分別收錄了佛教關於天的各種說法。而《經律異相》中收錄的佛教關於「天」的資料，《藝文類聚》的編者完全未予收錄。《藝文類聚》「天」部子目「天」「事」的部分共輯錄 25 部著作的片段。分別是：五經及其他儒家著作 12 部：《周易》《尚書》《禮記》《論語》《春秋繁露》《爾雅》《春秋元命苞》《太玄》《禮統》《廣雅》《說苑》《白虎通》；道家著作 4 部：《老子》《莊子》《文子》《列子》；雜家著作 1 部：《呂氏春秋》；法家著作 1 部：《申子》；醫學著作 1 部：《黃帝素問》；天文學著作 2 部：《渾天儀》《靈憲》；史學著作 2 部：《三五曆紀》《蜀志》；類書 1 部：《皇覽記》（筆者按，應作《皇覽·冢墓記》，為《皇覽》中的一個子目或一篇）；楚辭著作 1 部：《楚辭·天問》。「文」的部分輯錄的詩有晉傅玄《兩儀詩》《天行篇》《歌》，賦體有晉成公綏《天地賦》，贊體有晉郭璞《釋天地圖贊》，表體有宋顏延之《請立渾天儀表》。《藝文類聚》「天」部子目「天」下收錄的著作相當廣泛，但以儒家著作為主，其次是道家著作。

通過以上分析可以看出，《藝文類聚》編纂的主導思想是以弘揚儒學爲要義的。

（二）兼採佛、道

《大唐新語》記載了一次由唐高祖主持的關於儒、道、佛的論辯，這場論辯是在國家最高學府國子監進行的，因此具有很大的影響力。這種由統治者組織和裁決的儒、佛、道三家的論辯，本身就預示著道教、佛教向新政權的屈服，也表明了唐初統治者調和儒、佛、道，並以儒學統攝佛、道的治國理念。

武德九年（626 年）三月唐高祖頒佈《問皇儲可否散廢僧尼詔》，同年四月又頒佈《沙汰佛道詔》。第一篇詔書說明，因爲「比年沙門乃多有愆過，違犯條章，干煩正術，未能益國利化」，所以「欲散除形象，廢毀僧尼」，但是又擔心「駭凡聽」，故問皇儲可否散廢僧尼。〔註 3〕第二篇詔書說明，爲清靜佛門與玄門，正本澄源，要「玉石區分，薰蕕有辨」，對「不能精進，戒行有闕者，不堪供養，並令罷退，各還桑梓。」〔註 4〕從這兩篇詔書可以知道，唐初統治者雖然不排斥佛、道，但也不允許其嗜欲無厭，誘納姦邪，氾濫發展。

在這樣一個大的社會背景下，《藝文類聚》對佛、道文獻的輯錄，自然要比對儒家文獻的輯錄少得多，儘管如此，仍然能夠體現出儒、佛、道兼採的特色。

對於佛教，《藝文類聚》特闢出兩卷，以「內典部」爲題，專門收錄了這方面的資料。卷七十六內典部上‧內典「事」的部分，摘引了《後漢書》、《續漢書》、釋道安《西域志》、支僧載《外國事》、《宋元嘉起居注》、《扶南記》、《南州異物志》等書的資料，搜羅了一些佛教故事，以及佛教聖地、佛教事物的資料，如明帝夢金人遣使天竺、阿耨達山佛浴所、海中和訶條國、千葉白蓮花、那竭王作金棺槨檀車送佛喪等。「文」的部分輯錄了秦鳩摩羅什法師《十喻詩》、齊王融《淨住子歸信門頌》、隋江總《香贊》、梁元帝《荊州長沙寺阿育王像碑》等作品。卷第七十七內典部下‧寺碑沒有「事」的部分，只有「文」的部分，收錄了先唐作者的碑體文、銘體文、墓誌文、表體文、啓體文、序體文、書體文等多篇。這些詩和文章，或爲贊寺院與佛像的各體作

〔註 3〕韓理洲，唐高祖文集輯校編年〔M〕，西安：三秦出版社，2002：287～288。
〔註 4〕同〔註 3〕：289～290。

品，或爲詠佛教事物的篇什，或爲佛寺的遊覽之作。《藝文類聚》卷七十六和卷七十七內典部所輯錄的，大多不是佛教著作，但是記載的都是與佛教有關的事蹟。所輯錄的詩文，也均屬於佛教內容的作品，且以南朝作家爲主，這正是佛教盛行的時期。

《隋書‧經籍志》子部共收道家著作 21 部（同一書的不同箋疏本未重複計算，亡書未計），《藝文類聚》輯錄了其中的 9 部，占整個道家著作的 43％，輯錄的總條目爲 335 條。

對於道教，《藝文類聚》特闢出兩卷，以「靈異部」爲題，專門收錄了這方面的資料。特別是卷七十八靈異部上‧仙道輯錄的內容多與此有關。仙道「事」的部分摘引了《史記》《漢書》《晉中興書》《莊子》《淮南子》《列仙傳》《神仙傳》《關令內傳》《眞人周君傳》《漢武內傳》《漢武故事》《搜神記》《神異經》《十洲記》《風俗通》《異苑》等書的資料。這些資料或描述各種仙境或敘有關古人的仙道故事，如海上三神山、黃帝乘龍昇天、梅福棄妻歸隱成仙、葛洪尸解得仙、藐姑射之山神人、蕭史弄玉吹簫成仙、劉安成仙雞犬飛昇、老子神奇降生、丁令威化鶴歸來等。「文」的部分輯錄了魏文帝《遊仙詩》、漢司馬相如《大人賦》、魏陳王曹植《玄俗頌》、晉陸機《王子喬贊》、齊孔稚圭《玄館碑》、陶弘景《茅山曲林館銘》、梁沈約《與陶弘景書》、魏陳王曹植《辯道論》等作品。這些作品大致分爲兩大類，一是遊仙詩、神仙詩、道館詩等，以及道館的碑記；二是對神仙和道教傳奇人物的詠贊。《藝文類聚》卷七十八靈異部上‧仙道所輯錄的，大多不是道教著作，但是記載的都是與道教有關的事蹟；所輯錄的詩文，也均屬於道教內容的作品。

（三）追求善與美

「求善」的觀念與中國傳統的倫理道德觀是一脈相承的，同時也體現了《藝文類聚》的編者融合儒、道、佛的編纂理念。

求善的思維是儒、道、佛共同的出發點。在儒家倫理思想中，善與惡是概括道德行爲與非道德行爲的一對基本概念。具有積極的道德意義的言行及結果，被稱爲善，反之則被稱爲惡。一般認爲，凡是美好、完滿、眞誠的品德和言行都是善的。春秋戰國之際，儒家提倡「善」，「善」遂演化爲政治倫理概念。善與惡的劃分，是基於仁、義、禮、智、信的道德準則。《孟子‧告子》載：「惻隱之心仁也，羞惡之心義也，恭敬之心禮也，是非之心智也。仁、

義、禮、智非由外鑠我也，我固有之也。」〔註5〕孟子所謂善，就是指人內心具有的惻隱之心、羞惡之心、恭敬之心、是非之心，以及在此基礎上形成的仁、義、禮、智四種德行。在《孟子》中，言及「善」「善性」「善道」「善教」「善政」「善人」「善士」等，多達幾十處，如《孟子·盡心下》載：「『何謂善，何謂信？』曰：『可欲之謂善，有諸己之謂信，充實之謂美，充實而有光輝之謂大，大而化之之謂聖，聖而不可知之之謂神。』」〔註6〕孟子所說的「信」，是指「真誠」。在孟子看來，「善」與「真」「美」是同一系列的概念。

道家也十分推崇「善」。《文子》認為：「日化上而遷善，不知其所以然，治之本也。」〔註7〕治之本，是統治者做出楷模，去感化百姓，使他們棄惡從善，在不知不覺中受到薰染。「遷善」應順應自然，正是黃老道家的主張。道教由道家神仙派演變而成，同樣推崇「善」。《太上妙始經》載：「諸賢者若能行善無惡，功德備足者，可得白日昇天。」〔註8〕這種勸人行善積德之說，對淨化社會、端正民風，可以起到一定的積極作用。

善也是佛教倫理的範疇。《增壹阿含經》載：「諸惡莫作，諸善奉行，自淨其意，是諸佛教。」〔註9〕闡明了佛教的本質：它是一種勸人止惡揚善的宗教。

郭紹林說：「《藝文類聚》在內容的取捨方面，體現出追求真善美的強烈傾向，很注意採集正面材料，擯棄反面材料。……《藝文類聚》如此苦心孤詣，正是儒家重視教化、重視書籍的潛移默化功能的反映。」〔註10〕《藝文類聚》子目資料的摘錄，是如何體現追求善與美的傾向的？請看下面幾例：

卷二天部下·雪，關於「雪」的描繪，沒有提到暴雪、淫雪、雪災，沒有提及雪後的肅殺。即使有描寫大雪的句子，也是「雨雪其雱」「雨雪瀌瀌」「北風雨雪」等而已。寫到雪後奇寒，也是像《穆天子傳》記載的，寫雪後詠詩等富有詩意的場景。《晏子春秋》《王孫子》等記載的雪後賑濟災民的故事，更具有褒揚國君恩德的作用。《漢書·蘇武傳》所記蘇武北海齧雪吞旃的

〔註5〕金良年，孟子譯注〔M〕，上海：上海古籍出版社，1995：236。
〔註6〕同〔註5〕：306。
〔註7〕李德山，文子譯注〔M〕，哈爾濱：黑龍江人民出版社，2003：222。
〔註8〕無名氏，太上妙始經〔M〕，／／道藏：第18冊，文物出版社、上海書店、天津古籍出版社，1987：433。
〔註9〕（東晉）瞿曇僧伽提婆，增壹阿含經〔M〕，／／大正新修大藏經：第二卷，東京：大正一切經刊會，1932：551。
〔註10〕郭紹林，歐陽詢與《藝文類聚》〔J〕，洛陽師專學報，1996（6）：89～90。

悲壯之舉，並非要渲染北部邊地的風暴雪猛，而是要表現蘇武不屈的民族氣節。另外，如「映雪讀書」「雪夜訪戴」「謝道韞詠雪」等故事，也均具有教化意義。《晉諸公贊》、皇甫謐《高士傳》等所引故事，與上不同，則有幾分神異色彩。雪景之美、雪後濟民、踏雪訪友、道韞詠雪等「善」的一面被加以收錄，而雪之惡，則一概擯棄。

卷六地部・峽，《續漢書》收錄了武都太守虞詡剷除峽中大石，為民造福的故事。《荊州記》記述了巴楚的峽名。《宜都記》《南康記》描繪了峽中景色。《始興記》貞女化石的故事，則具有教化意義。

卷三十五人部十九・淫，輯錄了歷代典籍中關於荒淫、淫亂的一些記載。有的條目，表明了明顯的懲戒荒淫的用意。如《漢書》所載的劉終吉，非常荒淫，結果是丞相御史上奏，請削其四縣，在對事件結果的敘述中表明了編者摘錄此條的目的。又如同書所載，淳于長與許皇后姊嬺私通，又收受許皇后的賄賂，還戲弄許皇后。後來事發下獄，死於獄中。《漢書》將淳于長列入《佞倖傳》。《藝文類聚》的編者收錄此事，是作為反面教材處理的。對於多數相關材料，編者只是客觀輯錄，並沒有表示明確的態度。不過，在輯錄的這些材料之前冠以「淫」的子目名稱，編者的態度在這個子目名稱中就鮮明地表現出來。常言道：「萬惡淫為首。」「淫」是惡，歷代哲人對荒淫、淫亂之事是痛斥的。《藝文類聚》是追求善與美的，既然是為歷代哲人所痛斥的，那麼，《藝文類聚》的編者自然也要對這些荒淫、淫亂的行為加以譴責，冠以「淫」這樣一個貶義詞語作為子目名稱，表達了否定之意。

卷四十四樂部四・簫中，除了《釋名》《風俗通》《爾雅》《三禮圖》4 條介紹了簫的聲音、形狀、名稱、長度等外，其餘各條似乎都是「言不及義」的，因為它們跟簫都沒有直接的關係，也不是教人如何吹簫的，這些條目或是含有「簫」這個字樣的景物或者事，或是表現愛情（如《列仙傳》條），或是表現人物有才情、善吹簫（如《漢書》條、《史記》條、《傅子》條），或是誦讀奇文（如《漢書》又曰條），其中有的條目離「簫」已經很遠了，摘錄的只是一些含有美與善意味的文章的片段。

卷九十五獸部下・兔，從內容上看，與兔直接有關係的條目，或者說以兔為敘述的重點的條目，並不多。如《韓子》「守株待兔」的寓意不在兔，《史記》李斯的話含有人生的深刻慨歎，也與兔無關，它們不過是在字面上包含「兔」字罷了。雖然如此，並沒有負面的材料，向「善」的用意蘊藏其間。

以上 5 個子目分散在天、地、人、事、物 5 大類。這 5 個子目，雖然與《藝文類聚》的眾多子目相比，是非常少的，但是，它們具有代表意義，反映了《藝文類聚》子目材料選擇的傾向性，即傾向於選擇那些歌頌性的、富有倫理道德教育意義的、吉祥的、美好的材料，而盡可能不去選擇包含醜與惡的材料。即使是一些並不直接關乎善與惡的材料，例如一些解釋的、描寫的語句，也是儘量選擇表現清幽的、空靈的語句。《藝文類聚》每個子目下的材料，一是爲著檢索的方便，而有一定的選擇規律。二是爲著「善」的目的，儘量選擇正面的材料，較少選擇負面的材料，目的是讓人看到材料中「善」的一面，而不讓人看到材料中「惡」的一面。換句話說，就是選擇美事、美物、美景、美人，善事、善物、善人。有醜有美的，只選美的一面；有善有惡的，只選善的一面。對於個別負面子目，如「妒」「淫」等，不可避免地要選擇一些非善非美的材料，但也是戒惡勸善的。這與我國圖書編輯、圖書分類的思想是相一致的。編者在輯錄資料時，將不符合善與美的材料刪除掉，以達到歐陽詢在《藝文類聚序》中說的「移澆風於季俗，反純化於區中」的目的。

五、《藝文類聚引用書目》考辨

　　歐陽詢等奉敕編纂的類書《藝文類聚》在唐武德七年（公元 624 年）完成，是中國學術史上的重大事件。在編纂過程中，編者們摘引了當時存世的大量圖書，資料極爲豐富，因此，《藝文類聚》的引書頗爲輯佚、校勘學者所關注，但是，迄今爲止，尚沒有學者對《藝文類聚》的引書做出全面、細緻的清理。

（一）問題的提出

　　目前，關於《藝文類聚》的論著，均認爲《藝文類聚》引用的圖書數量是 1431 種。這種說法源於北京大學研究所編製的《藝文類聚引用書目》，該文發表在 1923 年 12 月 16 日出版的《國立北京大學二十五週年紀念研究所國學門臨時特刊》中。該文序言說：「其（筆者按，指《藝文類聚》）徵引之書，較爲近古。……茲將全書所引群籍，逐條剪取。分編成帙；以便檢核。此書徵引之博，約及一千三百餘種。舊無徵引書目，因將全書引用各種書名，暫按筆劃多寡，依次排比：編成藝文類聚引用書目錄。」〔註1〕馬念祖編《水經注等八種古籍引用書目彙編》時，將《藝文類聚引用書目》直接收錄，並據此認定《藝文類聚》所引之書爲 1431 種。〔註2〕但是，《藝文類聚引用書目》編製得相當粗糙，錯誤與不當之處頗多。

〔註 1〕北京大學研究所，藝文類聚引用書目〔J〕，國立北京大學二十五週年紀念研究所國學門臨時特刊，1923。
〔註 2〕馬念祖，水經注等八種古籍引用書目彙編〔M〕，北京：中華書局，1959：4。

雖然時間已經過去 90 多年，但是境內外學術界對《藝文類聚》引書的認識，仍然停留在《藝文類聚引用書目》的水平上，沒有任何進展——目前所有涉及《藝文類聚》的論著，均沿襲北京大學研究所 1923 年《藝文類聚引用書目》的統計結論，即認為《藝文類聚》引用的圖書數量是 1431 種。類書研究的代表性著作，如胡道靜的《中國古代的類書》（1982 年）、戚志芬的《中國的類書、政書和叢書》（1996 年）、趙含坤的《中國類書》（2005 年），以及臺灣學者孫永忠的《類書淵源與體例形成之研究》（2007 年）等，均持此觀點；研究《藝文類聚》的單篇論文、論及《藝文類聚》的文獻學著作等，也均輾轉因襲此說，無一例外。

學者們對《藝文類聚》的引書失察、失考，因而盲從，以至訛誤相沿。《藝文類聚引用書目》的問題較多，據以研究，不可不先審辨。對《藝文類聚》引用的圖書逐一核查，做出全面、細緻的考辨，徹底弄清《藝文類聚引用書目》存在的問題，匡正舊說，將有助於推進《藝文類聚》引書的深入研究。

（二）對《藝文類聚引用書目》失誤的具體考查

《藝文類聚引用書目》存在的較為明顯的問題有以下四類：

第一類，將《藝文類聚》並未標明摘引的許多作者的別集，誤作引書加以統計。這種情況很多，分為兩種情況；

1. 某作者本有別集，《藝文類聚》也摘引了該作者的作品，但都是直接標注篇名，並未明言從該作者的別集中摘引作品，《藝文類聚引用書目》卻將該作者的別集作為引書加以統計。這種情況如《丁儀集》《王朗集》《伏滔集》等。《隋書·經籍志》著錄《丁儀集》一卷，下注云：「梁二卷，錄一卷。」著錄《王朗集》三十四卷，下注云：「梁三十卷。」著錄《伏滔集》十一卷，下注云：「並目錄。梁五卷，錄一卷。」可見，這三位作者在唐初均有別集流傳。《藝文類聚》摘引丁儀 3 篇作品，即《周成漢昭論》《厲志論》《刑禮論》；摘引王朗 3 篇作品，即《相論》《冬臘不得朝論》《雜箴》；摘引伏滔 5 篇作品，即《望濤賦》《北征記》《遊廬山序》《蔡邕長笛賦序》《長笛賦序》；《藝文類聚》在摘引這些作品時，均直接標注篇名，而未用作者別集的名稱。需要指出的是，《藝文類聚引用書目》既將《伏滔集》作為引書加以統計，又將伏滔的《北征記》作為引書統計，這種重複統計的情況，說明這個引用書目運用標準的混亂。

2. 某作者本無別集或別集在唐初已亡佚，《藝文類聚》只是直書篇名地摘引了該作者的作品，而《藝文類聚引用書目》卻以《××集》的書名作爲引書加以統計。如《公孫宏（筆者按，「宏」應作「弘」）集》《王升之集》《毌丘儉集》《沈充集》等。《公孫弘集》未見著錄，《漢書·藝文志》著錄有《公孫弘》十篇，蓋至唐初已亡佚，故《隋書·經籍志》未著錄公孫弘的任何著作。《藝文類聚》摘引公孫弘的《答東方朔書》，直接標出篇名。《王升之集》未見著錄。《藝文類聚》摘引王升之的《甘橘贊》，直接標出篇名。考之群書，王升之或作「叔之」「叔元」「淑元」「敘之」，名凡五異，實爲一人，即王叔之，其餘皆傳寫訛誤。王叔之，晉宋之間人，字穆仲，《隋書·經籍志》著錄《王叔之集》七卷。《藝文類聚》摘引王叔之作品 6 篇。史上並無王升之其人，《王升之集》更是子虛烏有；《甘橘贊》應繫於王叔之名下。《毌丘儉集》，《隋書·經籍志》《杜摯集》下有注云：「梁有《毌丘儉集》二卷，錄一卷，亡。」《舊唐書·經籍志》《新唐書·藝文志》等，皆著錄《毌丘儉集》二卷，疑爲唐開元間廣徵天下典籍時所得；《毌丘儉集》失而復得，遠在《藝文類聚》成書之後，《藝文類聚》的編者不可能見到。《藝文類聚》摘引毌丘儉的《承露盤賦》《承露盤銘》，均直接標出篇名。《沈充集》，《隋書·經籍志》《王敦集》下有注云：「梁有吳興太守《沈充集》三卷，亡。」《舊唐書·經籍志》《新唐書·藝文志》未著錄，疑《沈充集》陳、隋時已佚。《藝文類聚》摘引沈充的《鵝賦序》，直接標出篇名。

第二類，將《藝文類聚》並未標明摘引的其他類著作，誤作引書加以統計。如，《文類》《丹賦應貞臨》《五行志》《南嶽集》《棗據書》《祭儀》《靈驗記》等。《藝文類聚》並未明言摘引了這些書，而《藝文類聚引用書目》卻作爲引書加以統計。《明史·藝文志》著錄有賀逢聖《文類》五卷，在此前未見有同名書的記載，應是《藝文類聚引用書目》誤錄。作爲書名，《丹賦應貞臨》怪誕不經，當是編製引用書目時的書寫或排印錯誤。《五行志》並不是書名，《漢書》《後漢書》等均設「五行志」，《藝文類聚》中未有標注出於「五行志」者。歷代書籍中題名「南嶽」的，有數種，如五代前蜀貫休的《西嶽集》或作《南嶽集》。《四庫全書總目·禪月集》提要云：「毛晉又云：《西嶽集》或作《南嶽集》。考貫休生平未登太華，疑『南嶽』之名近之，『西』字或傳寫誤也。」〔註3〕南宋劉克莊有《南嶽稿》。這些均在《藝文類聚》之後，先唐

〔註3〕（清）永瑢，等，四庫全書總目〔M〕，北京：中華書局，1965：1304。

時期未見有《南嶽集》著錄。《藝文類聚》收錄棗據的賦和詩各 3 篇，但未有棗據的「書」體文；據《隋書・經籍志》，梁有《棗據集》二卷，亡，未有以《棗據書》為名的書目，《棗據書》顯係誤寫。《北堂書鈔》與《太平御覽》均摘引繆襲的《祭儀》，而《藝文類聚》未予摘引。北京大學研究所的《藝文類聚引用書目》與《太平御覽引用書目》編製於同時，蓋因《太平御覽》摘引《祭儀》而誤錄入《藝文類聚引用書目》。「靈驗」有神奇效應之意。最早以「靈驗記」來稱呼作品的有兩部書，一是唐代段成式的《酉陽雜俎續集》卷七《金剛經鳩異》提到的《金剛經靈驗記》：「又先命受持講解有唐以來《金剛經靈驗記》三卷，成式當奉先命受持講解。」〔註4〕一是敦煌寫卷《持誦金剛經靈驗功德記》，附在《金剛般若波羅蜜經》後面，凡靈驗故事十八則。《功德記》跋云：「於唐天復八載，歲在戊辰四月九日，布衣翟奉達寫。」〔註5〕天復僅四年（公元 901～904 年），實當為吳越錢鏐天寶元年（公元 908 年）。或以為此書係中唐作品。這兩部書均成書在《藝文類聚》之後，不能為《藝文類聚》所摘引；《藝文類聚》也未摘引題名為《靈驗記》之書；北京大學研究所編製的《太平御覽引用書目》收有《靈驗記》，蓋因此誤錄入《藝文類聚引用書目》。

　　第三類，將許多單篇卻不單行的詩文，誤作引書加以統計。這種情況比較嚴重。《藝文類聚引用書目》的序言說得很清楚，統計的對象是《藝文類聚》的引「書」，而不是單篇作品，但在實際操作過程中，這個原則沒有得到很好貫徹。《大風歌》本是漢高祖劉邦所作的一首只有 3 句的短詩，卻作為一本「書」來統計。張文恭的《七夕詩》、杜寄（筆者按，「寄」應作「審」）言的《七夕詩》，本是兩首五言短詩，卻分作兩本「書」加以統計。令人不解的是，杜審言是唐人，根據《藝文類聚》的編纂體例，是不錄唐人作品的，何況杜審言又是生活在《藝文類聚》成書二三十年之後，《藝文類聚》是不能預收的，《藝文類聚》摘引的杜審言之作，顯係後人偽竄，但《藝文類聚引用書目》的編者不加審察，便輕易加以統計。在《藝文類聚》卷四「歲時」的子目「七月七日」文體「詩」中，除摘引張文恭、杜審言的《七夕詩》外，還摘引了庾肩吾、王眘、邢子才、何遜、宋孝武帝、江總、梁武帝的 7 首同題詩，但《藝文類聚引用書目》均未按照「書」來統計。木玄虛的《海賦》本是單篇的賦，

〔註 4〕（唐）段成式，酉陽雜俎〔M〕，北京：中華書局，1981：265。
〔註 5〕王重民，敦煌古籍敘錄〔M〕，北京：中華書局，2010：268。

卻作一本「書」統計；而《藝文類聚》還摘引了庾闡、張融的同題賦作，卻未予統計。庾凱的《幽人箴》、周舍的《鼎銘》，均是單篇的短文，卻按「書」來統計。其他如：《七蠲》《七賢論》《七興》《人日登高侍宴詩》《幾贊序》《九成宮賦》《六代論》《王弘廣陵前浦開表》《古豔歌》《古鼎銘》《和帝誄》《後漢桓帝時童謠》《晉成帝哀策文》《陳夫人碑》《答皇太子啓》等，均是單篇卻不單行的詩文而誤作「書」來統計的。這種情況很多，反映了這個引用書目統計標準的混亂與隨意，茲不一一舉例。

　　第四類，本有具體的篇名（主要是詩），卻沒有統計（暫且不論短小的作品，特別是一首詩，能否作為一本書加以統計），而是籠統地用「作者+文體名」的形式，寫作「××詩」「××賦」或「××頌」加以統計。如「何思澄詩」「陳暄賦」「薛綜頌」等。《藝文類聚》中沒有以「何思澄詩」為題摘引的作品；《藝文類聚》摘引何思澄的 3 首詩，均直接標出題目，即《南苑逢美人詩》《班婕妤詩》《古意詩》。《藝文類聚》中也沒有以「陳暄賦」為題摘引的作品；《藝文類聚》摘引陳暄的兩篇賦，均直接標出題目，即《應詔語賦》《食梅賦》。《藝文類聚》中同樣沒有以「薛綜頌」為題摘引的作品；《藝文類聚》摘引薛綜的 3 篇頌，均直接標出題目，即《麟頌》《鳳頌》《頌》。

（三）《藝文類聚引用書目》致誤的原因

　　《藝文類聚引用書目》的編者陷入了一個邏輯誤區，即認為，類書的編纂只是從經史子集著作中摘引資料。其實，類書的編纂，並非僅有直接從經史子集著作中摘引資料之一途，尚有根據現存類書進行再選編之一途。若視類書編纂僅有一途，則會極大限制研究者的視野。

　　編纂類書，利用和轉錄其他類書中的現成材料，可以豐富書中彙集的資料，加快編纂的速度。例如，北齊的《修文殿御覽》主要是以南朝梁代的《華林遍略》為藍本，經多次刪改而成的。《太平御覽》引唐代丘悅所纂《三國典略》云：「初，齊武成令宋士素錄古來帝王言行要事三卷，名為《御覽》，置於齊主巾箱。陽休之創意，取《芳（筆者按，「芳」當作「華」）林遍略》，加《十六國春秋》《六經拾遺錄》《魏史》等書，以士素所撰之名，稱為《玄洲苑御覽》，後改為《聖壽堂御覽》。至是，斑等又改為《修文殿》，上之。」〔註6〕

〔註 6〕李昉，太平御覽〔M〕，北京：中華書局，1960：2707。

　　《藝文類聚》與它前代的類書，應該也有這種承繼關係。像《修文殿御覽》那樣，直接刪改別人的類書來編自己的類書，未免是一種太投機取巧的辦法了，歐陽詢等人沒有這樣做，但是利用和轉錄前代類書的現成材料，卻是很自然的事。可惜的是，那些比《藝文類聚》早的大類書，如《皇覽》《華林遍略》《修文殿御覽》等，都已經整部整部地亡佚，很難從中窺探到某種信息了。《藝文類聚》摘引《皇覽》一條、《皇覽記》（《太平御覽》作《皇覽冢墓記》）一條、《皇覽逸禮》兩條。它們雖然異名，但同爲《皇覽》一書無疑，清代孫馮翼的《皇覽》輯本，這四條就均繫於《皇覽》名下。但是，沒有在《藝文類聚》中發現直接引用《華林遍略》和《修文殿御覽》等類書的例證，這是否與我們做出的《藝文類聚》摘錄前代類書的推斷不符呢？不是的。因爲引用有明引和暗引之別。可以這樣推想：編者在編纂《藝文類聚》的時候，摘引了前代類書，但標注的卻是該類書引用的原始文獻的出處，是暗引，因此今天便不能知道《藝文類聚》直接摘引了哪些類書的材料。

　　《藝文類聚引用書目》的編者還忽略了可能存在的這樣一個事實：《藝文類聚》也可以從集部總集類著作中摘引資料，特別是「文」的部分的各體作品，更可能是通過這種方式得來的。《藝文類聚》收錄詩、賦、贊、表、歌、文、頌、銘、令、序、祭文、啓、論、箴、碑、吟、書、述、誄、章、議、哀策、敕、箋、諡策、詔、教、墓誌、說、解、疏、訓、誥、歎、哀辭、志、弔、樂府、傳、策、奏、難、七、連珠、引、詠、移、戒、檄、謳、行狀等 51 種文體；〔註7〕《隋書・經籍志》著錄有《歷代賦》《古詩集》《古今箴銘集》《六代詩集鈔》《古今詩苑英華》《古樂府》《樂府歌辭鈔》《眾賢誡集》《碑集》《雜碑集》《論集》《雜詔》《皇朝詔集》《策集》《讚集》等，這些總集專收一種或兩種文體，很可能成爲《藝文類聚》「文」的部分各種文體的摘引對象。《藝文類聚》摘引了《文選序》《文章流別論》《玉臺新詠序》，由此推斷，《文選》《文章流別集》《玉臺新詠》這類綜合性文章總集，也很可能是《藝文類聚》摘引的對象，如《藝文類聚》明確標注出自《文選》的作品，就有 19 篇。

〔註7〕韓建立，《藝文類聚》選文研究暨篇目分體索引〔M〕，新北：花木蘭文化事業有限公司，2018：9。

（四）結語

筆者對《藝文類聚》引用的圖書進行了逐一考查，做了重新統計，發現《藝文類聚》引用的圖書，大多可以在每個子目「事」的部分顯示出來，而在「文」的部分，多是以單篇文章出現的，所以很難知曉是摘自哪本書。筆者重新統計的結果爲：在《藝文類聚》子目「事」的部分，共摘引圖書 759 種。《隋書・經籍志》著錄總集類著作 107 部（不計亡書），若《藝文類聚》也從這些總集類著作中摘引資料的話，那麼，《藝文類聚》的引書，最多在 866 種；這比《藝文類聚引用書目》少了 565 種。

六、《藝文類聚》分卷依據和
部類數量辨析

　　「卷」和「部」是《藝文類聚》結構的重要組成部分。全書 100 卷，按內容分為天、歲時、地、山、帝王、樂、居處等若干部。那麼，它的分卷依據是什麼呢？關於《藝文類聚》的部類數量，歷來有四十六部、四十七部和四十八部之說。究竟是哪種說法符合《藝文類聚》編纂的實際？這些就是本文所要探討的問題。

（一）《藝文類聚》的分卷依據

　　「卷」是《藝文類聚》編排形式上最大的分類單位，也是古代書籍重要的計量單位之一，是從物質形態上劃分的，竹木簡、帛書、卷子都可以捲起來，所以以「卷」為單位。

　　有的學者認為，書籍分「卷」起於帛書，並延及紙冊。章學誠云：「（劉）向、（劉）歆著錄，多以篇卷為計。大約篇從竹簡，卷從縑素，因物定名，無他義也。而縑素為書，後於竹簡，故周、秦稱篇，入漢始有卷也。第彼時竹素並行，而名篇必有起訖；卷無起訖之稱，往往因篇以為之卷；故《漢志》所著幾篇，即為後世幾卷，其大較也。」〔註1〕寫在竹（木）簡上的書稱篇，寫在帛書上的書稱卷，這只是作者的推想，是否這樣，不敢肯定，所以說「大約」。而葉德輝則以肯定的口吻說：「帛之為書，便於舒卷，故一書謂之幾卷。

〔註 1〕（清）章學誠，著；葉瑛，校注，文史通義校注〔M〕，北京：中華書局，1985：
　　　　305。

凡古書，以一篇作一卷。(《漢書・藝文志》有稱若干篇者，竹也；有稱若干卷者，帛也。)」〔註2〕葉德輝的看法值得商榷。詳見下文。

關於卷與篇的關係，明代胡應麟云：「《漢・藝文志》《史記》百三十篇即今百三十卷，此篇與卷同也；《尚書》四十六卷，實五十七篇，此篇統於卷也。」〔註3〕「卷」即篇，並非一概如此，否則在同一書中，有了卷，就不應再有篇，反之亦然。一書之中，卷、篇往往並存。《漢書・藝文志》載：「《詩經》二十八卷」，且又有三百五篇的記述：「孔子純取周詩，上採殷，下取魯，凡三百五篇，遭秦而全者，以其諷誦，不獨在竹帛故也。」又曰：「《爾雅》三卷二十篇。」〔註4〕一般說來，「篇」是指文章，「卷」是把文字寫在竹（木）簡上用繩子編連成一卷（束）後的名稱。作爲一篇文章來說，是不能隨意分拆的，所以章學誠說「篇必有起訖」；而「卷無起訖之稱」，因爲每一卷簡在數量上並不固定，可以隨意變通。同一卷中既可以容納一篇或多篇文章，個別情況也可以把一篇文章分拆開來分成幾卷。卷在書籍裝潢變爲冊子以後，幾乎失去實際意義，書籍分卷主要是一種傳統習慣。

但是，像葉德輝所主張的「卷」之名源於帛書的舒卷，這種看法卻值得商榷。從實物來考察，「卷」與帛書未必有什麼必然聯繫。例如，20世紀40年代，在長沙市東南郊的子彈庫處的一座戰國楚墓中的帛書，掘出土時八摺，放在一個竹匣中，匣長約23釐米，寬約13釐米，匣面蓋有一方土黃色面有紅色印花的綢子。〔註5〕1972年至1974年，長沙馬王堆漢墓出土，在3號墓的一個木匣內發現隨葬的大批帛書。木匣內帛書的存放方式有兩種：一種用通高48釐米的帛書書寫，次第折疊成長24釐米、寬10釐米左右的長方形，出土時折疊處與其邊緣已經斷損。另一種用通高24釐米的帛書書寫，用寬2至3釐米的木條爲骨將帛幅捲起，或相對折疊。〔註6〕1990年，在敦煌甜水井懸泉置遺址的發掘中，曾經出土西漢時期的帛書，出土時是一件縱三折、橫七折的方塊，打開後爲一長方形帛書，長23，2釐米、寬10，7釐米，屬於

〔註2〕葉德輝，書林清話〔M〕，北京：中華書局，1957：12。
〔註3〕胡應麟，少室山房筆叢〔M〕，上海：上海書店出版社，2001：338。
〔註4〕（漢）班固，撰；（唐）顏師古，注，漢書・藝文志〔M〕，北京：中華書局，1962：1707、1708、1718。
〔註5〕張顯成，簡帛文獻學通論〔M〕，北京：中華書局，2004：56。
〔註6〕趙超，簡牘帛書發現與研究〔M〕，福州：福建人民出版社，2005：81～82。

當時寄送的民間書信。〔註7〕這些帛書絕大部分是折疊著平放的，並未捲起來。張顯成說：「馬王堆漢墓帛書的出土使我們知道，帛書有卷成卷的，也有不卷的，改變了過去人們以爲帛書收藏時都是卷成卷的認識。」〔註8〕而出土的戰國、漢代的簡冊，倒無一不卷。由此可以認爲，要說「卷」的名稱的由來，不是因爲帛書的可卷，而是因爲竹木簡不但可卷，而且卷時還有「收捲」這一名稱，至於這一名稱的使用也比帛書早。

書籍分卷已是《藝文類聚》以前編纂類書的通例。據《隋書·經籍志》記載，《皇覽》一百二十卷，繆襲等撰。梁六百八十卷。梁又有《皇覽》一百二十三卷，何承天合；《皇覽》五十卷，徐爰合；《皇覽目》四卷；又有《皇覽抄》二十卷，梁特進蕭琛抄。《類苑》一百二十卷，梁征虜刑獄參軍劉孝標撰。《華林遍略》六百二十卷，梁綏安令徐僧權等撰。《聖壽堂御覽》三百六十卷。《藝文類聚》編纂時的分卷顯然承襲了前代類書的體例。那麼，它的分卷依據和分卷情況是怎樣的呢？

章學誠說：「自唐以前，分卷甚短。六朝及唐人文集，所爲十卷，今人不過三四卷也。自宋以來，分卷遂長。以古人卷從卷軸，勢自不能過長；後人紙冊爲書，不過存卷之名，則隨其意之所至，不難巨冊以載也。以紙冊而存縑素爲卷之名，亦猶漢人以縑素而存竹簡爲篇之名，理本同也。」〔註9〕《藝文類聚》「卷」中含「篇」，但因爲是摘錄群書的片段，所以這些「篇」，少則一句，多則數句，以至一段，多不是完整的一篇作品，不構成真正意義的完整的「篇」（少數短小的作品除外）。因此，《藝文類聚》「卷」的析分並不受「篇」的長短與多寡的限制，而主要是考慮各卷內容的相對獨立、各卷篇幅長短的平衡等因素。

首先，考察各卷內容的相對獨立這個因素。

從各卷內容考察，第十卷符命部、第十五卷后妃部、第十六卷儲宮部、第五十一卷封爵部、第五十四卷刑法部、第五十九卷武部、第六十卷軍器部、第六十七卷衣冠部、第六十八卷儀飾部、第七十一卷舟車部、第七十二卷食物部、第七十三卷雜器物部、第七十四卷巧藝部、第七十五卷方術部、第八十卷火部、第一百卷災異部等十六卷，一卷等於一部，各卷內容完全獨立。

〔註7〕同〔註6〕：83。
〔註8〕同〔註5〕：140。
〔註9〕同〔註1〕：306。

第六卷地部、州部、郡部是三部合爲一卷；第八十五卷百穀部、布帛部是兩部合爲一卷。雖爲多部合卷，但各卷內容也完全獨立。

第一卷天部上和第二卷天部下、第五十二卷治政部上和第五十三卷治政部下、第六十五卷產業部上和第六十六卷產業部下、第六十九卷服飾部上和第七十卷服飾部下、第七十六卷內典部上和第七十七卷內典部下、第七十八卷靈異部上和第七十九卷靈異部下、第八十一卷藥香草部上和第八十二卷草部下、第八十三卷寶玉部上和第八十四卷寶玉部下、第八十六卷菓部上和第八十七卷菓部下、第八十八卷木部上和第八十九卷木部下、第九十八卷祥瑞部上和第九十九卷祥瑞部下，均爲一部分做兩卷，用上、下分別標出。

第三卷歲時部上、第四卷歲時部中、第五卷歲時部下，第三十八卷禮部上、第三十九卷禮部中、第四十卷禮部下，第九十卷鳥部上、第九十一卷鳥部中、第九十二卷鳥部下，第九十三卷獸部上、第九十四卷獸部中、第九十五卷獸部下，均爲一部分做三卷，用上、中、下分別標出。

第七卷山部上、第八卷山部下　水部上、第九卷水部下，是兩部分做三卷。

第九十六卷鱗介部上、第九十七卷鱗介部下、蟲豸部，是兩部分做兩卷。

另外，帝王部分做四卷，人部分做二十一卷，樂部分做四卷，職官部分做六卷，雜文部分做四卷，居處部分做四卷，均用數字分別標出，如帝王部一、帝王部二。

雖然以上各部均分做數卷，但是各卷內容均相對獨立。

其次，考察各卷篇幅長短的平衡這個因素。

《藝文類聚》全書 100 卷，1733 面，平均每卷 17，33 面。每卷所佔具體面數爲：

第一卷，20 面；第二卷，19 面；第三卷，18 面；第四卷，27 面；第五卷，14 面；第六卷，22 面；第七卷，20 面；第八卷，22 面；第九卷，21 面；第十卷，14 面；第十一卷，22 面；第十二卷，21 面；第十三卷，19 面；第十四卷，16 面；第十五卷，15 面；第十六卷，20 面；第十七卷，13 面；第十八卷，20 面；第十九卷，14 面；第二十卷，18 面；第二十一卷，24 面；第二十二卷，13 面；第二十三卷，13 面；第二十四卷，16 面；第二十五卷，20 面；第二十六卷，21 面；第二十七卷，16 面；第二十八卷，11 面；第二十

九卷，18 面；第三十卷，16 面；第三十一卷，17 面；第三十二卷，13 面；第三十三卷，17 面；第三十四卷，22 面；第三十五卷，24 面；第三十六卷，20 面；第三十七卷，16 面；第三十八卷，25 面；第三十九卷，12 面；第四十卷，26 面；第四十一卷，16 面；第四十二卷，15 面；第四十三卷，12 面；第四十四卷，18 面；第四十五卷，21 面；第四十六卷，15 面；第四十七卷，16 面；第四十八卷，28 面；第四十九卷，15 面；第五十卷，21 面；第五十一卷，23 面；第五十二卷，17 面；第五十三卷，14 面；第五十四卷，16 面；第五十五卷，19 面；第五十六卷，18 面；第五十七卷，20 面；第五十八卷，18 面；第五十九卷，19 面；第六十卷，17 面；第六十一卷，17 面；第六十二卷，17 面；第六十三卷，14 面；第六十四卷，15 面；第六十五卷，14 面；第六十六卷，13 面；第六十七卷，9 面；第六十八卷，7 面；第六十九卷，17 面；第七十卷，12 面；第七十一卷，10 面；第七十二卷，13 面；第七十三卷，12 面；第七十四卷，20 面；第七十五卷，9 面；第七十六卷，18 面；第七十七卷，15 面；第七十八卷，21 面；第七十九卷，15 面；第八十卷，17 面；第八十一卷，21 面；第八十二卷，20 面；第八十三卷，12 面；第八十四卷，13 面；第八十五卷，20 面；第八十六卷，20 面；第八十七卷，21 面；第八十八卷，24 面；第八十九卷，25 面；第九十卷，19 面；第九十一卷，17 面；第九十二卷，20 面；第九十三卷，14 面；第九十四卷，18 面；第九十五卷，18 面；第九十六卷，13 面；第九十七卷，19 面；第九十八卷，14 面；第九十九卷，14 面；第一百卷，12 面。

　　最長的卷爲第四十八卷，占 28 面，其次是第四卷，占 27 面；最短的卷爲第六十八卷，占 7 面，第六十七卷和七十五卷，均占 9 面。雖然最多的卷與最少的卷相差 21 面，但是，如果把《藝文類聚》每卷的平均值 17,33 面，向前和向後各擴大 5 面，全書在 12 面到 22 面之間的，共有 87 卷，從大多數卷的篇幅來考察，卷與卷之間的長短是平衡的。

　　《藝文類聚》在編輯時，其卷、部的篇幅，既有一部多卷，又有多部一卷等現象，以部的篇幅，即以內容長短作爲分卷的依據，順其自然，不人爲分割。例如天部分做兩卷，即第一卷和第二卷，歲時部分做三卷，即第三卷、第四卷和第五卷，說明這兩個部篇幅較長，內容多。而地部、州部、郡部三個部合做一卷，即第六卷，因爲這三個部類的內容較少。

（二）《藝文類聚》的部類數量

「部」是《藝文類聚》內容的分類單位。葉德輝說：「今人言書曰某部，又曰幾部。按漢史游《急就章》云：『分別部居不雜廁。』……此以分類爲分部，故稱某類爲某部，因而以一種爲一部，義德相同。」〔註10〕根據葉氏的解釋，部就是門類、類別。《抱朴子》云：「以次問《春秋》四部、《詩》《書》、三《禮》之家，皆復無以對矣。」〔註11〕許愼《說文解字敘》云：「分別部居，不相雜廁。」〔註12〕均爲此義。任何書籍對其內容都有一個編次的問題。所謂編次，是指組織和編排文獻的次序和方法，它使文獻系統化、有序化。余嘉錫說：「一書之中，簡篇既宜有先後，則其次序自當有義，不可隨意信手，如積薪然也。故必分別部居，不相雜廁。於是書有虞、夏、商、周，詩有風、雅、頌，而史有本紀、表、書、世家、列傳，以爲全書之綱領。作序之時，舉當篇之小題納之於總稱之下，而屬之以大名，然後誦讀有倫，取攜甚便。此大名總稱小題者，猶之後世之部次也。」〔註13〕「分別部居」是目錄之要素，在古代目錄學上稱之爲「類例」，又有「種別」「部次」「編排」「序次」「編次」等稱謂。鄭樵云：「類書如持軍也，若有條理，雖多而治，若無條理，雖寡而紛。類例不患其多也，患處多之無術耳。」〔註14〕鄭樵是著眼於類書，論其編纂應該有條理。類書是大型著作，要使之系統化、有序化，編次問題顯得尤爲重要。

對《藝文類聚》的部類數量歷來存在分歧。《四庫全書總目》稱「爲類四十有八」，即四十八部；《燕京大學圖書館目錄初稿‧類書之部》稱「凡分四十七門」，即四十七部，劉葉秋《類書簡說》也認爲分四十七部；胡道靜《中國古代的類書》則認爲是四十六部。分部數量上的歧義，均是由對原書卷八十一藥香草部上和卷八十二草部下的計算方法不同所致。《四庫全書總目》大概是把藥、香、草作爲三部計。《燕京大學圖書館目錄初稿‧類書之部》等則是以「藥香草部上」爲一部，「草部下」爲一部。在此，我們著眼於《藝文類聚》編纂體例和兩部的內容，考察八十一卷和八十二卷的部類數量。

〔註10〕同〔註2〕：17。
〔註11〕王明，抱朴子內篇校釋（增訂本）〔M〕，北京：中華書局，1985：154。
〔註12〕（漢）許愼，說文解字〔M〕，北京：中華書局，1963：316。
〔註13〕余嘉錫，目錄學發微〔M〕，北京：中國人民大學出版社，2004：135。
〔註14〕（宋）鄭樵，通志〔M〕，商務印書館，1935：831。

首先，考察《四庫全書總目》對「第八十一卷藥香草部上」的分部。

第一，從形式上看，把「藥香草」當作三部計算，不確。按照《藝文類聚》的編纂體例，「藥香草」若做三部計，當寫作「藥部　香部　草部」，如一卷分兩部的「第八十五卷　百穀部　布帛部」和一卷分三部的「第六卷　地部　州部　郡部」。若把「藥香草」當作三部，在目錄編排上也應如第六卷和第八十五卷那樣寫作：

第八十一卷　藥香草部上

　藥部……（下有子目若干）

　香部……（下有子目若干）

　草部……（下有子目若干）

第二，從內容上看，「香」只是「草」目的一個附目。「草」目徵引的文獻中，只有嵇含《懷香賦序》、劉刪《詠青草》、卞敬宗《懷香贊》等三篇語涉「香」字。「香」目徵引的文獻過少，且又與「草」有連帶關係，故編者把它作為「草」目的附目。「香」既然都構不成一個獨立的子目，就更談不上作為一個獨立的「部」了。

其次，考察《燕京大學圖書館目錄初稿》對八十一卷和八十二卷的分部。

《燕京大學圖書館目錄初稿》以「藥香草部上」為一部，「草部下」為一部，亦不確。

第一，既然是標為「上」「下」，就應該與其它占多卷的各部一樣，採用統一的標準計為一部。

第二，在古人看來，「藥」「香」均與「草」相關聯。關於「藥」，許慎云：「藥，治病草。」段注：「《玉篇》引作『治疾病之草總名』。」〔註15〕《周禮》載：「以五味、五穀、五藥養其病。」注曰：「五藥：草、木、蟲、石、穀也。」〔註16〕關於「香」，許慎云：「香，芳也。」段注：「草部曰：『芳，草香也。』芳謂草香，則泛言之。」〔註17〕關於「草」，許慎云：「草，百卉也。」段注：「卉下曰：『草之總名也。』」〔註18〕至於「卉」，許慎云：「卉，草之總名也。」

〔註15〕（漢）許慎，撰；（清）段玉裁，注，說文解字注〔M〕，上海：上海古籍出版社，1981：42。

〔註16〕（漢）鄭玄，注；（唐）賈公彥，疏，周禮注疏〔M〕，∥（清）阮元，校刻，十三經注疏，北京：中華書局，1980：667。

〔註17〕同〔註15〕：330。

〔註18〕同〔註15〕：22。

段注：「《方言》曰：『卉，草也。東越、揚州之間曰卉。』」〔註19〕可見，藥、香、草本爲性質相關聯的三類事物，故把它們歸爲一部。那麼爲什麼第八十一卷作「藥香草部」，而第八十二卷作「草部」呢？合理的解釋應該是，第八十二卷的部類名稱連類承上省略了「藥、香」二字。因此，第八十一卷和第八十二卷應做一部計算。

　　綜合以上分析，《藝文類聚》的部類數量應爲四十六部。

〔註19〕同〔註15〕：44～45。

七、《藝文類聚》類目編排新探

　　歷代學者論及類書，往往是從查找資料、輯佚、校勘的角度認識其價值，而對其類目設置，多斥為陳陳相因，無足可觀。葛兆光在《中國思想史》中較早對類書《藝文類聚》的類目設置進行研究，具有開拓之功，但因其非研究類書的專著，所以論述較為簡略，意猶未盡，且又有不夠完善之處。本文論述的重點為，進一步明確《藝文類聚》天、地、人、事、物五大類劃分的界限，探析五大類的排列順序和每個大類中的部類及其子目的排列順序形成的原因。

（一）第一大類「天」的分類次序

　　第一大類「天」：為卷一到卷五，包含天部、歲時部。「天」究竟有什麼神奇之處，使它能夠置於全書之首的位置呢？《藝文類聚》天部引述了《周易》《禮記》《論語》《皇帝素問》《文子》等書中的資料，這些典籍中的文字把天的至高至大至尊的地位，闡述得十分清楚，例如，「《周易》曰：大哉乾元，萬物資始，乃統天。」〔註1〕所以要把「天」置於首位了。那麼，「歲時」為什麼劃入「天」這個大類呢？「《論語》曰：天何言哉？四時行焉，萬物生焉。」〔註2〕四季和各種節日，是歲時部的主要內容，所以「歲時」劃入「天」這個大類，也就順理成章了。「天」這個大類中子目的編排：「日、月、星、辰」4個子目，是按照習慣順序排列的。在古代典籍中，經常看到這樣的排序，

〔註 1〕歐陽詢，撰；汪紹楹，校，藝文類聚〔M〕，上海：上海古籍出版社，1999：1。
　　　（以下簡稱「《藝文類聚》」）
〔註 2〕《藝文類聚》：1。

如「《周禮》曰：保章氏，掌天星，以志日月星辰之變動。」〔註3〕「日月星辰」是古人言說事物的習慣順序。「風、雪」等8個子目，是平行羅列的四季中的8種天象。歲時部上的4個子目、歲時部中的10個子目、歲時部下的前5個子目，即「春、夏、秋、冬、元正、人日、正月十五日、月晦、寒食、三月三、五月五、七月七、七月十五、九月九、社、伏、熱、寒、臘」等，是按時間順序排列的。只是歲時部下最後兩個子目「律、曆」需要特殊說明。

《藝文類聚》卷五歲時部下子目「律」，其「事」的部分共摘錄各種典籍17條，其中《禮記》《周禮注》等7個條目中「律」的義項與「節氣」和「時令」有關，這7個條目占「律」這個子目的大部分篇幅，因此決定了「律」置於歲時部。其他條目中的「律」，或指「定音儀」，或指「樂律、音律」，因為所佔篇幅不大，條目中又含有「律」字，故連類而及地編排在這裡了。

關於子目「曆」，其「事」的部分共摘錄各種典籍9種，含有「曆」「曆日」「曆譜」「曆象」「曆數」等字樣，其中「曆」的義項指「曆書」，「曆日」「曆譜」，也均指「曆書」，「曆象」指推算觀測天體的運行，「曆數」指曆法。子目「曆」下摘引的資料，全都是與歲時有關的，故置於歲時部便是順理成章了。因為「律」和「曆」都有總括的性質，所以放在了歲時部的末尾。

（二）第二大類「地」的分類次序

第二大類「地」：為卷六到卷九，包含地部、州部、郡部、山部、水部。「《黃帝素問》曰：積陽為天，故天者清陽也。」〔註4〕又曰：「積陰為地，故地者濁陰也。」〔註5〕在陰陽兩個對立面中，天為陽，地為陰，天地相序，所以，「地」便排在「天」之後成為第二大類。地部的子目「地、野、關、岡、岩、峽、石、塵」，大體是按照從大到小的順序排列的。州部子目為：冀州、揚州、荊州、青州、徐州、兗州、豫州、雍州、益州、幽州、并州、交州，除「益州」「交州」以外，其它數州是綜合了《尚書·禹貢》《周禮·職方氏》《呂氏春秋·有始覽》《爾雅·釋地》等書中關於九州的記載而成的。天下的州郡眾多，限於篇幅，無法一一記載，列入九州，是因為它們重要。那麼列入「交州」是什麼理由呢？根據子目「交州」下摘錄的資料，原來，據《苗

〔註3〕《藝文類聚》：11。
〔註4〕《藝文類聚》：1。
〔註5〕《藝文類聚》：99。

恭交廣記》記載，交州及其得名，與漢武帝開拓疆土有關。又據《太康地記》記載，交州本屬揚州，〔註6〕而揚州是九州之一。鑒於這兩點，交州就顯得很重要了，故列入州部。但因為「交州」不屬於九州，所以放在了各州之後。把「益州」列入州部，表面上看似乎沒有道理，但是細加分析，便可以發現其中的理由：子目「益州」下摘錄有漢代揚雄的《益州箴》，其文曰：「岩岩岷山，古曰梁州；華陽西極，黑水南流。」〔註7〕原來益州古稱梁州，據《尚書》記載，梁州亦屬於九州之一，這就讓我們知道為什麼把「益州」列入州部，並夾在九州之中了。

郡部的子目是：河南郡、京兆郡、宣城郡、會稽郡。條目較少，選擇具有隨意性。根據《隋書・地理志》記載，從方位上講，河南郡在中部，京兆郡在西部，宣城郡在東部，會稽郡在南部，所以，郡部的4個子目是按照中、西、東、南的順序排列的。

山部的子目是：總載山、崑崙山、嵩高山、華山、衡山、廬山、太行山、荊山、鍾山、北邙山、天台山、首陽山、燕然山、羅浮山、九疑山、虎丘山、蒜山、石帆山、石鼓山、石門山、太平山、岷山、會稽諸山、交廣諸山。在24個子目中，有17座山位於中國的中部和東南部，均是人類活動較多、文化遺存較為豐富的地方。這些子目，看不出其中的方位次序，只是把重要的山排在前面，次重要的山排在後面，按照重要性依次遞減的順序排列。崑崙山置於群山之首，是因為它的地位最重要。「《搜神記》曰：崑崙之山，地首也。」〔註8〕編者在選擇具體某一座山的時候，既要考慮有「事」可摘，又要考慮有「文」可錄，山部的全部子目都是「事」「文」俱全的。

水部上的子目是：總載水、海水、河水、江水、淮水、漢水、洛水。按其知名度排列，海以其博大居首，次之四瀆（缺濟水），再次漢水、洛水；漢水為長江最大的支流，洛水為三川之一。水部下的子目，沒有明顯的順序，是《藝文類聚》子目典型列舉的排列方式。其中，「津」為水渡，「橋」為水梁，均與水有關，所以排在了水部的最後。

〔註6〕《藝文類聚》：116。
〔註7〕《藝文類聚》：115。
〔註8〕《藝文類聚》：130。

（三）第三大類「人」的分類次序

　　第三大類「人」：為卷十到卷三十七，包含符命部、帝王部、后妃部、儲宮部、人部。排在「人」這個大類之首的是符命部。符命是上天預示帝王受命的符兆。君權神授的思想可以追溯至商代。漢代以董仲舒為代表的今文經學大力提倡此說，他認為，受命的君，是「天意之所予也」。〔註 9〕在符命部中摘錄的就是這樣一些資料，如白氣貫日生商湯，白魚入船而武王伐商，簡狄吞玄鳥卵孕而生契，等等。君王的統治和行動，是否具有合理性，受天意的控制與制約，這種權力的獲得，必須得到上蒼的認可。這就是把符命部放在帝王部之前的原因。

　　置於符命部之後的是帝王部。這種排列順序顯示著：帝王是人間的主宰，向上稟承天的意旨，向下統轄百姓。〔註 10〕帝王部的子目，從「總載帝王、天皇氏、地皇氏」一直到「陳宣帝」，這些子目是以時間先後為序的。帝王部一·總載帝王：「《尚書刑德放》曰：帝者，天號也；王者，人稱也。天有五帝以立名，人有三王以正度。」〔註 11〕帝王既然有如此地位，與帝王相關的皇室成員，如后妃、儲宮，自然也就非同一般了，所以帝王部之後，便是后妃部、儲宮部。

　　帝王統轄下的是人，所以接下來的部類就是人部。人部的子目，按照其內容和編排順序可以大致分為八類：

　　第一類：生理類，包括第十七卷。子目是：頭、目、耳、口、舌、髮、髑髏、膽。

　　第二類：外形類，包括第十八卷。本卷 3 個子目中，「美婦人」「老」是可以從外在看出的，而「賢婦人」是內在的，不容易從外在看出，況且美與賢又是交叉的，很難截然分開。3 個子目有兩個是關於婦人的，所佔篇幅過大，子目的篇幅比例分配不均衡。

　　第三類：言語類，包括第十九卷。5 個子目「言語、謳謠、吟、嘯、笑」，均與言語有關。

　　第四類：道德、倫理類，包括第二十卷、第二十一卷。這兩卷的子目「聖、賢、忠、孝、德、讓、智、性命、友悌、交友、絕交」，是以倫理、道德規範作為標準排列的。

〔註 9〕閻麗，董子春秋繁露譯注〔M〕，哈爾濱：黑龍江人民出版社，2003：172。
〔註 10〕葛兆光，中國思想史：第一卷〔M〕，上海：復旦大學出版社，2004：456。
〔註 11〕《藝文類聚》：198。

第五類：品格類，包括第二十二卷。其子目包括：公平、品藻、質文，輯錄的均爲關於品格的各種事蹟和議論。

第六類：行爲方式類，包括第二十三卷～第三十三卷。其子目是：鑒誡、諷、諫、說、嘲戲、言志、行旅、遊覽、別、怨、贈答、閨情、寵幸、遊俠、報恩、報仇、盟。這一類是大致劃分的，就是說其中的大部分子目是可以歸屬到這一類的，但是有的子目，比如子目「說」應該歸屬於言語類，子目「閨情」應該歸屬於情感類等，這是由於《藝文類聚》子目劃分的隨意性所帶來的缺陷。

第七類：情感、奴婢類，包括第三十四卷、第三十五卷。其子目是：懷舊、哀傷、妒、淫、愁、泣、貧、奴、婢、傭保。這可以說是一個雜類，以情感類的子目爲主，後三個屬於奴婢類的子目。子目「貧」放在這裡，有些不和諧，因爲它既不屬於情感類，也不屬於奴婢類。奴、婢、傭保屬於人的社會地位的範疇，但是，有關「人」的社會地位的部類，前面有帝王部、后妃部、儲宮部，後面有職官部，所以奴、婢、傭保這些子目，只好編排在這裡了。

第八類：隱逸類：包括第三十六卷、三十七卷。此類的兩卷中只有一個子目「隱逸」。「隱逸」本應該劃歸到第六類「行爲方式類」，但是因爲隔著第七類，所以只好單列爲一類了。

（四）第四大類「事」的分類次序

第四大類「事」：爲卷三十八到卷六十，包含禮部、樂部、職官部、封爵部、治政部、刑法部、雜文部、武部、軍器部。其前兩個部類是禮部、樂部。古人十分重視禮的治政與教化功能。《禮記・曲禮》載：「夫禮者，所以定親疏、決嫌疑、別同異、明是非也。」〔註12〕《左傳》載：「禮，經國家，定社稷，序民人，利後嗣者也。」〔註13〕禮與樂又是密不可分的，具有同樣的功能。《漢書・禮樂志》載：「孔子曰：『安上治民，莫善於禮；移風易俗，莫善於樂。』」〔註14〕禮樂是人與事的根本，是維繫和睦人間秩序的制度。這樣的

〔註12〕楊天宇，禮記譯注〔M〕，上海：上海古籍出版社，1997：3。

〔註13〕王守謙，金秀珍，王鳳春，左傳全譯〔M〕，貴陽：貴州人民出版社，1990：1341。

〔註14〕（漢）班固，撰；（唐）顏師古，注，漢書・禮樂志〔M〕，北京：中華書局，1962：1027～1028。

部類編排，既承接了「人」這一大類，又表示了一切「事」的根源應以「禮樂」爲出發點。

禮部分上中下。其子目爲：禮、祭祀、郊丘、宗廟、明堂、辟雍、學校、釋奠、巡狩、籍田、社稷、朝會、燕會、封禪、親蠶、冠、婚、諡、弔、冢墓。子目「禮」下摘錄的是各種典籍中對禮的論述，也是按照主題法摘錄的含有「禮」的文句和與「禮」相關的事件，沒有具體的關於各種禮的名稱。子目「祭祀」下摘錄的是含有「祭」與「祀」 的文句。郊丘、宗廟、明堂、辟雍、學校、釋奠、巡狩、籍田、社稷、封禪、親蠶，屬於吉禮的範疇。朝會，屬於賓禮的範疇。燕會、冠、婚，屬於嘉禮的範疇。諡、弔、冢墓，屬於凶禮的範疇。這樣的排列順序有些亂，但是，覆蓋面還是很廣的。雖然是禮部，但是大多數並沒有列出禮儀制度的名稱，而是列舉施禮的場所，比如郊丘、宗廟、明堂、辟雍、學校、巡狩、籍田、社稷、朝會、燕會、親蠶、冢墓等。子目「釋奠」雖然沒有直接標出施禮的場所，但是，釋奠是古代在學校設置酒食，以奠祭先聖先師的一種典禮，其地點明確而固定。「封禪」也是這樣，它專指在泰山的天地祭祀。在這些子目中，只有「冠」「婚」是禮的名稱。

樂部占四卷，用一、二、三、四標明。其子目爲：論樂、樂府、舞、歌、琴、箏、箜篌、琵琶、筍簴、簫、笙、笛、笳。子目「論樂」下摘錄的是典籍中關於「樂」的論述和若干首樂府古詩。樂府古詩之所以收錄在「論樂」的子目下，是因爲樂府古詩都是入樂的歌辭。劉勰云：「樂府者，聲依永，律和聲也。」〔註15〕「樂府」即樂府古詩，收入樂部的原因與「樂府古詩」相同。古代詩、樂、舞三位一體，故「舞」收入樂部。子目「歌」載：「蔡邕《月令章句》曰：樂聲曰歌。」 〔註16〕故「歌」收入樂部。「琴」以下的子目都是樂器名稱。

其後的職官部、封爵部、治政部、刑法部，是關係人間秩序的管理系統。職官部中各子目，是各朝代各種官名的混雜，大抵按官階的高低排序。治政部的子目：論政、善政、赦宥、錫命、薦舉、奉使，按從上到下、從內到外的順序排列。位於「事」類最後的是：雜文部、武部、軍器部；雜文部是「文」，武部、軍器部是「武」。「文」「武」連排，體現了中國文化中文武結合的觀念。

〔註15〕周振甫，文心雕龍今譯〔M〕，北京：中華書局，1986：66。

〔註16〕《藝文類聚》：770。

在漢語中有許多「文」「武」連用的詞語，如《禮記‧雜記下》載：「一張一弛，文、武之道也。」〔註17〕《史記‧酈生陸賈列傳》載：「文武並用，長久之術也。」〔註18〕等等，都是這種觀念的體現。

（五）第五大類「物」的分類次序

第五大類「物」：爲卷六十一到卷一百，包含居處部、產業部、衣冠部、儀飾部、服飾部、舟車部、食物部、雜器物部、巧藝部、方術部、內典部、靈異部、火部、藥香草部、寶玉部、百穀部、布帛部、菓部、木部、鳥部、獸部、鱗介部、蟲豸部、祥瑞部、災異部。位於「物」之首的是居處部。這樣的部類安排，顯示了唐代初年中國人對於社會生活的認識，表明了在社會動盪之後對「安居」的重視。「安居樂業」是中國人美好的嚮往。《後漢書‧仲長統傳》載：「普天之下，賴我而得生育，由我而得富貴，安居樂業，長養子孫，天下晏然，皆歸心於我矣。」〔註19〕所以「安居」之後，便是「樂業」了，接下來的部類就有很多是以介紹百業的產品爲主。「物」這一類，包括的內容非常廣泛，有涉及衣食住行的衣冠部（衣）、食物部（食）、居處部（住）、舟車部（行），有涉及農業和農作物的產業部（其中的大部分子目）、百穀部、菓部，有涉及各種器物和日常用品的儀飾部、服飾部、雜器物部、巧藝部、火部（其中的幾個子目）、寶玉部、布帛部，有涉及動植物的藥香草部、木部、鳥部、獸部、鱗介部、蟲豸部。

爲什麼把「物」這個大類排列在最後呢？葛兆光的解釋是：「（《藝文類聚》）全書最後收錄的自然世界中的各種具體知識，雖然古代中國傳統中本來也有『多識草木蟲魚鳥獸之名』的說法，對這些知識有相當寬容和理解，但在七世紀，顯然這些知識越來越被當作枝梢末節的粗鄙之事，《藝文類聚》把這些知識放在最後面，顯示了這些知識在人們觀念中的地位沉浮。」〔註20〕葛兆光的論述是不全面的，因爲他只看到了問題的一個方面。「物」這個大類，如果與「天」「地」兩個大類相比，當然是不重要的。就是與「人」這個大類中的各代首領、帝王等子目相比，也是不重要的。從這個意義上說，葛兆光的

〔註17〕同〔註12〕：734～735。
〔註18〕（漢）司馬遷，史記‧酈生陸賈列傳〔M〕，北京：中華書局，1982：2699。
〔註19〕（宋）范曄，撰；（唐）李賢，等，注，後漢書‧仲長統傳〔M〕，北京：中華書局，1965：1647。
〔註20〕同〔註10〕：457。

論述是正確的。但是，還應該看到，「物」這個大類，在《藝文類聚》中共有 40 卷，如果按卷數的比例來計算，整整佔了《藝文類聚》全書的五分之二，所佔比例是相當大的。把這麼大的篇幅，說成是「被當作枝梢末節的粗鄙之事」，顯然無視《藝文類聚》編纂的實際。我們認為，「物」這個大類的設置，一方面是為文士提供足以取用的寫作素材，因為人們日常所見、乘興吟詠的，大都是「物」大類中的這些事物；另一方面，「物」這個大類的設置，反映了編者對民生問題的關注。《左傳》曾載：「民生在勤，勤則不匱。」〔註21〕這裡的「民生」就是「人民的生計」的意思，這是一個帶有人本思想和人文關懷的詞語。在生產力落後、生活資料匱乏的唐朝初年，「民生」就是百姓的生計，也就是居住、出行、穿衣、吃飯。這些就是那個時代民生的全部內涵，它們與百姓生計息息相關。編者繼承了《左傳》的民生思想，將這些內容編進書中，正是這樣一種情懷的體現。

細加考察就會發現，在「物」這個大類中，所有的部類可以劃分為「人為的」和「自然的」兩種：從第六十一卷「居處部」到第七十九卷「靈異部」，以及卷八十五中的「布帛部」，是屬於人為性質的；從第八十卷「火部」到第一百卷「災異部」（不包括「布帛部」），是屬於自然性質的。

在「人為的」部類中，可以分為人類的製造物和人類的意識形態兩大類。屬於人類的製造物的有居處部、產業部、衣冠部、儀飾部、服飾部、舟車部、食物部、雜器物部、巧藝部、布帛部，屬於人類的意識形態的有方術部、內典部、靈異部。

「自然的」部類共有 13 部，21 卷，占很大的篇幅。分別為：火部、藥香草部、寶玉部、百穀部、布帛部、菓部、木部、鳥部、獸部、鱗介部、蟲豸部、祥瑞部、災異部。細加區別，又可以分為三類：對人有用的、純自然的和示現天象的。第一類是可以為人所用的，有火部、藥香草部、寶玉部、百穀部、菓部，如火可以照明、取暖、烹煮和冶煉，藥可以治病，香草可供觀賞，寶玉可以佩戴和裝飾，百穀、菓品可以食用。第二類是純自然的動植物，有木部、鳥部、獸部、鱗介部、蟲豸部。「對人有用的」和「純自然的」這兩類事物，隨著文學創作的繁榮，越來越成為文人們描摹、吟詠的對象，這也是《藝文類聚》將它們選錄，並且佔有很大篇幅的原因。第三類示現天象的是「祥瑞部」和「災異部」。這兩部的設置主要是為了與天部相對應，顯示萬

〔註21〕同〔註13〕：534。

物與天的關係：天會根據人間的善惡，用各種徵候顯象於世，如盛世出鳳凰、降甘露，濁世鬧蝗災、旱災等。

八、《藝文類聚》輯錄文獻方法述略

　　談及類書輯錄文獻的方法，研究者往往一言以蔽之曰：以類相從。這種說法未免過於籠統，且「以類相從」也不是類書首創和獨用的編輯方法。本文以《藝文類聚》為例，對此進行廓清和申明。

　　類書是一種採摭群書，分門別類加以聚合編排，以供人們查檢、徵引的工具書。按照部類的體例分門別類地排比資料，是類書的主要編纂方法，歐陽詢等在編纂《藝文類聚》的時候依然沿襲這一方法。這種編纂方法，是把完整的文獻分解為片段零句，按照相關內容重新組合，在一個個子目（相當於現代意義上的「主題詞」）下，分別按不同的主題連綴文獻，從而形成一個個不同主題的板塊結構。這樣編排，便於讀者定向查閱，會通眾家，集中玩味，類比聯想。

　　作為類書，《藝文類聚》的顯著特徵是，編者不置一詞，只是客觀地以類相從地輯錄各種典籍中的資料。但是，它是如何以類相從地輯錄各種資料的，尚未見論及。本文擬對此做初步考察。

（一）輯錄文獻的基本原則是「以類相從」

　　「以類相從」的「類」字，是「種類」的意思，就是許多相同或相似事物的綜合。《周易·乾》云：「本乎天者親上，本乎地者親下，則各從其類也。」〔註1〕意思是說，一切事物，各自依循它類同的性質而相聚。又《周易·繫辭》云：「方以類聚，物以群分。」〔註2〕這兩處的「類」均為「種類」的意思，「類

〔註1〕唐明邦，主編，周易評注〔M〕，北京：中華書局，1995：173。
〔註2〕同〔註1〕：194。

書」的「類」與此同義。從類書編纂的角度看,「以類相從」可以理解爲,按照預先劃定的種類,在一定的範圍內采輯群書,或以類分,或以字分,明分部次,據以標目,輯錄某一門類的資料加以編排。《藝文類聚》是按類劃分進行編纂的類書。

與前代類書相比,《藝文類聚》創造了「事」與「文」一體的類書新格局。編者們在「事居其前,文列於後」的編輯思想指導下,將全書 100 餘萬字的資料,分成 100 卷,46 部,732 個子目,按類編排。在每個子目下,均爲「事」在前,並注明出處;「文」在後,並注明朝代、作者與篇題。同一子目下的「文」按不同文體歸類,同一文體排列在一起。例如,卷三歲時部上·秋,在該子目下,首列《爾雅》《禮記》《尸子》等 3 家敘「秋」之義:「《爾雅》曰:秋爲白藏,一曰收成。《禮記》曰:孟秋之月,涼風至,白露降,寒蟬鳴,鷹乃祭鳥。仲秋之月,鴻雁來,玄鳥歸,群鳥養羞。季秋之月,鴻雁來賓,雀入大水爲蛤,菊有黃花,豺乃祭獸。 《尸子》曰:秋爲禮,西方爲秋。秋,肅也,萬物莫不禮肅,敬之至也。」〔註3〕接著列《毛詩》《春秋考異郵》《尙書》《周書·時訓》《周官》《皇覽逸禮》《詩含神霧》《文子》《淮南子》《漢書》《尙書考靈耀》《續漢禮儀志》《世說》《楚辭·九懷》《淮南子》《風土記》等16 家敘「秋」之故事。最後列 28 家詠秋的詩、賦。詩 15 家:晉左思、晉孫綽、晉江逌、宋孝武、宋謝惠連、宋南平王劉鑠、宋鮑照、宋湯惠休、梁簡文帝、梁蕭曄、梁范雲、梁沈約、梁庚肩吾、梁吳筠、梁鮑泉;其中晉 3 家,宋 5 家,梁 7 家。賦 13 家:晉潘岳、晉盧諶、晉江逌、宋袁淑、宋沈勃、梁簡文帝、梁江淹、晉夏侯湛、晉湛方生、宋謝琨、宋蘇彥、宋何瑾、宋伏系之;其中晉 5 家,宋 6 家,梁 2 家。「事居其前,文列於後」,以類相從地輯錄文獻,就是在每個子目下,先輯錄經史百家之言,後輯錄詩文,詩文大體按朝代先後編排。

現在多數學者都認爲按類編排材料是類書特有的編輯方法,例如傅剛說:「『以類相從』本是類書的工作方法,如中國最早的一部類書《皇覽》便是。」〔註4〕其實,這種看法是錯誤的。「以類相從」的編輯方法,並非是類書所特有。早在類書產生以前,人們就用「以類相從」的方法來編輯圖書了。

〔註3〕歐陽詢,撰;汪紹楹,校,藝文類聚〔M〕,上海:上海古籍出版社,1999:48。(以下簡稱「《藝文類聚》」)

〔註4〕傅剛,《昭明文選》研究〔M〕,北京:中國社會科學出版社,2000:34。

例如，《爾雅》的作者搜集當時各種知識的用語，將其分爲十九類，諸如釋言、釋器、釋草等，使讀者可以按類尋找某個詞語。《呂氏春秋》分十二紀、八覽、六論，包括政治軍事、文學歷史、文化教育、醫學養生、天文曆法、農業科技等內容，按類別分別輯錄有關資料。又據《漢書·楚元王（劉交）傳（附劉向傳）》載：「（劉）向乃集合上古以來歷春秋六國至秦漢符瑞災異之記，推跡行事，連傳禍福，著其占驗，比類相從，各有條目，凡十一篇，號曰《洪範五行傳論》，奏之。」〔註5〕《後漢書·應奉傳（附子劭傳）》載：「（應劭）又集駁議三十篇，以類相從，凡八十二事。」〔註6〕可見，「以類相從」並不是類書特有的編纂方法，《藝文類聚》採用此法，是對前代圖書編輯成果的繼承。

（二）輯錄文獻的具體方法：子目標題法、篇題法

第一，子目標題法。

《藝文類聚》的每一個子目都是一個標題。比如，崑崙山、湖、吳大帝、舌、琵琶、雀、賊等。所謂子目標題法，其實是主題分類法的一種類型。它是以某個子目的標題詞作爲文獻匯聚時的主題標誌和查檢時的引導，即圍繞一個子目，把這個子目的名稱當作中心詞來看待，中心詞如同一條紅線，把所輯錄的材料穿起來。這樣的標題詞，是某個專有的概念，或者是某個經過規範化處理的詞語；前者如春、青州、太保、連珠、匕首、煙等，後者如戰伐、行旅、隱逸等。同一個子目標題下的材料，摘錄的都是與此有關的材料。但是，應該注意的是，這種摘錄是一種「斷章取義」，就是說，摘錄的材料，不論其本身（指一本書或一篇文章等）論述的問題如何，也不論其本身主題如何，只要片段的材料──一句話，或者幾句話，與這個子目標題有關，那麼就予以摘錄。因爲不「斷章取義」，是不可能將有關資料以類相從地聚集到一起的。

有時是圍繞子目標題來輯錄材料，不論材料本身是否含有子目標題中的文字。例如，第九十八卷祥瑞部上·祥瑞，依次輯錄了《風角占》《字林》《禮記》《白虎通》《春秋演孔圖》《論衡》《淮南子》《晉中興書》等書中的資料，

〔註5〕（漢）班固，漢書·楚元王（劉交）傳（附劉向傳）〔M〕，北京：中華書局，1962：1950。
〔註6〕（南朝宋）范曄，後漢書·應奉傳（附子劭傳）〔M〕，北京：中華書局，1965：1613。

─73─

以及魏劉劭《嘉瑞賦》、魏何晏《瑞頌》、周王褒《上祥瑞表》。祥瑞，即吉祥的徵兆。整個子目都圍繞著這個主題來選擇材料。就選錄的具體材料來看，雖然有的條目含有「祥」「符瑞」「瑞」等字樣，但很多條目不含有「祥瑞」字樣。全部材料中也只有最後一個材料——周王褒《上祥瑞表》中，含有「祥瑞」二字。但是，不論什麼情況，材料的摘錄，始終不離「祥瑞」這個主題，按照主題的要求，選擇吉祥的事物。祥瑞，既是這個子目的標題，又是其主題。按子目標題分類，以類相從地輯錄材料，就其實質而言，是按主題輯錄。

　　但是，更多的情況是，圍繞子目標題輯錄材料，材料本身與子目標題有關，同時又含有子目標題中的文字。例如，第八十卷火部・火，依次輯錄了《釋名》《山海經》《易》《尚書》《禮記・月令》《左傳》《春秋考異郵》《白澤圖》《禮含文嘉》《尸子》《家語》《地鏡圖》《括地圖》《孫子兵法》《莊子》《戰國策》《呂氏春秋》《笑林》等書中的資料，以及梁庾肩吾《遠看放火詩》、晉潘尼《火賦》。「火」是子目的名稱，是標題，也是本條目的中心詞。「火」這個子目下「事」的部分和「文」的部分的所有材料，均與「火」有關，且每個條目中均含有「火」字。擬定這個標題，是讓編者圍繞「火」來收集材料。讀者看到這個標題，會以此來查檢自己所需要的材料。

　　像上例這樣，圍繞某個子目，把相關書籍和詩文中含有這個子目標題的語句，都輯錄在一起。這樣做，從編者搜集材料的角度說，利於操作；從讀者閱讀的角度說，便於檢索。但是有的時候，一則材料涉及的中心詞有多個，在歸類上會出現兩屬均可的情況。編者在解決此類問題的時候，往往運用參見法。例如，東方朔以劍割肉的故事，按條目中心詞「伏」，首先被輯錄在卷五歲時下・伏：「《漢書》曰：東方朔，伏日詔賜諸侍郎肉。朔獨不待詔，拔劍割肉，懷之而去。事具肉部。」〔註7〕之後，又按條目的另一中心詞「肉」，輯錄在卷七十二食物部・肉：「《漢書》曰：伏日，詔賜從官肉。太官丞日晏不來，東方朔獨拔劍割肉，謂其同官曰：『伏日當早歸，請受賜。』即懷肉去。太官奏之。朔入，上曰：『昨賜肉，不待詔，以劍割肉而去，何也？』朔免冠謝。上曰：『先生起自責也。』朔再拜曰：『朔來！朔來！受賜不待詔，何無禮也！拔劍割肉，一何壯也！割之不多，又何廉也！歸遺細君，又何仁也！』上笑曰：『使先生自責，乃反自譽！』賜酒一石，肉百斤，歸遺細君。」〔註8〕

〔註7〕　《藝文類聚》：86。
〔註8〕　《藝文類聚》：1242。

兩個條目的關係是用「事具肉部」這一參見法表明的。一個條目可以從不同的角度歸納出中心詞，因此也就可以歸屬到不同的子目。

　　子目標題法，只看條目本身是否含有中心詞，而條目所引自的書籍名稱中是否含有中心詞則不予考慮。例如，上面所引第八十卷火部・火中，「事」的部分每個條目均含有「火」字，但是，它們所引自的書籍《釋名》《山海經》《易》《尚書》《禮記・月令》《左傳》等，均無「火」字。

　　第二，篇題法。

　　篇題是指子目下「文」的部分詩歌或文章的題目。篇題法，是說如果某首詩或某篇文章的題目含有與子目相同的詞語，那麼就將其收錄在該子目下，不管其詩中或文中是否含有與子目相同的詞語。在《藝文類聚》中，很多子目下「文」的部分就是按照這種方法輯錄材料的。例如，卷六十九服飾部上・屏風「文」的部分：

　　　　【詩】周庾信《詠屏風詩》曰：昨夜鳥聲春，驚啼動四鄰；……
　　　　【賦】漢淮南王《屏風賦》曰：惟斯屏風，出自幽谷，根深枝茂，號曰喬木。……【啓】梁簡文帝《謝賚棋子屏風啓》曰：極班馬之巧，兼曹史之慮；……梁劉孝威《謝敕賚畫屏風啓》曰：昔紀亮所隔，唯珍雲母；武秋所顧，上貴琉璃。……陳周弘正《謝梁元帝賚春秋糊屏風啓》曰：昔琉璃見重，雲母稱珍；雖盡華麗，有傷眞樸。……【銘】後漢李尤《屏風銘》曰：舍則潛避，用則設張；立必端直，處必廉方。……【書】梁簡文帝《答蕭子雲上飛白書屏風書》曰：得所送飛白書縑屏風十牒，冠六書而獨美，超二篆而擅奇。……〔註9〕

依次輯錄了周庾信《詠屏風詩》五首、漢淮南王《屏風賦》、梁簡文帝《謝賚棋子屏風啓》、梁劉孝威《謝敕賚畫屏風啓》、陳周弘正《謝梁元帝賚春秋糊屏風啓》、東漢李尤《屏風銘》、梁簡文帝《答蕭子雲上飛白書屏風書》等。

　　這種輯錄方法，與第一種輯錄方法的不同之處是，第一種的條目中大多含有與子目相同的文字，少數子目下的條目是按主題輯錄的，不含有與子目相同的文字；而所引自的書籍名稱中，是否含有與子目相同的文字，則不予考慮。篇題法，卻要求篇題中必須含有與子目相同的詞語，而篇中是否含有與子目相同的文字，則不予考慮。在上例中，每個篇題均含有「屏風」二字，

〔註9〕《藝文類聚》：1202～1203。

但只有漢淮南王的《屏風賦》和梁簡文帝的《答蕭子雲上飛白書屏風書》的篇中，含有「屏風」的字樣，其餘各篇中均沒有「屏風」的字樣。篇題法是《藝文類聚》輯錄詩文最常用的一種方法。它為編者提供了編輯的依據和原則，也為讀者查找資料提供了明顯的線索。

九、《藝文類聚》事文合璧的類書體制溯源

關於《藝文類聚》的體制，領修人歐陽詢自我陳述曰：「其有事出於文者，便不破之為事，故事居其前，文列於後。」〔註1〕事文合璧，這就是《藝文類聚》的基本體制。《藝文類聚》的編者為什麼要採用這樣一種體制呢？歐陽詢說：「以為前輩綴集，各杼其意。《流別》《文選》，專取其文；《皇覽》《遍略》，直書其事。文義既殊，尋檢難一。」〔註2〕原來是認識到了前代類書的不足，當然也汲取了其中的合理成分。

對《藝文類聚》事文合璧的體制，學者們的評價很高。如汪紹楹在（《藝文類聚》）《前言》中說：「《藝文類聚》同它以前的類書或以後的大多數類書在輯存文獻的方法上有一個重大的不同之點，從而構成了它自己在類書群中的獨特之處，這就是把『事』與『文』兩條龍並成了一條龍，變更了類書的常規體制。以往，『文』自為總集，『事』自為類書……歐陽創造的體制，則是事與文兼」。〔註3〕事文合璧的體制，在類書史上是前無古人的，是《藝文類聚》的獨創，但是這種獨創決不是無所依傍的，而是對前代類書的編纂經驗的借鑒、繼承和發展。歐陽詢們在編纂《藝文類聚》之前，對前代類書是經過細心研究和考察的，對它們的優劣非常清楚。他們認識到以前的類書體例太單一，「事」和「文」兩條龍，尋檢起來不方便。解決這個缺陷的辦法，是把「事」和「文」二合一。那麼，「事」的部分如何編輯，「文」的部分又

〔註1〕歐陽詢，撰；汪紹楹，校，藝文類聚〔M〕，上海：上海古籍出版社，1999：27。（以下簡稱「《藝文類聚》」）

〔註2〕《藝文類聚》：27。

〔註3〕《藝文類聚》：7。

如何編輯？在《藝文類聚》之前是有可資參考的成功經驗的，這就是前代的類書。

（一）專取其文的類書對《藝文類聚》體制的影響

歐陽詢所說的《流別》，是指《文章流別集》，原書已佚，無從稽考。但《文選》尚存，可以知道它是怎樣專取其文的。

《文選》採用了兩種分類方法來輯錄各體文章：首先是文體分類法，把所選錄的文體分為賦、詩、騷、七、詔、冊、令、教、文、表、上書、啓、彈事、箋、奏記、書、移、檄、難、對問、設論、辭、序、頌、贊、符命、史論、史述贊、論、連珠、箴、銘、誄、哀、碑文、墓誌、箴、銘、誄等 39 種。按文體分類是《文選》主要的分類方法。其次，在「賦」「詩」這兩種選文比較多的文體下，又按「事」各分為京都、郊祀、耕藉、田獵等 15 類和補亡、述德、勸勵、獻詩等 23 類。

專取其文的《文選》對《藝文類聚》有哪些影響呢？

第一，《文選》的文體分類對《藝文類聚》子目下「文」的部分的文體分類是有直接影響的。《文選》收錄文體 39 種，《藝文類聚》子目下收錄的文體共有 51 種：詩、賦、贊、表、歌、文、頌、銘、令、序、祭文、啓、論、箴、碑、吟、書、述、誄、章、議、哀策、敕、箋、謚策、詔、教、墓誌、說、解、疏、訓、誥、歎、哀辭、志、弔、樂府、傳、策、奏、難、七、連珠、引、詠、移、戒、檄、謳、行狀。《文選》與《藝文類聚》所選的文體有些是相同的，特別是很多主要文體相同。《文選》的文體分類直接啓發和影響了《藝文類聚》。當然，作為《藝文類聚》這樣一部大書，它所受的影響不會只來自於一部書；它的「文」的部分的文體分類，還受到先唐文學總集和文體學著作等的影響。

第二，《文選》對同一作家相同文體的編排直接啓發、影響了《藝文類聚》的編纂。儘管《文選》是否是類書，還有不同的看法，但是，至少在「詩」和「賦」兩種文體的編排上，《文選》具有類書的某種性質。方師鐸說：「因為他是按『事』分類的，哪怕是同一作家所寫的同一『文體』，他也將之列入不同的『事類』裏。就拿司馬相如所作的賦來說：『子虛』、『上林』列入『田獵』，但『長門』卻歸入『哀傷』。揚雄的『甘泉』列入『郊祀』，但『羽獵』和『長楊』則列入『田獵』。張衡的『西京』、『東京』、『南都』三賦，都列入

『京都』；但『思玄』和『歸賦』，卻都列入『志』類。潘岳的賦最多，分得也最亂：『籍田』列入『耕藉』，『射稚賦』列入『田獵』，『西征』列入『紀行』，『秋興』列入『物色』，『笙賦』列入『音樂』；但『懷德』和『寡婦』，卻又列入『哀傷』。其他如宋玉、陸機、鮑照等人的作品，也無不分的東零西散。」〔註4〕《藝文類聚》也是這樣。如果按照作家來分類編排資料，那麼同一個作家的作品應全部收錄在一起，但《藝文類聚》是按照「事類」和文體來分類的，這樣就沒辦法把同一作家的作品收錄在一起；即使是同一作家的同一體裁的作品，因爲所屬的「事類」不同，也沒有辦法編排在一起。《藝文類聚》的編者採用《文選》的做法，將同一作家的同一文體，按照以類相從的原則，列入不同的「事類」。也以司馬相如的賦爲例，《藝文類聚》共收錄司馬相如的賦 7 篇，雖爲同一種文體，卻分別隸屬在 6 卷的 6 個子目下。這一點，在《藝文類聚》中能夠非常明顯地看出，茲不繁瑣舉例。

（二）直書其事的類書對《藝文類聚》體制的影響

可惜的是，歐陽詢提到的《皇覽》《遍略》（指《華林遍略》）均散失，它們是如何直書其事的，已無原書可稽。但是，《華林遍略》的殘卷，給研究此問題以一定的啓發。《華林遍略》殘卷鳥部黃鵠類載：「《說文》曰：鵠，黃鵠也。從鳥，告聲。《廣志》曰：黃鵠出東海，漢以其來集爲祥。《列仙傳》曰：陵陽子明死葬山下，有黃鵠來棲其冢邊樹，鳴聲呼安、呼安。《漢書・昭紀》：始元元年春，黃鵠下建章宮太液池中。……《古今注》曰：漢惠帝五年七月，黃鵠二集蕭池。仲長統《昌言》曰：聞黃鵠壽八百歲。」接著還引錄了《韓詩外傳》《春秋繁露》《東觀漢記》《易林》《戰國策》《趙書》《南越志》《列女傳》等書有關黃鵠的記載。〔註5〕「黃鵠」下摘引的文獻資料，廣採經史諸子，每條均注明出處。《華林遍略》代表了南北朝時期類書的一般體例。《華林遍略》輯錄文獻的方式，與《藝文類聚》「事」的部分輯錄文獻的方式非常相似，它的這種輯錄文獻的方式一定是啓發了《藝文類聚》的編者。何況歐陽詢在《藝文類聚序》中已經說明，在編纂《藝文類聚》之前是研究、參考過《華林遍略》的，並認爲它是專取其事的類書。

〔註4〕方師鐸，傳統文學與類書之關係〔M〕，天津：天津古籍出版社，1986：115～116。

〔註5〕徐勉，華林遍略（殘卷）〔M〕，／／潘樹廣，古籍索引概論，北京：書目文獻出版社，1984：14～15。

今天能見到的、編纂在《藝文類聚》之前的完整的類書，只有《北堂書鈔》。《藝文類聚》在編纂之前和編纂過程中，是否參考過這部類書呢？歐陽詢所做的序言裏沒有提到，我們認為，《藝文類聚》的編者肯定是參考過《北堂書鈔》的。因為當時類書的數量並不是很多，據張滌華《類書流別》統計，唐代以前的類書有 22 部；據趙含坤《中國類書》統計，唐代以前的類書有 32 部。他們的統計標準不太一樣，結果也有差異；但是不論是 22 部，還是 32 部，這樣少的類書，是可以一網打盡，全部拿來做參考的。《北堂書鈔》自然也在參考之列。歐陽詢《藝文類聚序》裏提到的 4 部類書，也只是概括舉例的性質，不可能包括編者參考的所有類書。那麼，《北堂書鈔》在體例上是如何影響《藝文類聚》的編纂的呢？

《北堂書鈔》的體例，共有三式，其中第三式對《藝文類聚》影響較大。「它將文籍中的有關原文引用，徑用大字登載。沒有摘句，也沒有小字的注子。」〔註6〕例如，《北堂書鈔》卷一百五十九地部三・泥篇十四：

> 《易》曰：需於泥，致寇至。《象》曰：需於泥，災在外也。自我致寇，敬慎不敗也。 《焦貢易林》：陰風泥塞，常水不溫，凌人惰怠，大電為災。 又《易林變占》曰：……《易筮卦洞林》曰：……《許氏易交修》：母病腹脹，蛇在井傍，當破瓶甕，井沸泥浮，五色玄黃。 《尚書》曰：淮、海惟揚州，厥土惟塗泥。 《詩推度災》曰：……〔註7〕

以上是《北堂書鈔》體例第三式的情形，其子目下資料的排列方式，與《藝文類聚》非常相似。這種排列方式，在《北堂書鈔》中只占 5 卷，即卷第五十設官部二、卷第一百三十九車部上、卷第一百五十八地部二、卷第一百五十九地部三、卷第一百六十地部四。雖然這 5 卷在今本《北堂書鈔》一百六十卷中，所佔的比例很小，卻展示了類書的一種摘錄資料的排列方式，為後來的《藝文類聚》的編者們提供了借鑒。

（三）《藝文類聚》事文合璧的類書體制

「專取其文」的類書和「直書其事」的類書，均得到了長足的發展，並積累了豐富的經驗，為「事」與「文」兩條龍合成一條龍，形成事與文一體

〔註6〕胡道靜，中國古代的類書〔M〕，北京：中華書局，2005：90。
〔註7〕虞世南，北堂書鈔〔M〕，天津：天津古籍出版社，1988：738～739。

的類書新格局，奠定了基礎。《藝文類聚》的編者們在「事居其前，文列於後」的編輯思想指導下，將全書 100 餘萬字的資料，分成 100 卷、46 部、732 個子目，按類編排。「事居其前，文列於後」，就是在每個子目下，先輯錄經史百家之言，並注明出處。後輯錄詩文，並注明朝代、作者與篇題；同一子目下的「文」按不同文體歸類，同一文體排列在一起；同一文體的作品大體按時代先後編排。例如，卷三歲時部上・秋：

> 《爾雅》曰：秋為白藏，一曰收成。　《禮記》曰：孟秋之月，涼風至，白露降，寒蟬鳴，鷹乃祭鳥。仲秋之月，鴻雁來，玄鳥歸，群鳥養羞。季秋之月，鴻雁來賓，雀入大水為蛤，菊有黃花，豺乃祭獸。　《尸子》曰：秋為禮，西方為秋。秋，肅也。萬物莫不禮肅，敬之至也。　《毛詩》曰：秋日淒淒，百草具腓。　又曰：一日不見，如三秋分。　《春秋考異郵》曰：立秋趣織鳴。　《尚書》曰：分命和仲，宅西，曰昧谷。寅餞納日，平秩西成，宵中星虛，以殷仲秋。　《周書・時訓》曰：……　《世說》曰：張季鷹辟齊王東曹掾，在洛，見秋風起，因思吳蓴菜羹鱸魚膾，曰：「人生貴適志耳。何能從宦數千里，以要名爵？」遂命駕便歸。俄而齊王敗。時人皆謂之為見機而作。　《楚辭・九懷》曰：……　【詩】晉左思《雜詩》曰：……　【賦】晉潘岳《秋興賦序》曰：……〔註8〕

在該子目下，首列《爾雅》《禮記》《尸子》等 3 家敘「秋」之義；接著列《毛詩》《春秋考異郵》《尚書》《周書・時訓》《周官》《皇覽逸禮》《詩含神霧》《文子》《淮南子》《漢書》《尚書考靈耀》《續漢禮儀志》《世說》《楚辭・九懷》《淮南子》《風土記》等 16 家敘「秋」之故事。最後列 28 家詠秋的詩、賦。詩 15 家：晉左思、晉孫綽、晉江逌、宋孝武、宋謝惠連、宋南平王劉鑠、宋鮑照、宋湯惠休、梁簡文帝、梁蕭曄、梁范雲、梁沈約、梁庾肩吾、梁吳筠、梁鮑泉；其中晉 3 家，宋 5 家，梁 7 家。賦 13 家：晉潘岳、晉盧諶、晉江逌、宋袁淑、宋沈勃、梁簡文帝、梁江淹、晉夏侯湛、晉湛方生、宋謝琨、宋蘇彥、宋何瑾、宋伏系之；其中晉 5 家，宋 6 家，梁 2 家。

在《藝文類聚》中，子目下的資料排序，有「經史子集」和「經子史集」兩種基本順序。所謂「經」，不僅有《易》《詩》《尚書》《周禮》《春秋》等，還包括解經的字書，如《說文》《爾雅》《釋名》等。所謂「史」，除了《史記》

〔註 8〕《藝文類聚》：48～54。

《漢書》《東觀漢記》等正史外，還有各種雜史、野史、筆記等。所謂「子」，則更爲駁雜，不僅有諸子，而且包括兵書、數術、方伎等。所謂「集」，是指詩、賦、贊、表、頌、銘等各種文體。排在每個子目前面的「經、史、子」部分，稱爲「事」；排在最後的「集」，稱爲「文」。這就是歐陽詢所說的「事居其前，文列於後」。

　　《藝文類聚》事文合璧的類書體制，改變了以往類書偏重類事、不重探文的缺陷，構成事前文後的類書新格局，大大豐富了類書的內容，增加了類書的實用價值，爲人們寫作和進行研究時查檢各類文獻提供了方便。

十、《藝文類聚》事前文後的
編排次序及其影響

「事前文後」的編排次序，是《藝文類聚》的最大特色之一。在《藝文類聚·序》和一些論著中，都談到「事居其前，文列於後」的編排體例。歐陽詢在該書序言中指出：「其有事出於文者，便不破之為事，故事居其前，文列於後。」〔註1〕歐陽詢在規定《藝文類聚》體例的時候，要求把「事」與「文」合併在一起，構成事前文後的類書新格局。許逸民說：「《藝文類聚》的編排體例，……從內容看，先列『事類』，後引詩文，……這種先『事』後『文』，匯二者為一編的做法，是歐陽詢等人在類書編纂上的一個創造。」〔註2〕其他學者的論述大抵與此類似。這些論述均點到即止，至於「事前文後」的排列順序詳細情況是怎樣的，則沒人說清楚。原因就是《藝文類聚》「事」的部分的資料排列表面上看是雜亂無序的。這是由於書成於眾手、編纂時間倉促所至。細加考察，就會發現它的資料排序是有跡可尋的，即經史子集和經子史集兩大基本順序。這是對前代類書排序和圖書四部分類法的繼承。

（一）經史子集俱全時的資料排序

什麼叫「事」？什麼叫「文」？二者又各自包含哪些內容？方師鐸描述了事前文後的構成情況：「所謂『藝文類聚』也者，實際是『經、史、子、集』

〔註 1〕歐陽詢，撰；汪紹楹，校，藝文類聚〔M〕，上海：上海古籍出版社，1999：27。（以下簡稱「《藝文類聚》」）
〔註 2〕許逸民，《藝文類聚》和《初學記》〔J〕，文史知識，1982（5）：44。

的混合體：『經』裏面不但有『易、詩、書、禮、春秋、論語、孝經』，甚至還有解經的字書，像『爾雅、說文、釋名』之類；『史』裏面，除『史記』、『漢書』等正史外，還兼收雜史和野史；『子』書就更雜了；『集』部則詩、賦、箴、銘，各種文體，無所不有。他們很技巧的，把『經、史、子』部分，稱之爲『事』；而把最後一部分的『集』，稱之爲『文』；並統括之曰：『事居其前，列文於後』。」〔註3〕可以舉卷七十二食物部・醬爲例：

> 《論語》曰：不得其醬不食。　《漢書》曰：劉歆謂楊雄曰：
> 「今學有祿利，然尚不能明易，又如玄何？吾恐後人覆醬瓿。」《風
> 俗通》曰：醬成於鹽，而鹹於鹽。夫物之變，有時而重。　【啓】
> 梁劉孝儀《謝晉安王賚蝦醬啓》曰：龍醬傳甘，退成可陋；蚳醢稱
> 貴，追覺失言。上聖聞雷，未之能覆；嘉賓流歡，羞無辭窶。〔註4〕

由此可見《藝文類聚》「事居其前，文列於後」排列資料的方式：《論語》《漢書》《風俗通》等條目，是「事」的部分，編排在前面。《謝晉安王賚蝦醬啓》是「文」的部分，編排在後面。這些資料的排列是有順序的，先是經，有《論語》；次爲史，有《漢書》；再次爲子，有《風俗通》；最後爲集，有《謝晉安王賚蝦醬啓》。這與經史子集的四部分類正好吻合，似乎可以由此推斷：《藝文類聚》的子目分類是按照經史子集的順序進行的。其實不然，在《藝文類聚》中還有按經子史集的順序排列資料的。例如，卷七十五方術部・醫：

> 《左傳》曰：晉侯求醫於秦，秦伯使醫緩爲之。……《列子》
> 曰：……《史記》曰：扁鵲，姓秦，名越人。　……《魏志》曰：
> 華佗遊學徐土，兼曉養性之術，年且百歲，而猶有壯容，時人以爲
> 仙。……　【賦】晉嵇含《寒食散賦》曰：……〔註5〕

《左傳》一條是經；《列子》一條是子；《史記》《魏志》兩條是史；《寒食散賦》一條是集。其條目的排列順序爲經子史集。

「經史子集」和「經子史集」兩種不同的排列順序，是由於《藝文類聚》所引用的資料來源不同造成的。據胡道靜研究，《藝文類聚》在編纂的過程中充分參考、利用過《華林遍略》。〔註6〕《華林遍略》是按照「經子史集」

〔註3〕方師鐸，傳統文學與類書之關係〔M〕，天津：天津古籍出版社，1986：25。
〔註4〕《藝文類聚》：1243。
〔註5〕《藝文類聚》：1291～1292。
〔註6〕胡道靜，中國古代的類書〔M〕，北京：中華書局，2005：60～61。

的順序排列資料的，〔註7〕再加上當時通行的經史子集四部分類法，所以，在《藝文類聚》中就呈現出「經史子集」和「經子史集」兩種不同的排列順序。

（二）經史子集不全時的資料排序

以上所論是在一個子目下經史子集俱全的情況時資料的排列順序。如果並不是經史子集俱全，那麼排列順序是怎樣的呢？具體說來，分爲三類。

第一類，只有三部時的資料排序。

1. 經、史、集的排列順序。例如，卷三十三人部十七・報仇，依次輯錄了《禮記》《左傳》《越絕書》《戰國策》《史記》《東觀漢記》《吳書》《列女傳》《會稽典錄》《晉中興書》等書中的資料，以及魏文帝詔、梁簡文帝《甄異張景原復仇教》；〔註8〕其中，《禮記》《左傳》爲經，《越絕書》《戰國策》《史記》《東觀漢記》《吳書》《列女傳》《會稽典錄》《晉中興書》爲史，魏文帝詔、《甄異張景原復仇教》爲集。

2. 子、史、集的排列順序。例如，卷七十五方術部・相，依次輯錄了《孫卿子》《史記》《東觀漢記》等書中的資料，以及魏陳王曹植《相論》、魏王朗《相論》、周庾信《以蔡澤就唐生相贊》、梁陶弘景《相經序》、梁劉孝標《相經序》；〔註9〕其中，《孫卿子》爲子，《史記》《東觀漢記》爲史，曹植和王朗的《相論》、庾信的《以蔡澤就唐生相贊》、陶弘景和劉孝標的《相經序》爲集。

3. 經、子、史的排列順序。例如，卷八十九木部下・豫章，依次輯錄了《左傳》《莊子》《淮南子》《荊州記》等書中的資料；〔註10〕其中，《左傳》是經，《莊子》《淮南子》是子，《荊州記》是史。

第二類，只有兩部時的資料排序。

1. 經、子的排列順序。例如，卷八十七果部下・枳椇，依次輯錄了《詩》《禮》《廣志》等書中的資料；〔註11〕其中，《詩》《禮》爲經，《廣志》爲子。

〔註7〕 （日）勝村哲也，《藝文類聚》的條文構成與六朝目錄的關連性〔J〕，東方學報，1990（3）：116。
〔註8〕 《藝文類聚》：584～587。
〔註9〕 《藝文類聚》：1286～1288。
〔註10〕 《藝文類聚》：1539～1540。
〔註11〕 《藝文類聚》：1492。

2. 經、集的排列順序。例如，卷九十二鳥部下・倉庚，依次輯錄了《說文》《禮記》《毛詩》《詩義疏》等書中的資料，以及魏文帝《鶯賦》、魏王粲《鶯賦》、晉王惲妻鍾夫人《鶯賦》；〔註12〕其中，《說文》《禮記》《毛詩》《詩義疏》為經，魏文帝等三位作者的《鶯賦》為集。

3. 史、集的排列順序。例如，卷十六儲宮部・太子妃，依次輯錄了《漢書》、《漢武故事》、王隱《晉書》、《晉孝武起居注》、《甲辰儀》、《東宮舊事》等書中的資料，以及宋謝莊《皇太子妃哀策文》、齊王儉《皇太子妃哀策文》；〔註13〕其中，《漢書》《漢武故事》《晉書》《晉孝武起居注》《甲辰儀》《東宮舊事》為史，謝莊和王儉的《皇太子妃哀策文》為集。

第三類，只有一部的情況。

1. 只有經部的。例如，卷一百災異部・賊，依次輯錄了《爾雅》《易傳》中的資料；〔註14〕《爾雅》《易傳》均屬於經部。

2. 只有集部的。例如，卷七十四巧藝部・四維，只輯錄了東晉李秀《四維賦》中的文句；〔註15〕《四維賦》屬於集部。

像以上兩例這樣僅有一部的情況，在《藝文類聚》中屬於特例。

（三）資料排序混亂情況辨正

以上所列舉的幾種排列順序，並不是《藝文類聚》中資料的全部的排列方式，但是，不論哪一種排列方式，都不出經史子集和經子史集的順序。《藝文類聚》的許多子目下「事」的部分的資料，排序是混亂的；「事」的部分排序的混亂，幾乎蔓延全書的始終。排序基本上不錯亂的是「文」的部分，即集部資料；每一種文體中的作品均按時代先後排列。如卷九十二鳥部下・鴛鴦，輯錄的「文」依次為：詩體有《古歌辭》、晉嵇叔夜《詩》，賦體有梁簡文帝《鴛鴦賦》、梁元帝《鴛鴦賦》、周庾信《鴛鴦賦》、陳徐陵《鴛鴦賦》，〔註16〕作品按照朝代的先後輯錄，同一朝代的按作者的先後排序，如梁簡文帝、梁元帝，同屬梁，但簡文帝時間在前，所以他的作品排在先。

〔註12〕《藝文類聚》：1602～1603。
〔註13〕《藝文類聚》：302～304。
〔註14〕《藝文類聚》：1733。
〔註15〕《藝文類聚》：1281。
〔註16〕《藝文類聚》：1604。

　　《藝文類聚》子目下集部作品的排序基本上是有序的；只是經史子三部
（即「事」的部分）的排序，有時讓我們感到理不清頭緒。造成這種情況的
原因，大概是由於經史子三部的資料眾多，當時編書基本靠手抄，選材不易，
清理和編輯資料也難。雖然全書「事」的部分排序是混亂的，但是，通過仔
細考察，發現《藝文類聚》的編者是試圖按照經史子集或經子史集的順序排
列的，只是沒有把這一原則貫徹始終。例如，卷二十三人部七・鑒誡，依次
摘錄了《書》《易》《尚書》《毛詩》《左傳》《禮記》《孝經》《論語》《太公金
匱》《家語》《韓詩外傳》《戰國策》《管子》《鬻子》《晏子》《孫卿子》《韓子》
《淮南子》《說苑》《新序》《漢書》《東觀漢記》等書的資料和有關的詩、賦、
贊等作品，〔註17〕大體上是按照經子史集的順序排列的。但是，《太公金匱》
是子，卻混雜在經部之中（從《書》至《韓詩外傳》是經）；《戰國策》是史，
應該放在《漢書》之前，卻放在了子部書之前（從《管子》至《新序》是子）。
如果把這兩部書的位置做相應的調整，那麼經子史集的排列順序就十分妥當
了。又如：卷三十三人部十七・遊俠，依次摘錄了《列子》《史記》《淮南子》
《戰國策》《漢書》《魏志》等書的資料和有關的詩作，〔註18〕大體上是按照
子史集的順序排列的，《列子》是子，《史記》《戰國策》《漢書》《魏志》是史。
但是，作為子書的《淮南子》，卻夾在史書之中，造成了排序的混亂。如果稍
加調整，子史集的排序就順當了。

（四）事前文後的編纂體例對後世類書的影響

　　《藝文類聚》在類書發展史上具有重大意義。在此之前，類書或專採故
事，如三國時期魏國的《皇覽》等；或專取詩文，匯聚其中的華麗辭藻，如
南朝時期梁代的《語麗》等。到了《藝文類聚》，則事文兼採，改變了以往類
書事、文分離的編排方法，開創了事文合編的新體例，後來歷代的類書多加
以效法，「事居其前，文列於後」的編纂體例成為後世類書編排資料的一種重
要方法，對類書的編纂產生了深遠影響。這可以從唐代的《初學記》、宋代的
《太平御覽》、明代的《唐類函》和清代的《淵鑒類函》等各朝代表性的類書
中得到印證。

〔註17〕《藝文類聚》：413～425。
〔註18〕《藝文類聚》：577～581。

1.《初學記》中的「事」「文」排序。

《初學記》的每個子目都是先「敘事」，次「事對」，末列詩文。例如，第二十八卷果木部‧棗第五，「敘事」部分依次輯錄了《爾雅》、《周官》、《毛詩》、《禮記》、盧諶《祭法》、《史記》、《漢書》、《尹喜內傳》、《孟子》、《廣志》、《本草》等書中的資料，〔註19〕羅列了有關棗的名稱、種類、藥用價值等。「事對」從所敘的事中，概括出對偶，如「羊角雞心（陸翽《鄴中記》曰：石季龍園有羊角棗，三子一尺。郭義恭《廣志》曰：棗有狗牙、雞心、牛頭、羊角、獼猴、細腰之名。）」。末列晉傅玄《棗賦》、陳後主《棗賦》、後秦趙整《詠棗詩》、梁簡文帝《賦棗詩》、晉郭璞《棗贊》等詠棗的詩文。〔註20〕「敘事」是「事」。「事對」是「事」和「文」的交叉，對偶是「文」；關於對偶出處的小注，注明對偶的來歷，是「事」。末列的《棗賦》《詠棗詩》《棗贊》等是「文」。

2.《太平御覽》中的「事」「文」排序。

《太平御覽》沒有像《藝文類聚》那樣標注出「詩」「賦」等文體名稱來劃分「文」的部分和區分「事」的部分，但是，它的資料排列，明顯地也是按照先事後文的順序。例如卷第八天部八‧霞，依次輯錄了《漢武內傳》、《十洲記》、王子年《拾遺》、《抱朴子》、《楚辭》、《河圖》、《論衡》等書中的資料，以及揚雄《甘泉賦》、王延壽《魯靈光殿賦》、魏文帝辭、曹子建《洛神賦》、阮籍《清思賦》、左思《蜀都賦》、陸機《列仙賦》、陸機《雲賦》、郭璞《江賦》、孫綽《天台山賦》、張孟陽詩、郭璞《遊仙詩》、嵇含《悅晴詩》〔註21〕，從《漢武內傳》到《論衡》為「事」，從揚雄《甘泉賦》到嵇含《悅晴詩》是「文」。

3.《唐類函》中的「事」「文」排序。

《唐類函》是彙集《藝文類聚》《初學記》《北堂書鈔》等類書，並去其重複，又以《通典》等補其遺闕，編次而成。例如卷二十地部九‧淮，淮水一摘自《藝文類聚》，是《尚書》《毛詩》《山海經》《水經》等書中記載淮水的有關資料，為「事」。淮水二摘自《初學記》，體例也與《初學記》相同。按照《初學記》的體例，應該分為三部分：敘事（《唐類函》未標注）、事對、

〔註19〕 （唐）徐堅，等，初學記〔M〕，北京：中華書局，2004：676～677。
〔註20〕 同〔註19〕。
〔註21〕 （宋）李昉，等，太平御覽〔M〕，北京：中華書局，1960：42。

詩文（用文體名稱來標注）。〔註 22〕正如上面對《初學記》所做的分析，「敘事」是「事」；「事對」是「事」和「文」的交叉，對偶是「文」，關於對偶出處的小注，注明對偶的來歷，是「事」；末列的詩、吟、賦、序、祭文等文體的作品，是「文」。

4.《淵鑒類函》中的「事」「文」排序。

《淵鑒類函》是在《唐類函》基礎上，又採《太平御覽》《玉海》等類書編輯而成。每部內容均分爲五項：釋名、總論、沿革、緣起居一，典故居二，對偶爲三，摘句居四，詩文居五。全書體例一如此。例如第二百四十九卷人部八·兄弟（摘要）：

> 兄弟一
>
> 〔增〕《釋名》曰：兄，荒也；荒，大也。故青、徐人謂兄曰荒。弟，第也，相次第而生也。〔原〕《尚書》曰：惟孝友于兄弟，克施有政。
>
> 兄弟二
>
> 〔增〕《書》曰：王若曰：孟侯，朕其弟，小子封。〔原〕又曰：馮立，字聖通，與兄野王相代爲西河上郡太守。
>
> 兄弟三
>
> 〔原〕因心本性（《詩》維此王季，因心則友，則友其兄。則篤其慶。 《庾袞列傳》：次兄有疾，癘氣方殷。袞納漿粥扶持，不捨晝夜。友愛之至，本之天性。）
>
> 兄弟四
>
> 〔原〕賻布班貧（《禮記》：子柳之母死，既葬，子碩請以賻布之餘具祭器。子柳曰：「君子不家於喪。請班諸兄弟之貧者。」） 旁治（又曰：旁治兄弟，治正也。）
>
> 兄弟五
>
> 〔原〕〔詩〕漢拾遺書《上留田行》曰：……魏曹植《贈弟白馬王彪詩》：……〔增〕曹子建《七步詩》曰：…… 〔原〕〔賦〕魏曹植建安十六年，大軍西討馬超，太子留監國，植時從焉。意有懷戀，遂作離思之賦：……又《釋思賦》曰：……晉陸機《述思賦》

〔註22〕（明）俞安期，唐類函〔M〕//四庫全書存目叢書：子 207 冊，濟南：齊魯書社，1995：308～311。

曰：……〔原〕〔贊〕隋辛德源《姜肱贊》曰：……東晉庾統《三人贊》曰：……〔原〕〔書〕吳陸景《與兄弟書》：……〔增〕陶淵明《與儼等書》曰：……〔註23〕

〔原〕指《唐類函》原有的引證，〔增〕指《淵鑒類函》續增的資料。括號內的文字爲《淵鑒類函》小字雙排的文字。兄弟一、兄弟二爲「事」；兄弟三、兄弟四爲「事」與「文」交叉的部分；兄弟五爲「文」。

按照夏南強在《類書通論》中的劃分，類書的類型有類事類書、類文類書、事文並舉類書三大類。〔註24〕《藝文類聚》屬於事文並舉類書，我們列舉的其他四部類書也屬於此類類書。事文並舉類書是要兼採「事」與「文」的，「事」與「文」的排列，孰先孰後？《藝文類聚》早已確定好了：事居其前，文列於後。事前文後的體例，成了事文並舉類書千年不變的通例。

〔註23〕（清）張英，王世禎，王掞，張榕端，淵鑒類函〔M〕，1887年上海同文書局石印本，中國書店影印，1985。
〔註24〕夏南強，類書通論〔D〕，華中師範大學博士論文，2001：25。

十一、《藝文類聚》分類思想探析

作爲類書，《藝文類聚》雖然基本上是「述而不作」的（也有「述而又作」的，但那不是主要的），但是，從其部類的劃分和排列順序，仍然能夠反映出它的分類思想。

（一）五大部類的劃分及其思想基礎

《藝文類聚》是按照天、地、人、事、物的順序劃分部類的，具體如下：

第一大類「天」：爲卷一到卷五，包含天部、歲時部。

第二大類「地」：爲卷六到卷九，包含地部、州部、郡部、山部、水部。

第三大類「人」：爲卷十到卷三十七，包含符命部、帝王部、后妃部、儲宮部、人部。

第四大類「事」：爲卷三十八到卷六十，包含禮部、樂部、職官部、封爵部、治政部、刑法部、雜文部、武部、軍器部。

第五大類「物」：爲卷六十一到卷一百，包含居處部、產業部、衣冠部、儀飾部、服飾部、舟車部、食物部、雜器物部、巧藝部、方術部、內典部、靈異部、火部、藥香草部、寶玉部、百穀部、布帛部、菓部、木部、鳥部、獸部、鱗介部、蟲豸部、祥瑞部、災異部。

《藝文類聚》處於類書發展非常關鍵的鏈條上，即處在由專輯故事的類書，以及捃拾字句的類書，向事文兼採的類書發展的階段。它的任務是要融合前代類書，更要把類書的編纂推向一個新的高度。沒有繼承，就沒有發展。《藝文類聚》五大部類的劃分，也是有前代類書的經驗可資借鑒的。把現存最早的類書《北堂書鈔》與《藝文類聚》做個比較，就會清楚這種劃分的由來。

《北堂書鈔》的部類劃分如下：

卷一～卷二十二，帝王部；卷二十三～卷二十六，后妃部；

（以上為第一大類「人」）

卷二十七～卷四十二，政術部；卷四十三～卷四十五，刑法部；卷四十六～卷四十八，封爵部；卷四十九～卷七十九，設官部；卷八十～卷九十四，禮儀部；卷九十五～卷一百四，藝文部；卷一百五～卷一百十二，樂部；卷一百十三～卷一百二十六，武功部；

（以上為第二大類「事」）

卷一百二十七～卷一百二十九，衣冠部；卷一百三十～卷一百三十一，儀飾部；卷一百三十二～卷一百三十六，服飾部；卷一百三十七～卷一百三十八，舟部；卷一百三十九～卷一百四十一，車部；卷一百四十二～卷一百四十八，酒食部；

（以上為第三大類「物」）

卷一百四十九～卷一百五十二，天部；卷一百五十三～卷一百五十六，歲時部；

（以上為第四大類「天」）

卷一百五十七～卷一百六十，地部。

（以上為第五大類「地」）

《北堂書鈔》輯錄的材料是按照人、事、物、天、地的順序排列的，與《藝文類聚》天、地、人、事、物的排列順序不同。《藝文類聚》對《北堂書鈔》的排列順序有所繼承，也有所調整；雖然只是順序的不同，但不是完全的沿襲，而是革新。按照天、地、人、事、物的順序劃分類書的部類，始於《藝文類聚》，為後世類書的類目序列奠定了基礎。

天、地、人、事、物分類觀念的思想基礎是什麼呢？它源於儒家思想。《周易》云：「方以類聚，物以群分，……古者包犧氏之王天下也，仰則觀象於天，俯則觀法於地，觀鳥獸之文與地之宜，近取諸身，遠取諸物，於是始作八卦，以通神明之德，以類萬物之情。」「是以立天之道曰陰與陽，立地之道曰柔與剛，立人之道曰仁與義。」〔註1〕在《周易》中已經產生天、地、人、事、物分類的萌芽。作為傳統文化的載體，類書從內容到形式，都滲透著儒家文化

〔註1〕（魏）王弼，（晉）韓康伯，注；（唐）孔穎達，等，正義，周易正義〔M〕，／／（清）阮元，校刻，十三經注疏，北京：中華書局，1980：93～94。

的精髓，天、地、人、事、物的類分體系，集中體現了「天人合一」「天人感應」的世界觀。董仲舒是「天人合一」「天人感應」理論的集大成者。天人合一的理論把人類社會和宇宙視爲一個互相聯繫的整體，調節天人關係是其思想的基本出發點。他說：「古之造文者，三畫而連其中，謂之王。三畫者，天、地與人也，而連其中者，通其道也。取天地與人之中以爲貫而參通之，非王者庸能當是？」〔註2〕他認爲君主是天人之間的中介，上爲天之子，下爲民之父母。這就是《藝文類聚》把帝王置於天、地兩部之後、人部之前的原因。至於天人感應說更直接衍生了類書天、地、人、事、物部類的安排。《漢書·董仲舒傳》載其賢良對策云：「臣謹案《春秋》之中，視前世已行之事，以觀天人相與之際，甚可畏也。國家將有失道之敗，而天乃先出災害以遣告之，不知自省，又出怪異以警懼之，尚不知變，而傷敗乃至。以此見天心之仁愛人君而欲止其亂也。自非大亡道之世者，天盡欲扶持而全安之，事在強勉而已矣」。〔註3〕其《春秋繁露》說：「王者與臣無禮，貌不肅敬，則木不曲直，而夏多暴風。風者，木之氣也，其音角也，故應之以暴風。王者言不從，則金不從革，而秋多霹靂。霹靂者，金氣也，其音商也，故應之以霹靂。王者視不明，則火不炎上，而秋多電。電者，火氣也，其音徵也，故應之以電。王者聽不聰，則水不潤下，而春夏多暴雨。雨者，水氣也，其音羽也，故應之以暴雨。王者心不能容，則稼穡不成，而秋多雷。雷者，土氣也，其音宮也，故應之以雷。」〔註4〕天人感應說把天人格化了，把自然界原本與人間無關的災異，硬拉在一起。董仲舒認爲「天」對地上統治者經常用符瑞、災異分別表示希望和譴責，用以指導他們的行動，爲君權神授製造理論。將天道和人事牽強比附，假借天意把封建統治秩序神聖化、絕對化。

在《春秋繁露》中，董仲舒指出：

> 何謂本？曰：天、地、人，萬物之本也。天生之，地養之，人成之。天生之以孝悌，地養之以衣食，人成之以禮樂，三者相爲手足，合以成體，不可一無也。〔註5〕

〔註2〕閻麗，董子春秋繁露譯注，〔M〕，哈爾濱：黑龍江人民出版社，2003：199。

〔註3〕（漢）班固，撰；（唐）顏師古，注，漢書·董仲舒傳〔M〕，北京：中華書局，1962：2498。

〔註4〕同〔註2〕：25。

〔註5〕同〔註2〕：95。

　　　　天、地、陰、陽、木、火、土、金、水，九，與人而十者，天
　　　之數畢也。故數者至十而止，書者以十爲終，皆取之此。聖人何其
　　　貴者？起於天，至於人而畢。畢之外謂之物，物者投其所貴之端，
　　　而不在其中。以此見人之超然萬物之上，而最爲天下貴也。人，下
　　　長萬物，上參天地。〔註6〕

從「天、地、人，萬物之本」，到「人，下長萬物，上參天地」，其排序是天、
地、人、事、物，而這正是《藝文類聚》輯錄資料的編排順序。由此可以知
道，《藝文類聚》天、地、人、事、物的大類排序，導源於天人感應說。天人
感應說，是董仲舒將儒家思想和陰陽五行思想相結合的產物，再加上漢武帝
獨尊儒術的倡導，遂成爲儒學發展的一個主流。天、地、人、事、物的結構
系統，井然有序，不容變易。「天者，天神之君也，王者之所最尊也。」〔註7〕
「天者萬物之祖，萬物非天不生。」〔註8〕天在宇宙中佔據至上之尊，是有意
志的至高無上的神，是自然界和人類社會的創造者和最高主宰。「天地者，萬
物之本、先祖之所出也。廣大無極，其德昭明，歷年眾多，永永無疆。天出
至明，眾知類也，其伏無不照也。地出至晦，星日爲明，不敢暗。君臣、父
子、夫婦之道取之此。」〔註9〕天地之序，在宇宙中得到確定。「人」在董仲
舒的宇宙系統中，居於中間的位置，「人」除了「上參天地」，還應該「下長
萬物」。於是，花鳥魚蟲、飛禽走獸、工藝器物，也都在董仲舒的宇宙結構系
統中擁有了自己的地位。在「人」的承上啓下的作用下，「事物」也有了歸屬。
天、地、人、事、物相輔相成，相生相剋，組成一個自然規律和人事政治相
互作用的結構系統。《漢書・董仲舒傳》說：「（董）仲舒遭漢承秦滅學之後，
《六經》離析，下帷發憤，潛心大業，令後學者有所統一，爲群儒首。」〔註
10〕正因爲董仲舒的巨大影響和統治者的支持，從而在人們的思想上，奠定了
占統治地位的「天—地—人—事—物」的等級序列，進而影響到類書的類目
編排。不僅《藝文類聚》是天、地、人、事、物的分類體系，後世的類書也
是遵循這種對世界的認識來安排類目的。

〔註6〕同〔註2〕：314。
〔註7〕同〔註2〕：260。
〔註8〕同〔註2〕：268。
〔註9〕同〔註2〕：162。
〔註10〕同〔註3〕：2526。

（二）分類體系所反映的傳統文化觀念

從《藝文類聚》類目的劃分、類目的名稱和內容的選擇上，都能夠反映出編者的編纂理念和蘊涵其中的傳統文化觀念。這個問題廣博而複雜，在此，只擇要談三點：

第一，《藝文類聚》的分類體系，反映了唐代社會對「人」的重視。可將《北堂書鈔》與《藝文類聚》的有關類目做一比較。《北堂書鈔》雖然把「人」這個大類置於全書之首：卷一～卷二十二，帝王部一～帝王部二十二；卷二十三～卷二十六，后妃部一～后妃四；但是在一百六十卷中，「人」這個大類只占二十六卷，且只有「帝王部」和「后妃部」，體現了編者獨尊帝王的觀念，而沒有反映普通百姓內容的「庶民部」。《藝文類聚》「人」這個大類共有：卷十，符命部；卷十一～卷十四，帝王部一～帝王部四；卷十五，后妃部；卷十六，儲宮部；卷十七～卷三十七，人部一～人部二十一；在一百卷中，「人」這個大類占二十八卷。與《北堂書鈔》相比，增加了「人部」這個以普通百姓為主要內容的部類，且「帝王部」由《北堂書鈔》的二十二卷，減少為四卷，「后妃部」由《北堂書鈔》的四卷，減少為一卷。

這些類目設置上的變化，說明在唐初「人」受到格外的重視。稍後即位的唐太宗對此是深有體會的。《貞觀政要》載：「貞觀初，太宗謂侍臣曰：『為君之道，必須先存百姓。若損百姓以奉其身，猶割股以啖腹，腹飽而身斃。』」「魏徵上太宗疏曰：『怨不在大，可畏惟人，載舟覆舟，所宜深慎，奔車朽索，其可忽乎！』」〔註11〕又載：「貞觀六年，太宗謂侍臣曰：『……天子者，有道則人推而為主，無道則人棄而不用，誠可畏也。』魏徵對曰：『自古失國之主，皆為居安忘危，處治忘亂，所以不能長久。今陛下富有四海，內外清晏，能留心治道，常臨深履薄，國家曆數，自然靈長。臣又聞古語云：『君，舟也；人，水也。水能載舟，亦能覆舟。』陛下以為可畏，誠如聖旨。』」〔註12〕「君舟民水」論，來源於《荀子》。《荀子》云：「傳曰：『君者，舟也；庶人者，水也。水則載舟，水則覆舟。』此之謂也。」〔註13〕民者，人之通稱也。歷

〔註11〕王吉祥，王英志，貞觀政要注譯〔M〕，石家莊：河北人民出版社，1987：1、7。

〔註12〕同〔註11〕：22～23。

〔註13〕（戰國）荀況，著；（清）王先謙，集解，荀子集解〔M〕，／／諸子集成，上海：上海書店，1986：97。

代政治家均有重民的論述。《尚書》云：「民惟邦本，本固邦寧。」〔註 14〕這是較早的關於重民思想的表述。孔子也表達了同樣的意思。《禮記・哀公問》載：「孔子對曰：『古之爲政，愛人爲大。』」〔註 15〕孟子的重民思想對後世影響最大。《孟子》載：「孟子曰：『民爲貴，社稷次之，君爲輕。』」〔註 16〕這是他重民思想的著名論斷。《孟子》又載：「孟子曰：『諸侯之寶三：土地，人民，政事。』」〔註 17〕在當時的歷史條件下，孟子能有這樣的真知灼見，是難能可貴的。賈誼《新書》也指出：「聞之於政也，民無不爲本也，國以爲本，君以爲本，吏以爲本。」〔註 18〕進一步闡述「以民爲本」的重民思想，認爲國家的安危、存亡、興衰、功業等，都取決於人民。先唐這些重民論述，無疑會對《藝文類聚》的編者發生作用，從而影響到《藝文類聚》的類目設置和排列。

第二，《藝文類聚》的分類體系，反映了「由天道推演人事的思維模式」。〔註 19〕這主要是指「祥瑞部」和「災異部」的設置。在這兩部中，收錄了一些鳥獸和自然的奇異現象，作爲預測社會進展的徵兆。「由天道推演人事的思維模式」雖然是道家所特有，但其結論卻被儒家所演繹和利用。

祥，是吉祥，代表好運；瑞，是瑞物，代表美好事物或自然現象。按照天人感應說的解釋，祥瑞是天對人的表彰和支持，人做了好事，天就會降下祥瑞，以示嘉獎。《淮南子》云：「聖人者，懷天心，聲然能動化天下者也。故精誠感於內，形氣動於天，則景星見，黃龍下，祥鳳至，醴泉出，嘉穀生，河不滿溢，海不溶波。」〔註 20〕聖人的行爲、欲念與世道國運，都通於天地，所以能引起天象、自然景觀的徵兆性的變化。在《白虎通義》中還詳細列舉

〔註 14〕 （漢）孔安國，傳；（唐）孔穎達，等，正義，尚書正義〔M〕，／／（清）阮元，校刻，十三經注疏，北京：中華書局，1980：156。

〔註 15〕 （漢）鄭玄，注；（唐）孔穎達，等，正義，禮記正義〔M〕，／／（清）阮元，校刻，十三經注疏，北京：中華書局，1980：1611。

〔註 16〕 （戰國）孟軻，著；（清）焦循，撰，孟子正義〔M〕，／／諸子集成，上海：上海書店，1986：573。

〔註 17〕 同〔註 16〕：588。

〔註 18〕 于智榮，賈誼新書譯注〔M〕，哈爾濱：黑龍江人民出版社，2003：256。

〔註 19〕 于翠玲，論官修類書的編輯傳統及其終結〔J〕，北京師範大學學報（人文社會科學版，2002（6）：122。

〔註 20〕 （漢）劉安，撰；（漢）高誘，注；（清）莊逵吉，校，淮南子〔M〕，／／諸子集成，上海：上海書店，1986：347。

了德行的傳播和祥瑞的關係。沈約的《宋書》爲祥瑞開闢專志，稱《符瑞志》，記載從伏羲到南朝宋武帝歷代帝王膺受天命的各種祥瑞，其他種類的祥瑞還有：麒麟、鳳凰、黃龍、靈龜、龍馬、白象、白狐、白鹿、白狼、赤兔、赤雀、嘉禾、白兔、赤烏、白雀、白鳩、白魚、木蓮理、神鼎，等等。《藝文類聚》祥瑞部的子目爲：祥瑞、慶雲、甘露、木連理、木芝、龍、麟、鳳凰、鸞、比翼、鳥、雀、燕、鳩、雉、馬、白鹿、狐、兔、騶虞、白狼、比肩獸、龜、魚、鼎。與《宋書·符瑞志》比較，兩者所列祥瑞之物，重複的很多，可以看出《藝文類聚》的編者沿襲了前代的祥瑞之說。大約和沈約同時，北朝魏收的《魏書》，也爲「靈徵」設專志。所謂《靈徵志》，兼有災異和符瑞。這也可以解釋爲什麼《藝文類聚》的編者把「祥瑞部」和「災異部」連排在一起了。《魏書》中符瑞的內容，與《宋書·符瑞志》相仿。許多動物和器物都被稱爲祥瑞之物，如鸞、烏、雀、燕、鳩、雉、馬、鹿、狐、兔、龍、龜、魚，它們既分別出現在《藝文類聚》的鳥部、獸部、雜器物部和鱗介部，又同時出現在祥瑞部，是重複設置的子目。

　　災異，是災害、怪異的簡稱，都是對人有害的自然現象。災異被認爲是天對人的譴責和警告。《藝文類聚》災異部的子目有：旱、祈雨、蝗、螟、蟊、賊、蟘。災異部的設置，也是有其學術思想基礎的。董仲舒首創「災異譴告」說。他認爲：「國家將有失道之敗，而天乃先出災害以譴告之，不知自省，又出怪異以警懼之，尙不知變，而傷敗乃至。」〔註21〕《春秋繁露》亦云：「凡災異之本，盡生於國家之失。國家之失乃始萌芽，而天出災害以譴告之。譴告之而不知變，乃見怪異以驚駭之，驚駭之尙不知畏懼，其殃咎乃至。以此見天意之仁而不欲陷人也。」〔註22〕災異譴告，被認爲是天對君主的愛護和關心。班固《白虎通義·災變》亦說：「天所以有災變何？所以譴告人君，覺悟其行，欲令悔過修德，深思慮也。」〔註23〕王充《論衡》也論及這種觀點：「論災異，謂古之人君爲政失道，天用災異譴告之也。」〔註24〕《魏書·靈徵志》記載有：山崩、大風、大水、雨雹、羽蟲之孽、蝗蟲螟、毛蟲之孽，

〔註21〕同〔註3〕。
〔註22〕同〔註2〕：153。
〔註23〕（漢）班固，白虎通義〔M〕，／／景印文淵閣四庫全書：第850冊，臺北：商務印書館，1983：34。
〔註24〕（漢）王充，論衡〔M〕，／／諸子集成，上海：上海書店，1986：142。

等等，與《藝文類聚》災異部的子目有相近之處，可以看出《藝文類聚》的編者沿襲了前代的災異之說。

有關德政與祥瑞、暴政與災孽之間相互對應的思想，在漢代以前就早已盛行。《左傳》載：「國之將興，明神降之，監其德也；將亡，神又降之，觀其惡也。故有得神以興，亦有以亡，虞、夏、商、周皆有之。」〔註25〕《禮記·中庸》載：「至誠之道，可以前知。國家將興，必有禎祥；國家將亡，必有妖孽。」〔註26〕知國將興者，往往有仁善之舉措，百業漸興；反之，則暴殄天物，病入膏肓。仁德、惡政與國之興亡發生了因果聯繫。

第三，《藝文類聚》的分類體系，反映了唐代社會對人文知識的重視與對科技知識的忽視。葛兆光說：「(《藝文類聚》)的類目多偏於描述大自然的各種存在物，而很少記載技術的發明與人工的製造，它的內容多是以文學語言進行形容與誇飾的文獻，而很少有知識與技術性的記載，麗詞秀句的集錄，其意義似乎遠遠超過了知識技術的記載，對自然的吟唱和謳歌的興趣，其價值似乎也大大超過了對自然的精確描述。從後來中國的情況看，這種對知識與技術的輕蔑與放逐，多少影響了古代中國的技術性知識的進展，也使得古代中國的人文知識與思想承擔了過於沉重的社會責任，往往成為全部的知識而壟斷了絕大部分文化人的教育時間和內容。」〔註27〕這不僅反映了《藝文類聚》編者編纂理念的局限，也是中國傳統文化觀念的一個缺陷。

對人文知識的重視與對科技知識的忽視，這不僅從類目的設置中可以看出，而且在有關條目中也得到反映。在應該輯錄有關科技知識的子目下，輯錄的仍然是人文知識和詩文。僅舉兩例來說明。

居處部本來應該介紹建築學方面的知識，至少也應該輯錄一定數量的這方面的知識，但是，卷六十二居處部二的子目「宮」「事」的部分輯錄的資料卻是：

> 《世本》曰：禹作宮。　《釋名》曰：宮，穹也，屋見垣上穹
> 隆也。　《方言》曰：吳有館娃之宮。　《禮記》曰：儒有一畝之

〔註25〕　(晉) 杜預，注；(唐) 孔穎達，等，正義，春秋左傳正義〔M〕，//（清）阮元，校刻，十三經注疏，北京：中華書局，1980：1783。

〔註26〕　(漢) 鄭玄，注；(唐) 孔穎達，等，正義，禮記正義〔M〕，//（清）阮元，校刻，十三經注疏，中華書局，1980：1632。

〔註27〕　葛兆光，中國思想史：第一卷〔M〕，上海：復旦大學出版社，2004：457～458。

宮，環堵之室。 《大戴禮》曰：周時德澤和洽，蕑茂大，以爲宮柱者，名曰蒿宮。 《毛詩》曰：定之方中，作于楚宮。揆之以日，作于楚室。 又曰：鼓鍾於宮，聲聞于外。 《管子》曰：黃帝有合宮，以聽政。 《穆天子傳》曰：天子升于崑崙之丘，以觀帝之宮。 《越絕書》曰：美人宮周五百九十步，土城者，句踐所習教美人西施鄭旦宮室。 《列子》曰：周穆王時，西胡國有化人來，王執化人之袪，騰而上天。暨化人之宮，構以金銀，絡以珠玉，出雲雨之上，實爲清都紫微也。 《孟子》曰：齊宣王見孟子於雪宮。《呂氏春秋》曰：武王勝殷，靖箕子之宮。…… 《列仙傳》曰：鉤翼夫人，齊人也，右手拳，望色者云，東方有貴人氣。及到，姿色甚偉。帝披其手，得一鉤，手尋下不拳，故名其宮曰鉤翼宮。 《說苑》曰：楚使使聘齊，齊王享之梧宮。使者曰：「大哉梧乎！」王曰：「江海之魚吞舟，況大國之樹也。」 《漢武帝故事》曰：上起明光宮，發燕趙美女二千人充之。建章、未央、長樂三宮，皆輦道相屬，懸棟飛閣，不由徑路。…… 《三輔黃圖》曰：有夜光宮、望遠宮、照臺宮、蒲萄宮、棠棃宮、資陽宮、長平宮、五柞宮。…… 《東觀漢記》曰：帝遺單于饗賜作樂百戲，上幸離宮臨觀。 《魏略》曰：大秦國城中有五宮，相去各五十里，宮室皆以水精爲柱，食器亦然。 王隱《晉書》曰：高堂隆刻鄴宮屋材云：「後若干年，當有天子居此宮。」惠帝止鄴宮，治屋者土剝更泥，始見刻字，計年正合。〔註28〕

除《釋名》一條對「宮」做出描述性解釋外，其他各條無非是某宮的名稱、對某宮的形象描繪，以及在某宮發生的歷史事件，絲毫不涉及宮的建築式樣、建築規模、建造工序等建築學方面的知識。

鳥獸部本應該介紹一些動物學的知識，但是，卷九十一鳥部中的子目「孔雀」「事」的部分輯錄的資料卻是：

《春秋元命苞》曰：火离爲孔雀。 《周書》曰：成王時，西方人獻孔雀。 《楚辭》曰：孔蓋兮翠旌。 《鹽鐵論》曰：南越以孔雀珥門戶。今貴其所饒，非所以厚中國也。 《神仙傳》曰：

〔註28〕 （唐）歐陽詢，撰；汪紹楹，校，藝文類聚〔M〕，上海：上海古籍出版社，1999：1111～1113。（以下簡稱「《藝文類聚》」）

蕭史吹簫，常致孔雀。　《漢書》曰：尉佗獻文帝孔雀二雙。　《西域傳》曰：罽賓國出孔雀。　《續漢書》曰：西南夷曰滇池，出孔雀。　又云：西域條支國，出孔雀。　魏文帝《詔朝臣》曰：前于闐王山習，所上孔雀尾萬枚，文彩五色，以爲金根車蓋，遙望曜人眼。　《郭子》曰：梁國楊氏子，年九歲，甚聰慧。孔君平詣其父，父不在，乃呼兒出，爲設果，有楊梅。孔指以示兒：「此貴君家果。」兒應聲答曰：「未聞孔雀是夫子家禽。」　《晉公卿贊》曰：世祖時，西域獻孔雀，解人語，馴指，應節起舞。　楊孝元《交州異物志》曰：孔雀，人拍其尾則舞。〔註29〕

多是某地產孔雀、某地獻孔雀、孔雀起舞等資料。《郭子》一條，則完全是借漢語的諧音來顯示口才，與孔雀本身無關。至於孔雀的外形、生理特徵、習性等方面的知識，均未介紹。

　　《藝文類聚》全書的情況均如此，沒有一個子目是專門輯錄科技資料的。《藝文類聚》的編者們關注的是人事、倫理和歷史、政治方面的資料，而對科技資料則基本忽略。即使輯錄的是關於某些自然現象的資料，也是對這些自然現象的描繪和附會的解釋，而不是這方面專門知識的介紹。這種只輯錄人文知識的編纂理念，固然與《藝文類聚》是供人們臨文取材的工具書有關，但另外一個重要方面，也與古人把科技知識看成雕蟲小技有關。

〔註29〕《藝文類聚》：1574。

十二、《藝文類聚》子目數量辨正

（一）問題的提出

關於《藝文類聚》的子目數量，潘樹廣認爲是 727 個〔註1〕。胡道靜也認爲是 727 個，但是，胡先生對鳥部的子目統計爲 39 個〔註2〕，如此計算，《藝文類聚》的子目實爲 729 個。比較兩位學者的統計，潘樹廣將鳥部統計爲 37 個子目，應是將「鶴」「白鶴」「黃鵠」歸爲 1 個子目；而胡道靜將鳥部統計爲 39 個子目，應是將「鶴」「白鶴」「黃鵠」算作 3 個子目。

表面上看，《藝文類聚》子目數量的差異，源於鳥部的子目到底是多少。其實問題不僅在此，而是主要在於研究者未能從類書體例、語義以及版本上，對全書子目編排做深入的探究；所以，不論是 727 個子目說，還是 729 個子目說，均欠妥當。

確定《藝文類聚》子目數量的關鍵，是對第十六卷、第八十一卷、第八十八卷、第九十卷中幾個子目的考察。這幾個子目是：第十六卷儲宮部的「儲宮 太子妃附」、第八十一卷藥香草部上「草香附」、第八十八卷木部上「木花葉附」、第九十卷鳥部上「黃鵠玄鵠附」。其中的「太子妃附」「香附」「花葉附」「玄鵠附」均爲類目注釋，即對類目關係的注釋，指明類目之間的主從關係，告訴讀者哪一個是正式子目，哪一個是附屬子目。筆者以上海古籍出版社出版的《藝文類聚》汪校本爲依據，對此做出詳細考察，以弄清《藝文類聚》子目的準確數量。

〔註1〕潘樹廣，《藝文類聚》概說〔J〕，辭書研究，1980，（1）：165。
〔註2〕胡道靜，中國古代的類書〔M〕，北京：中華書局，2005：105。

（二）第十六卷的子目數量

　　《藝文類聚》書前的目錄中，第十六卷的目錄是：儲宮部　儲宮　太子妃附　公主。「儲宮部」是部類名，「儲宮　太子妃附　公主」三個是子目名；其中「附」字用小字號排印，表明「太子妃」是子目「儲宮」的附目。第十六卷卷首目錄，與書前的目錄排印情況一樣。「儲宮」，在這裡的意思是「太子」。「太子妃」作為「儲宮」的附目，兩者在內容上有關聯。子目「儲宮」所引的資料，都與「太子」有關。「事」的部分摘引了《周易》《尚書大傳》《禮記》等書的資料。例如：「《尚書》（汪紹楹校記曰：「《太平御覽》一百四十六作《尚書大傳》，下同。」）曰：惟四月，太子發上祭于畢，下至於盟津之上，乃告司馬司徒司空。又曰：太子發升于舟，中流，白魚入于舟，王跪取出，俟以燎，群公咸曰：休哉。《尚書大傳》曰：天子太子年十八，曰孟侯。孟侯者，於四方諸侯來朝迎於郊者，問其所不知也。《尚書洪範五行傳》曰：心之大星，天皇也；其前星，太子也；後星，庶子也。《禮記》曰：王太子王子群后之太子卿大夫元士之適子，凡入學以齒。」〔註3〕「文」的部分摘錄了王融《皇太子哀策文》、梁武帝《立皇太子詔》、庾信《慶傳位於皇太子表》等。這些均與「儲宮（太子）」有關。只有兩條資料字面上與「儲宮」沒有關係。一條在「事」的部分：「《周易》曰：黃離，元吉。象曰：明兩作離，大人以繼明照於四方。」〔註4〕此條摘自《周易・離第三十》。離，高亨說：「借為螭，龍也，謂雲氣似龍形者，虹之類也。音轉而謂之霓。黃螭為黃霓。黃為吉祥之色。元，大也。古人認為黃霓出現天空，是大吉之兆，故曰：『黃離，元吉。』」〔註5〕《周易》王弼、韓康伯注曰：「繼，謂不絕也，明照相繼，不絕曠也。」〔註6〕《藝文類聚》摘錄的《周易》中的文句意謂：「天空出黃霓，大吉大利。《象辭》說，今朝太陽升，明朝太陽升，相繼不絕，這是離卦的卦象。貴族王公觀此卦象，從而以源源不斷的光明照臨四方。」雖表面不關太子，但太子是繼承君位的人，是「繼明照於四方」的，所以《藝文類聚》的編者從《周易》中摘錄此句作為「儲宮」的首個條目，是有寓意

〔註3〕歐陽詢，撰；汪紹楹，校，藝文類聚〔M〕，上海：上海古籍出版社，1999：291。（以下簡稱「《藝文類聚》」）

〔註4〕《藝文類聚》：291。

〔註5〕高亨，周易大傳今注〔M〕，濟南：齊魯書社，1979：282。

〔註6〕（魏）王弼，（晉）韓康伯，注；（唐）孔穎達，等，正義，周易正義〔M〕，／／（清）阮元，校刻，十三經注疏，北京：中華書局，1980：43。

的。另一條是「文」的部分摘錄的魏文帝的《答卞蘭教》。觀其內容，與儲宮（太子）沒有任何關係。那麼為什麼要把它選入「儲宮」呢？我們發現，在「儲宮」「文」的部分的「賦」體中，收有卞蘭的《贊述太子賦》，這是與儲宮（太子）有關的。在《贊述太子賦》中，卞蘭極力稱頌曹丕（魏文帝）的才華和功德，頗多諛詞。魏文帝《答卞蘭教》是與此相呼應的一篇文章。教是上教喻下的文辭。劉勰《文心雕龍‧詔策》云：「教者，效也；出言而民效也。契敷五教，故王侯稱教。」﹝註7﹞選錄《答卞蘭教》的目的，是讓讀者與《贊述太子賦》兩文對照閱讀。

雖然「太子妃」是作為「儲宮」的附目，但是它也像正式子目一樣，是單獨列目的，收錄了與「太子妃」有關的事與文。只是「太子妃」這個附目下開頭的幾個條目略有不同。它們是：「《漢書》曰：漢景薄皇后，孝文薄太后家女也。景帝為太子時，太后為太子取以為妃。又曰：武帝陳皇后，長公主嫖女也。初武帝得立為太子，公主有力焉，故欲以女納太子。又曰：武（汪紹楹校記曰：「《太平御覽》一百四十九作『孝』。」）成許皇后，平恩侯嘉女也。元帝選配太子，上令中常侍黃門親近者侍送，還白帝，稱太子欣悅。元帝喜，謂左右曰：『酌酒賀我。』左右皆稱萬歲。《漢武故事》曰：初，武帝為太子時，長公主欲以女配帝。時帝尚小，長公主指女問帝曰：『得阿嬌好不？』帝曰：『若得阿嬌，以金屋貯之。』主大喜，乃以配帝，是曰陳皇后；阿嬌，后字也。王隱《晉書》曰：武帝欲為太子取妃，久而不決，上欲娶衛瓘女，楊后欲娶賈充女。上曰：『衛公女有五可，賈公女有五不可；衛家種賢而多子，端正而長白；賈家種妒而少子，醜而短黑。』楊后既納寶物，固欲娶賈氏，因乃納之。」﹝註8﹞這幾個條目，都分別提到了「太子」，同時也提到了「妃」，但未有「太子妃」的字樣。視其內容，似應編排在前面的子目「儲宮」中，但因為有「妃」的字樣和為太子取妃等內容，所以就連類而及編排在了附目「太子妃」下。這也可以解釋為什麼將「太子妃」作為「儲宮」的附目，因為兩者的關聯是十分緊密的。

綜上所述，《藝文類聚》第十六卷儲宮部的正式子目為 2 個，附目為 1 個。

﹝註7﹞（南朝梁）劉勰，著；范文瀾，注，文心雕龍注〔M〕，北京：人民文學出版社，1958：360。

﹝註8﹞《藝文類聚》：302～303。

（三）第八十一卷的子目數量

　　《藝文類聚》書前的目錄中，第八十一卷的目錄是：藥香草部上　藥　空青　芍藥……术　草香附　蘭菊……；第八十一卷卷首目錄作「草香附出」，雖多出一「出」字，其實與書前的目錄相同。「藥香草部」是部類名，「草香附」則告訴讀者，子目「草」的附目是「香」。在子目「草」中，「事」的部分收錄了典籍中一些含有「草」的語句，但沒有收錄與「香」有關的條目；「文」的部分收錄了詠草或語句涉及「草」的詩文，也收錄嵇含《懷香賦序》、劉刪《詠青草詩》、卞敬宗《懷香贊》等寫「香」的詩文。劉刪《詠青草詩》題目中有「草」，詩中「風傳十步香」一句又有「香」字，可以說它是子目「草」和附目「香」兩屬的。「香」是作爲子目「草」的附目的，但與「太子妃」不同的是，在正文中它沒有獨立列目，作爲附目「香」的資料，是與子目「草」混雜編在一起的。「香附」爲子目「草」的類目說明。

　　綜上所述，《藝文類聚》第八十一卷藥香草部上的正式子目爲 28 個，附目爲 1 個。

（四）第八十八卷的子目數量

　　《藝文類聚》書前的目錄中，第八十八卷的目錄是：木部上　木花葉附松　柏　槐　桑　榆桐；第八十八卷卷首目錄與此相同。在子目「木」下收錄了大量與「木」有關的資料，同時也收錄了一些既與「木」有關又與「花葉」有關資料，或者只與「花葉」有關的資料。「事」的部分，如：《十洲記》（其中有「花葉香聞數百里」之句）、《淮南子》（其中有「凡見葉落而知歲暮」之句）、《國語》（其中有「人之有孝也，猶樹之有枝葉」之句）、《文選》（其中有「根枌則葉危」之句）、《山海經》（其中有「黃花黑葉」之句）、《離騷》（其中有「洞庭波兮木葉下」「搴芙蓉於木末」等詩句）；「文」的部分，如：劉楨詩（其中有「得託芳蘭苑」之句）、李爽《賦得芳樹詩》（其中有「春至花如錦，夏近葉成帷」之句）、賀循《賦得庭中有奇樹詩》（其中有「香風飄舞花間度」「密葉由來好作帷」等詩句）、庾信《枯樹賦》（其中有「片片眞花」「木葉落」等句），又例如：何遜《詠雜花詩》、蕭子範《落花詩》、劉孝威《望隔牆花詩》、庾信《詠園花詩》、張正見《賦得岸花臨水發詩》、劉孝威、朱超、鮑泉《詠翦綵花詩》、蕭綜《悲落葉詩》、王氏《春花賦》、梁元帝《爲妾弘夜姝謝東宮賚合歡花鈒啓》，標題中均有「花」或「葉」的字樣。「花葉」是作

爲子目「木」的附目的,「花葉附」爲子目「木」的類目說明。「木花葉附」
與第八十一卷的「藥香草部上　草香附」相同,兩者都沒有從「木」和「草」
兩個子目中析出獨立標目的附目「花葉」和「香」;這一是因爲可能有關「花
葉」和「香」的內容太少(當然,這並不是主要原因),二是因爲《藝文類聚》
成於眾手,造成體例上的不統一。

綜上所述,《藝文類聚》第八十八卷木部上的正式子目爲 7 個,附目爲 1
個。

(五)第九十卷的子目數量

《藝文類聚》書前的目錄中,第九十卷的目錄是:鳥部上　鳥　鳳　鸞
鴻　鶴　白鶴　黃鵠玄鵠附　雉　鷓。「鳥部」是部類名,其餘是子目。「玄
鵠附」是用小於正式子目的字號排印的,表明它是「黃鵠」的類目注釋。第
九十卷卷首目錄是:鳥部上　鳥　鳳　鸞　鴻　鶴　白鶴　黃鵠　玄鵠附
雉　鷓。其中「白鶴　黃鵠　玄鵠附」是用小於正式子目的字號排印的,排
印上與書前的目錄不同。《藝文類聚》書前的目錄告訴讀者,「玄鵠」是「黃
鵠」的附目;第九十卷卷首目錄則告訴讀者,「白鶴、黃鵠、玄鵠」是「鶴」
的附目。造成如此理解上的誤差,是由於排印上的不同。

從第九十卷鳥部上的子目設置看,「白鶴」「黃鵠」「玄鵠」是作爲子目「鶴」
的附目的。翻檢子目「鶴」中摘錄的資料,就會發現子目設置的信息,其中
含有「鴻鵠」「鵠」的條目,共四條,即《韓詩外傳》條、《東觀漢記》條、《陶
侃傳》條、《異苑》條,這四條是只含「鴻鵠」「鵠」,而不含有「鶴」的條目。
還有一條,既含有「鶴」又含有「鵠」:《述異傳》曰:荀瓌事母孝,好屬文
及道術,潛栖卻粒。嘗東遊,憩江夏黃鵠樓上,望西南有物飄然,降自霄漢。
俄頃已至,乃駕鶴之賓也。鶴止戶側,仙者就席,羽衣虹裳。賓已歡對,辭
去,跨鶴騰雲,眇然煙滅。」〔註9〕子目「鶴」不僅摘錄大量與「鶴」有關的
資料,也摘錄幾個含有「鴻鵠」「鵠」的條目,這就透露「鶴」「鴻鵠」「鵠」
幾者的關係和子目設置的信息。

鶴是鳥綱鶴科各種類的統稱,有丹頂鶴、白鶴等。《本草綱目·禽部》載:
「《八公相鶴經》云:『鶴乃羽族之宗,仙人之驥,千六百年乃胎產,則胎、
仙之稱以此。』」「鶴大于鵠,長三尺,高三尺餘,喙長四寸。丹頂赤目,赤

〔註9〕《藝文類聚》:1564。

頰青腳，修頸凋尾，粗膝纖指。白羽黑翎，亦有灰色、蒼色者。嘗以夜半鳴，聲唳雲霄。」〔註10〕今丹頂鶴並非「赤目」「赤頰」，白鶴和赤鶴有「赤頰」，李時珍將幾種相似的鶴混淆了。因爲「鶴乃羽族之宗」，所以子目「鶴」排在幾個標目之首，「白鶴」是「鶴」的一個附目。

子目「鶴」中收錄了四個只含「鴻鵠」「鵠」，而不含有「鶴」的條目，這無疑是告訴讀者，「鶴」與「鴻鵠」「鵠」是有關聯的。它們的關係究竟怎樣呢？關於「鵠」的解釋，許慎《說文解字》云：「鵠，鴻鵠也。」〔註11〕段玉裁注云：「鵠，黃鵠也。……凡經史言鴻鵠者，皆謂黃鵠也。或單言鵠，或單言鴻。」〔註12〕朱駿聲《說文通訓定聲》云：「形似鶴，色蒼黃，亦有白者，其翔極高，一名天鵝。」〔註13〕玄鵠，即黑天鵝。鵠「形似鶴」，是把「鶴」「黃鵠」「玄鵠」幾個標目排在一起的原因之一。黃生《字詁》云：「『鵠』與『鶴』自是二種，然古人多以『鵠』字作『鶴』字用。」〔註14〕這是把「鶴」「黃鵠」「玄鵠」幾個標目排在一起的原因之二。子目「鶴」中摘錄的《述異傳》條，有「黃鵠樓」，此處「黃鵠樓」即「黃鶴樓」。可以得出結論：「鶴」爲正式子目，「白鶴」「黃鵠」「玄鵠」是它的附目，「白鶴　黃鵠　玄鵠附」是子目「鶴」的類目注釋。第九十卷卷首目錄，排印是正確的。也像第十六卷的「儲宮　太子妃附」一樣，雖然「白鶴」「黃鵠」「玄鵠」是「鶴」的附目，但它們也像正式子目一樣，是單獨列目的。

孫麒博士考察了《藝文類聚》諸版本的書前目錄與第九十卷卷首目錄，對比了「鶴」類相關的引文，認爲：「宋本卷九十卷首目錄，及蘭雪堂本書前及卷首目錄均可證明，《類聚》編纂時，『鶴』類相關材料，是按一個子目分類的，編纂者或出於對該書實用性之考慮，將所收集之『鶴』類相關材料進行排比，將材料中單述『白鶴』、『黃鵠』、『玄鵠』之條目另行析出，分別編排於『鶴』類之後，卷首目錄在『鶴』下，以小字注『白鶴　黃鵠　玄鵠附』，以利文士作文時選擇。」〔註15〕孫博士的考察與結論，與我們上面的論述一致。

綜上所述，《藝文類聚》第九十卷鳥部上的正式子目爲 7 個，附目爲 3 個。

〔註10〕李時珍，本草綱目〔M〕，北京：人民衛生出版社，1979：2557。

〔註11〕（漢）許慎，說文解字〔M〕，北京：中華書局，1963：80。

〔註12〕（漢）許慎，撰；（清）段玉裁，注，說文解字注〔M〕，上海：上海古籍出版社，1981：151～152。

〔註13〕（清）朱駿聲，說文通訓定聲〔M〕，北京：中華書局，1984：287。

〔註14〕（清）黃生，字詁〔M〕，∥景印文淵閣四庫全書，臺北：商務印書館，1983。

〔註15〕孫麒，《藝文類聚》版本研究〔D〕，上海：復旦大學，2008：4。

（六）結論

從潘樹廣、胡道靜諸位先生對《藝文類聚》子目數量的統計中，我們看到，第一，均認為第十六卷的子目為 3 個，未區分正式子目和附目；第二，對第八十一卷、第八十八卷的附目未作統計；第三，將第九十卷的正式子目與附目混淆，且遺漏了「玄鵠」這個附目。或者將有的附目算作子目來統計，或者將有的附目沒有算作子目來統計，造成統計標準的不一致。也許有人會提出申辯：「在正文中獨立標目的附目，如『太子妃』，可以作為子目來統計；在正文中沒有獨立標目的附目，如『花葉』『香』，就不能作為子目來統計。」這樣的申辯不能自圓其說，因為至少「玄鵠」也是獨立標目的附目，但潘、胡兩位均未作子目加以統計。所以，究其根源，不論是 727 個子目說，還是 729 個子目說，均是未能準確把握《藝文類聚》的體例。

通過對《藝文類聚》編排體例的探究，同時結合語義分析、版本勘察，《藝文類聚》子目數量的準確表述應該是：正式子目為 726 個，附目為 6 個。這是細而論之。如果籠統言之，則可以說，《藝文類聚》的子目為 732 個。

十三、《藝文類聚》中的
「互著」與「別裁」

　　「互著」與「別裁」是古典目錄學採用的兩種方法。清代目錄學家章學誠在《校讎通義》中，對「互著」與「別裁」的理論進行了闡釋。但是，「互著」「別裁」究竟起源於何時，學術界一直存在分歧，迄今爲止，尚無定論。

（一）問題的提出

　　清代章學誠在《校讎通義》中認爲，「互著」與「別裁」起源於《七略》。他根據《漢書・藝文志》對《七略》的省併、改編和班固自己所加的注語進行分析，正式提出「互著」與「別裁」的概念。

　　王重民在《校讎通義通解・序言》中說，我國第一次有意識地使用互著法是十四世紀初期馬端臨的《文獻通考・經籍考》；第一次互著與別裁兼用的是一六二○年編成的《澹生堂書目》。〔註1〕

　　王國強認爲，「互著」爲元代馬端臨最早採用，而「別裁」的最早發明者當是明代高儒編製的《百川書志》。〔註2〕

　　張守衛通過對《直齋書錄解題》中採用「互著」「別裁」實例的舉證，證明「互著」與「別裁」起源於南宋末年陳振孫的《直齋書錄解題》。〔註3〕

―――――――――――――――――

〔註1〕（清）章學誠，著；王重民，通解，校讎通義通解〔M〕，上海：上海古籍出版社，2009：9。

〔註2〕王國強，中國古代書目著錄中的互著法和別裁法〔J〕，鄭州大學學報（哲學社會科學版），2002（4）：130～133。

〔註3〕張守衛，「互著」「別裁」兼用始於《直齋書錄解題》〔J〕，圖書情報工作，2009（11）：142～145。

　　以上諸說不無可取之處，但除了章學誠的觀點外，均有偏頗之處。將「互著」「別裁」的起源推遲至南宋，甚至明代，則是無視古典目錄的發展，視野狹隘，一葉障目。

　　我們試圖轉換考察問題的角度，從大型類書的編纂技術入手，探討「互著」與「別裁」的起源與運用。而研究大型類書，首選《藝文類聚》，因為它是現存最完整的古老類書，且「於諸類書中，體例最善」。〔註4〕把研究的視角轉移到類書上，研究的視野擴大了，研究的材料也隨之豐富，能夠發現前所未有的新意，有助於「互著」和「別裁」起源問題的解決。

（二）古典目錄與類書中的「互著」「別裁」

　　古典目錄中的「互著」，就是將同樣的一部書重複著錄在相關的類目中。古典目錄中的「別裁」，則是把一部書著錄在主要類目中，而把書中與它類相關的篇章，裁篇別出，著錄在其他相關的類中；別裁又叫「分析著錄」。

　　關於「互著」，章學誠在《校讎通義》中說：「至理有互通，書有兩用者，未嘗不兼收並載，初不以重複為嫌，其於甲乙部次之下，但加互注，以便稽檢而已。」〔註5〕意謂，凡是一書的主題，與兩個類目有關；或者一書有兩個以上主題，則應重複互注，既可以收錄在甲類，又可以收錄在乙類。他又說：「古人最重家學，敘列一家之書，凡有涉此一家之學者，無不窮源至委，竟其流別，所謂著作之標準，群言之折衷也。如避重複而不載，則一書本有兩用而僅登一錄，於本書之體既有所不全；一家本有是書而缺而不載，於一家之學亦有所不備矣。」〔註6〕章氏認為，目錄的目的是「即類求書，因書究學」，因此就要將那些「理有互通」而又有兩用的書，兼收並載，重複著錄，「以便稽檢」；同時，這樣還可以使一書之體完整，使一家之學齊備。反之，「如避重複而不載，則一書本有兩用而僅登一錄，於本書之體既有所不全；一家本有是書而缺而不載，於一家之學亦有所不備矣。」按照章學誠的看法，「互著」是在「理有互通，書有兩用」的情況下，在書目的兩處加注，以便讀者循此而考察其學術源流。

〔註4〕（清）永瑢，等，四庫全書總目〔M〕，北京：中華書局，1965：1141。
〔註5〕同〔註1〕：15。
〔註6〕同〔註1〕：15。

關於「別裁」，章學誠說：「蓋古人著書，有採取成說，襲用故事者，其所採之書，別有本旨，或歷時已久，不知所出；又或所著之篇，於全書之內自為一類者，並得裁其篇章，補苴部次，別出門類，以辨著述源流。至其全書，篇次具存，無所更易，隸於本類，亦自兩不相妨。蓋權於賓主重輕之間，知其無庸互見者，而始有裁篇別出之法耳。」〔註7〕意謂，「別裁」就是把一書中可以自成一類的部分，裁篇別出，著錄在相應的類目中。為了說明什麼是「別裁」，他舉例說，《管子》屬於道家，劉歆裁其《弟子職》一篇入小學類；《大戴禮》屬於禮類，劉歆裁其《三朝記》一篇入《論語》類。〔註8〕「別裁」的基本意思是「裁其篇章」，「別出門類」，其功用是使讀者「辨著述源流」。

就「互著」與「別裁」的實質來講，它們的思想旨趣是相通的。在章學誠的論述中，「互著」亦作「互注」「互見」。「互注」「互見」只是從兩個不同角度運用的術語。在編輯整理文獻時，可稱作「互注」；在閱覽使用文獻時，可以稱作「互見」。「互著」與「別裁」的關係是，某一部書按照不同的主題進行了「互著」，則不一定同時再需要「別裁」；而一部書有了「裁篇別出」的「別裁」，則一定同時又有「互著」發生。

《藝文類聚》中運用的「互著」與「別裁」，是類書中的「互著」與「別裁」，與純粹的目錄學中的「互著」與「別裁」有一定區別。目錄學中的「互著」，用於書目的編製，主要是指同一部書在目錄中的不同地方著錄幾次，使讀者能夠從不同的途徑查找到此書。目錄學中的「別裁」，也是用於書目的編製，即把某部書中的一部分材料分析出來，單獨作為一個單位進行著錄。在《藝文類聚》編纂過程中，借鑒了目錄學的「互著」與「別裁」之法。比如，編者從一部書中摘引若干條資料，如果把這些資料都放在同一個子目下，那就很簡單了，也用不著「互著」了。但問題是，這若干條資料存在若干個主題和關鍵詞等，應該分門別類地編排在不同的子目下，這時，就不能不用「互著」的方法了。又如，編者為了讀者查詢的方便，將一部大書某一篇中的資料輯錄若干條，並直接使用這部書中的一個篇名，在某個子目「事」的部分標注為「某書某篇曰」，或省略其書名，直接標注為「某篇曰」，這就是在運用「別裁」了。

〔註7〕同〔註1〕：24。
〔註8〕同〔註16〕：23。

（三）《藝文類聚》中的「互著」

在《藝文類聚》中，「互著」與「別裁」方法的運用，隨處可見。《孫子兵法》，又名《孫子》，是一部古老的兵書。《漢書・藝文志》著錄「吳《孫子兵法》八十二篇」。〔註9〕在不同的子目下，根據各自主題的要求，《藝文類聚》輯錄了《孫子兵法》的若干片段。一是輯錄在卷五十九武部・將帥：「《孫子》曰：凡用兵之法，將受令於君，塗有所不由，軍有所不擊，城有所不攻，地有所不爭，君命有所不受，故將通於九變之利者，知用兵矣。」〔註10〕二是輯錄在卷六十三居處部三・櫓：「《孫子兵法》曰：攻城之法，修櫓枌榅，其器械三月而後成。」〔註11〕三是輯錄在卷八十火部・火：「《孫子兵法》曰：凡火攻有五，一曰火人，二曰火積，三曰火輜，四曰火庫，五曰火隧。」〔註12〕四是輯錄在卷九十六鱗介部上・蛇：「《孫子兵法》曰：善用兵者，譬如率然。率然者，常山之蛇也。擊其首則尾至，擊其尾則首至，擊其中身，則首尾俱至。」〔註13〕均以《孫子兵法》或《孫子》爲書名，置於不同的子目下，輯錄的是含有不同主題或關鍵詞的資料。

《水經》是中國第一部記述水系的專著。著者和成書年代歷來說法不一，爭議頗多。《隋書・經籍志》載：「《水經》三卷，郭璞注。」〔註14〕《舊唐書・經籍志》改「注」爲「撰」，〔註15〕郭璞成爲作者。郭璞是晉人，《晉書》有傳。而《新唐書・藝文志》稱「桑欽撰」，〔註16〕宋以後，人多以爲作者爲桑欽。《四庫全書總目》稱：「觀其《涪水》條中，稱廣漢已爲廣魏，則決非漢時；《鍾水》條中，稱晉寧仍曰魏寧，則未及晉代。推文尋句，大概（桑欽爲）三國時人。」〔註17〕《藝文類聚》輯錄《水經》三個片段。其一輯錄在卷七山部上・崑崙山：「《水經》曰：崑崙墟在西北，去嵩高五萬里，地之中也，

〔註9〕 （漢）班固，撰；（唐）顏師古，注，漢書・藝文志〔M〕，北京：中華書局，1962：1756。

〔註10〕 （唐）歐陽詢，撰；汪紹楹，注，藝文類聚〔M〕，上海：上海古籍出版社，1999：1059。（以下簡稱「《藝文類聚》」）

〔註11〕 《藝文類聚》：1133。

〔註12〕 《藝文類聚》：1362～1363。

〔註13〕 《藝文類聚》：1665。

〔註14〕 （唐）魏徵，令狐德棻，隋書・經籍志〔M〕，北京：中華書局，1973：982。

〔註15〕 （後晉）劉昫，等，舊唐書・經籍志〔M〕，北京：中華書局，1975：2014。

〔註16〕 （宋）歐陽修，宋祁，新唐書・藝文志〔M〕，北京：中華書局，1975：1504。

〔註17〕 同〔註4〕：610。

其高萬一千里，河水出其東北陬。」〔註18〕其二輯錄在卷七山部上・荊山：「《水經》曰：荊山在南郡臨沮縣東北。」〔註19〕其三輯錄在卷八水部上・淮水：「《水經》曰：淮水出南陽平氏縣昭稽山，東北過桐柏山。」〔註20〕三個條目的關鍵詞分別爲崑崙、荊山、淮水，與其各自所屬的子目標題相同，故分別被輯錄在相關子目中。

（四）《藝文類聚》中的「別裁」

三國時編纂的《皇覽》被稱爲類書之祖。《藝文類聚》除了卷四十禮部下・冢墓輯錄《皇覽》一條外，還別裁出《皇覽記》一條、《皇覽・逸禮》兩條。《皇覽記》條輯錄在《藝文類聚》卷一天部上・天：「《皇覽記》曰：好道者，言黃帝乘龍升雲，登朝霞，上至列闕，倒影經過天宮。」〔註21〕此條，《太平御覽》卷二作《皇覽・冢墓記》，極是。「冢墓記」當是《皇覽》的部類或子目名稱。《皇覽・逸禮》兩條，一條輯錄在《藝文類聚》卷三歲時上・夏：「《皇覽・逸禮》曰：夏則衣赤衣，佩赤玉，乘赤輅，駕赤龍，載赤旗，以迎夏於南郊。其祭，先黍與雞，居明堂正廟，啓南戶。」〔註22〕另一條輯錄在《藝文類聚》卷三歲時上・秋：「《皇覽・逸禮》曰：秋則衣白衣，佩白玉，乘白輅，駕白駱，載白旗，以迎秋于西郊。」〔註23〕「逸禮」當是《皇覽》的部類或子目名稱。這三個條目，均被《藝文類聚》從《皇覽》的部類或子目中裁出，以《皇覽・逸禮》等名稱輯錄在相關的子目下。

（五）《藝文類聚》中有時同時運用「互著」與「別裁」

與古典目錄運用「互著」則不一定同時再需要「別裁」不同，《藝文類聚》輯錄同一部書中的若干片段，有時同時運用「互著」與「別裁」兩種方法。例如，對《漢書》（班固）的輯錄，以《漢書》的書名將《漢書》的有關片段，分別輯錄在卷一天部上・日、卷五歲時下・伏、卷四十禮部下・婚、卷六十軍器部・箭等 264 個子目下，這就是「互著」。同時，其中的《郊祀志》《百官表》等 9 個部分又被別裁下來，分別以《漢書・郊祀志》《漢書・百官表》

〔註18〕《藝文類聚》：130。
〔註19〕《藝文類聚》：136。
〔註20〕《藝文類聚》：160。
〔註21〕《藝文類聚》：2。
〔註22〕《藝文類聚》：46。
〔註23〕《藝文類聚》：48。

等具體篇目為出處，將有關材料輯錄在對應的子目下，這又是「別裁」。「別裁」的具體情況是：《漢書·文帝詔》片段，輯錄在卷三十九禮部中·籍田；《漢書·郊祀志》片段，輯錄在卷八十八木部上·榆；《漢書·天文志》片段，輯錄在卷八十八木部上·榆；《漢書·百官表》片段，輯錄在卷四十五職官部一·諸王、卷四十五職官部一·相國、卷四十六職官部二·太尉、卷四十七職官部三·大司馬、卷四十八職官部四·黃門侍郎、卷四十八職官部四·給事中、卷四十九職官部五·太僕、卷四十九職官部五·光祿大夫、卷四十九職官部五·太子詹事、卷四十九職官部五·太子中庶子；《漢書·西域傳》片段，輯錄在卷五歲時部下·熱、卷八十二草部下·茱蔬；《漢書·循吏傳》片段，輯錄在卷八十八木部上·榆；《漢書·匈奴傳》片段，輯錄在卷七山部上·燕然山；《漢書·蘇武傳》片段，輯錄在卷二天部下·雪；《漢書·陸賈傳》片段，輯錄在卷八十九木部下·桂。

　　《藝文類聚》在輯錄《山海經》時，也同時運用了「互著」與「別裁」的方法。以《山海經》的書名將其分別輯錄在卷一天部上·日、卷二天部下·雪、卷六十五產業部上·圃、卷七十一舟車部·舟等 91 個子目下，這就是「互著」。同時，又以《山海經》中的《海內經》《海外經》《大荒西經》《西山經》等具體篇目為出處，分別將有關材料輯錄在對應的子目下，這又是「別裁」。「別裁」的具體情況是：《海內經》片段，輯錄在卷九十一鳥部中·雁；《海外經》片段，輯錄在卷九十鳥部上·鸞、卷九十九祥瑞部下·鸞；《大荒西經》片段，輯錄在卷七山部上·崑崙山；《西山經》片段，輯錄在卷七山部上·華山。

　　《山海經》的「別裁」與《漢書》的「別裁」不同的是，《山海經》的「別裁」只標注篇名，而《漢書》的「別裁」，既標注書名，同時又標注篇名。

　　《藝文類聚》中「互著」與「別裁」的例子還有不少，遠不止這幾例，因為與上述幾例大體相同，所以不再重複舉例。

（六）《藝文類聚》中的「互著」與「參見法」的不同

　　可能是由於章學誠在探討「互著」時，有時也使用「互見」一詞，所以有人認為，《藝文類聚》中「互著」就是「參見法」，兩者是同一事物的不同名稱。這個看法是錯誤的。潘樹廣說：《藝文類聚》「在體例方面還有一個值得注意之處，那就是參見法的運用。當某項資料與兩個類目都有關係時，編者根據關係的遠近，在其中一個類目下略引該項資料，並於其下以注語指引

讀者參閱另一類目下的詳細資料。」〔註24〕關於「參見法」的詳細討論，詳見本書「十四、《藝文類聚》參見法述論」，茲不贅述。在此只想簡略談談「互著」與「參見法」的區別。兩者的區別之一：「互著」是針對一部書而言的。在編纂《藝文類聚》時，將一部書的若干片段摘錄出來，按照《藝文類聚》的體例設計，根據不同的子目，按照每個片段的主題或關鍵詞，編排在相關的子目下。舉例已見上文，此從略。而「參見法」是針對具體條目而言的，是兩個或三個條目之間的互相「參見」。區別之二：在運用「參見法」時，在主條目的結尾均有「事具某部某篇」等注語，而運用「互著」時，沒有這樣的文字提示。區別之三：「互著」的各個片段，除了出自同一部書之外，彼此的內容並不相同。而「參見」的條目之間，內容一定相同或相關。如卷七十一舟車部·車輯錄「奇肱氏飛車」事：「《括地圖》曰：奇肱民能為車，從風遠行。湯時西風久，奇肱車至於豫州，去玉門四萬里。事具天部風篇。」〔註25〕按照「事具天部風篇」的參見指示，這則材料又被輯錄在卷一天部上·風：「《括地圖》曰：奇肱氏能為飛車，從風遠行。湯時，西風吹奇肱車至於豫州。湯破其車，不以示民。十年，西風至，乃復使作車，遣歸，去玉門四萬里。」〔註26〕兩個條目內容相同，只是文字略有差異。區別之四：「互著」的各個片段，均出自同一部書，而「參見」的片段，可能出自同一部書，也可能出自不同的書，如卷五歲時下·臘輯錄「陰氏臘日祠灶」事：「《搜神記》曰：宣帝時，陰子方者，當臘日晨炊，而灶君神形見，子方再拜受慶。家有黃羊，因以祀之。自是以後，暴至巨富，故後常以臘日祠灶。事具灶部」（筆者按，「部」當作「篇」）。〔註27〕按照「參見」的指示，卷八十火部·灶也輯錄此事，但標注的出處有異：「《東觀漢記》曰：初陰氏世奉管仲之祀於邑，謂之相君子。至子方，以累積恩德，為神所饗。臘日晨炊於灶，神見，再拜受慶。時有黃羊，因以祠之。自是富殖百萬，田至七百頃。後世子孫，常以臘日奉祠灶神以黃羊。」〔註28〕兩個條目出處不同，一條出自《搜神記》，一條出自《東觀漢記》，但敘述的是同一件事。因為摘錄材料時側重點不同，同時此材料又具有兩屬的特性，所以被安排在不同的類目下。

〔註24〕潘樹廣，《藝文類聚》概說〔J〕，辭書研究，1980（1）：163～173。
〔註25〕《藝文類聚》：1235～1236。
〔註26〕《藝文類聚》：17。
〔註27〕《藝文類聚》：94。
〔註28〕《藝文類聚》：1374。

（七）結語

　　「互著」與「別裁」是古典目錄學的著錄方法，用以揭示圖書的內容。《藝文類聚》借用「互著」與「別裁」的方法編纂類書，使其體例更加完善，增加了使用價值，是對類書編纂學的重要貢獻，對後世類書的編纂產生很大影響。雖然《藝文類聚》中的「互著」與「別裁」，與目錄學中的「互著」與「別裁」有一定區別，但是其思想旨趣是相通的。《藝文類聚》借鑒並大量運用「互著」與「別裁」，這種運用是自覺的，有意識的，這從一個側面說明，最晚在唐初，古典目錄運用「互著」與「別裁」已經相當普遍；否則，在《藝文類聚》中就不會出現如此眾多的「互著」「別裁」。由此看來，在「互著」「別裁」起源諸說中，只有起源於《七略》一說較爲合理，而其他將「互著」「別裁」的起源確定在唐代以後的各種說法，都是不顧古典目錄發展實際的偏頗之論。

十四、《藝文類聚》參見法述論

　　《藝文類聚》在編纂過程中，運用了幾種目錄學的方法，「參見法」便是其中之一。目前關於《藝文類聚》中「參見法」的論述並不多見，且持論多數不夠深入。因此，有必要對此進行深入細緻的研究，以便弄清楚：（一）參見法的歷史演變軌跡。（二）參見法的運用與《藝文類聚》類目分類的關係，即為什麼要在編纂《藝文類聚》的過程中運用參見法。（三）參見法中主條目與參見條目的對應關係。（四）參見法在《藝文類聚》中的指示方式。

（一）參見法的歷史演變軌跡

　　參見法原本是一種寫作方法，後來才演變成為目錄學的著錄方法。

　　有的學者認為，《呂氏春秋》和《韓非子》中就有參見法的運用。《呂氏春秋》中「《有始覽》七篇全用互見法，每篇所引證的史實故事，只簡舉事名，略去具體內容，以『解在乎』的形式見於其他篇。這同韓文『其說在』的形式一樣。所不同的是韓文見於本篇，而呂氏見於他文，如《應同》篇中『解在乎史墨來而綴不襲衛，趙簡子可謂知動靜矣。』這史事詳見《召類》篇。《聽言》篇中『解在乎』白圭、公孫龍等四件史事分別見於《不屈》《應言》《淫辭》三文。這樣安排材料，可以避免引證史料的重複，達到簡明扼要的說理效果。呂氏這種分見他篇的互見法，為司馬遷所繼承。」〔註1〕

　　《韓非子》中的參見法，如《韓非子‧內儲說上七術》載：「觀聽不參則誠不聞，聽有門戶則臣壅塞。其說在侏儒之夢見灶，哀公之稱『莫眾而迷』。」

〔註 1〕章滄授，論《呂氏春秋》的文學價值〔J〕，文學遺產，1987（4）：49。

〔註2〕「其說在」的意思是「這種觀點的說明在」。這句話的意思是「這種觀點的說明在侏儒說自己夢見了灶、魯哀公稱引『沒有眾人合謀就會迷惑』兩則故事中」。緊接著就是這兩則故事：

> 衛靈公之時，彌子瑕有寵，專於衛國。侏儒有見公者曰：「臣之夢踐矣。」公曰：「何夢？」對曰：「夢見灶，爲見公也。」公怒曰：「吾聞見人主者夢見日，奚爲見寡人而夢見灶？」對曰：「夫日兼燭天下，一物不能當也；人君兼燭一國，一人不能擁也。故將見人主者夢見日。夫灶，一人煬焉，則後人無從見矣。今或者一人有煬君者乎？則臣雖夢見灶，不亦可乎！」

> 魯哀公問於孔子曰：「鄙諺曰：『莫眾而迷。』今寡人舉事，與群臣慮之，而國愈亂，其故何也？」孔子對曰：「明主之問臣，一人知之，一人不知也；如是者，明主在上，群臣直議於下。今群臣無不一辭同軌乎季孫者，舉魯國盡化爲一，君雖問境內之人，猶不免於亂也。」

> 一曰：晏子聘魯，哀公問曰：「語曰：『莫三人而迷。』今寡人與一國慮之，魯不免於亂，何也？」晏子曰：「古之所謂『莫三人而迷』者，一人失之，二人得之，三人足以爲眾矣，故曰『莫三人而迷』。今魯國之群臣以千百數，一言於季氏之私，人數非不眾，所言者一人也，安得三哉？」〔註3〕

《韓非子》中的參見均在本篇之內，其形式爲「其說在」，都是先概括點出故事內容，之後用具體故事來解釋經文，用法規範。

關於《史記》中參見法，很多論著都談到。錢鍾書《管錐編》說：「按《高祖本紀》王陵曰：『陛下慢而侮人，項羽仁而愛人……妒賢疾能，有功者害之，賢者疑之』；《陳相國世家》陳平曰：『項王爲人恭敬愛人，士之廉節好禮者多歸之；至於行功爵邑重之，士亦以此不附』；《淮陰侯列傳》韓信曰：『請言項王之爲人也。項王喑噁叱吒，千人皆廢；然不能任屬賢將，此特匹夫之勇耳。項王見人恭敬慈愛，言語嘔嘔，人有疾病，涕泣分食飲；至使人有功，當封爵者，印刓敝，忍不能予，此所謂婦人之仁也』。《項羽本紀》歷記羽拔襄城

〔註2〕劉乾先，韓建立，張國昉，劉坤，韓非子譯注〔M〕，哈爾濱：黑龍江人民出版社，2003：354。

〔註3〕同〔註2〕：355～357。

皆坑之；坑秦卒二十餘萬人，引兵西屠咸陽；《高祖本紀》：「懷王諸老將皆曰：『項羽為人僄悍滑賊，諸所過無不殘滅。』」《高祖本紀》於劉邦隆準龍顏等形貌外，並言其心性：『仁而愛人，喜施，意豁如也，常有大度』。《項羽本紀》僅曰：『長八尺餘，力能扛鼎，才氣過人』，至其性情氣質，都未直敘，當從范增等語中得之。『言語嘔嘔』與『喑噁叱吒』，『恭敬慈愛』與『僄悍滑賊』，『愛人禮士』與『妒賢疾能』，『婦人之仁』與『屠坑殘滅』，『分食推飲』與『玩印不予』，皆若相反相違；而既具在羽一人之身，有似雙手分書、一喉異曲，則又莫不同條共貫，科以心學性理，犁然有當。《史記》寫人物性格，無復綜如此者。」〔註4〕

到劉向、劉歆父子編撰《別錄》《七略》時，才開始在文獻分類時無意識地使用參見法，但僅限於目錄學領域。《漢書·藝文志》載：「至成帝時，以書頗散亡，使謁者陳農求遺書於天下。詔光祿大夫劉向校經傳諸子詩賦，步兵校尉任宏校兵書，太史令尹咸校數術，侍醫李柱國校方技。每一書已，向輒條其篇目，撮其指意，錄而奏之。會向卒，哀帝復使向子侍中奉車都尉歆卒父業。歆於是總群書而奏其《七略》，故有《輯略》，有《六藝略》，有《諸子略》，有《詩賦略》，有《兵書略》，有《術數略》，有《方技略》。今刪其要，以備篇籍。」〔註5〕劉向「條其篇目，撮其指意，錄而奏之」的書即是《別錄》。阮孝緒《七錄序》云：「昔劉向校書，輒為一錄。論其指歸，辨其訛謬，隨竟奏上，皆載在本書。時又別集眾錄，謂之《別錄》，即今之《別錄》是也。子歆撮其指要，著為《七略》。」〔註6〕由《漢書·藝文志》的記載可知，《漢書·藝文志》是由《七略》「刪其要」而成。《隋書·經籍志》亦云：「光武中興，……又於東觀及仁壽閣集新書，校書郎班固、傅毅等典掌焉。並依《七略》而為書部，固又編之，以為《漢書·藝文志》。」〔註7〕由此可見《別錄》《七略》《漢書·藝文志》的傳承關係。因為《別錄》《七略》已絕大部分亡佚，所以只能從《漢書·藝文志》中窺視劉向、劉歆的目錄學思想了。

〔註4〕錢鍾書，管錐編：第一冊〔M〕，北京：商務印書館，1986：275。
〔註5〕（漢）班固，撰；（唐）顏師古，注，漢書·藝文志〔M〕，北京：中華書局，1962：1701。
〔註6〕（南朝梁）阮孝緒，七錄序〔M〕，／／（唐）釋道宣，廣弘明集，／／景印文淵閣四庫全書：第1048冊，臺北：商務印書館，1983：262。
〔註7〕（唐）魏徵，令狐德棻，隋書·經籍志〔M〕，北京：中華書局，1973：906。

　　參見法運用於類書的編纂，《藝文類聚》屬於首創。唐朝初年，隨著類書的內容和形式的演變，應用於其中的目錄學方法也隨之發展。參見法移用於類書的編纂便是重要的一例。潘樹廣《〈藝文類聚〉概說》說：「《類聚》在體例方面還有一個值得注意之處，那就是參見法（即引見法）的運用。當某項資料與兩個類目都有關係時，編者根據關係的遠近，在其中一個類目下略引該項資料，並於其下以注語指引讀者參閱另一類目下的詳細資料。」〔註8〕應該指出的是，目錄學中的參見法是用於書目著錄的，與《藝文類聚》中的參見法並不完全相同。《藝文類聚》的參見不是用於目錄，而是用於條目內部，用來指示條目之間內容上的關聯。但是，毫無疑問，《藝文類聚》的參見是受了目錄學參見法的影響的。

　　「參見」功能是《藝文類聚》的特色之一。根據裴芹的統計，在《藝文類聚》中「有『事具……』192條（筆者按，實爲211條），分佈在30部109篇中。『事具』也作『事見』、『見』、『已見』、『亦具』，或簡作『具』。完整正確地標明『事具×部×篇』者52條，只正確標出『事具×部』者46條，只標出『事具×篇』而無誤者10條。」〔註9〕又據《藝文類聚》全書的體例，可以在大部分的部類中劃出兩個部分，前邊的是「事」，後邊的是「文」。「參見法」的運用，均集中在「事」的部分。《藝文類聚》把參見法引進到圖書編輯技術中來，「是對圖書編輯技術的又一個重要貢獻。它把可以歸類於不同條目中的同一事物，分別在相關的條目中重複著錄，並對內容相同而輯錄的片段詳簡不一，或出處不同的事物，用『具某部某篇』、『已具某部某篇』、『事具某部某篇』或『某部已載』等參見方法，指導讀者從簡略摘述參看詳細輯錄，從第二手資料參看第一手資料。」〔註10〕「事具××」等是擁有類似「參見」功能的。

　　當代學者認爲：參見法「是用來指引讀者從目錄中的一條款目或一部分去查閱另一條款目或另一部分的方法。由於參照內容不是揭示圖書的而是指引讀者查找目錄的方法，因此參照不能稱爲款目。其作用在於用來指引目錄之間的聯繫，通過參照將目錄之間的聯繫和相互補充的關係反映出來，以幫

〔註8〕潘樹廣，《藝文類聚》概說〔M〕，辭書研究，1980（1）：163～173。
〔註9〕裴芹，漫說《藝文類聚》的「事具……」〔J〕，文教資料，1997（5）123。
〔註10〕張國朝，《藝文類聚》的編輯技術成就及其價值〔M〕，圖書與情報，1985（4）：59～60。

助讀者多方面查檢所需的文獻。參照用在不同的目錄中一般可分為：（1）書名參照。（2）著者參照。（3）類目參照。（4）主題參照。按其作用劃分則有：（1）單純參照。（2）相互參照。（3）一般參照。」〔註11〕

羽離子認為：「類書中廣泛運用了參照，它是類書分析分類法及類書目錄體系的重要一部分。」他認為，類書參照系統中常見的參照形式有互著參照。「如《藝文類聚》『天部・風』這一標目中，『《楚辭》曰：風光轉蕙泛崇蘭。事具草部。』……因同一文獻的同一內容的部分互著在不同類目裏，互著參照可從一類目中參照另一類目，以便從此一文獻參照錄著取捨的角度略有不同或略詳一些的另一處的同一種文獻。互著參照是一種單向參照。」〔註12〕

什麼叫「互著參照」呢？它是參見法的一個種類，即上文提到的「相互參照」，也叫「相關參照」。《圖書館學情報學詞典》對其的解釋是：「相關參照，又稱相互參照，在卡片目錄中俗稱參見片。可指引讀者從一個標目去查閱另一個或幾個相關標目。其作用是使兩個或幾個互相有關的標目互相聯繫、互相補充，進一步擴大讀者檢索文獻的範圍。」〔註13〕以上定義，雖然說的是現代文獻的著錄方式，但是類似的定義也比較適合用來說明《藝文類聚》類目與類目之間的關係：主條目用「事具……」的方法，把讀者指引到參見條目，就像現在的「參見」一樣。可以說，《藝文類聚》的「事具……」功能相當於「參見」的功能，所不同的是，「事具……」是一種單向參照，而現代「參見法」往往是雙向參照。

（二）參見法的運用與《藝文類聚》類目分類的關係

作為類書，「以類相從」是《藝文類聚》編排資料的基本方法，即它是按「類」來編排文獻的。《藝文類聚》的部類分類是一種事物分類，用事物的分類來組織與事物有關的文獻資料，一個部就是一類事物或一種事物文獻資料的彙集，部類的名稱，具有現在主題詞的性質。姚名達說：「著者認類書為主題目錄之擴大。蓋分類之道，有時而窮。惟以事物為主題，匯列參考資料於各主題之下，使學者一目了然，盡獲其所欲見之書。此其功用較分類目錄為

〔註11〕 張玉鍾，劉學豐，陳瑞玲，馬玉英，主編，新編圖書情報學辭典〔M〕，北京：學苑出版社，1989：352。

〔註12〕 羽離子，類書的分類和目錄〔J〕，圖書館研究與工作，1986（4）：27。

〔註13〕 周文駿，主編，圖書館學情報學詞典〔M〕，北京：書目文獻出版社，1991：493。

又進一步。」〔註 14〕編纂類書，要設置部類，並對各種文獻資料進行分類輯錄，「以類相從」的「類」基本上是事物的分類，分類的基礎是人們對事物的認識，反映著人們對事物性質及其聯繫的認識深度。

　　分類講究兩個原則，一個是窮盡性原則，一個是排他性原則。所謂窮盡性原則是指，「從邏輯上說，分類就是把一個種概念劃分為若干屬概念。這個種概念叫做母項，而那些屬概念叫做子項。分類須有窮盡性的意思就是，劃分出來的子項的外延之和，必須等於母項的外延。換句話說，屬於母項外延中的每一分子都必須毫無遺漏地歸入各子項的外延中。」〔註 15〕對於《藝文類聚》某一個具體部類的劃分，也應該貫徹窮盡性原則，但是由於事物是複雜的，人類對事物的認識總是在不斷提高和深化，再加上編書時的疏忽，所以窮盡性原則有時很難貫徹到底，正如《四庫全書總目》中所說：《藝文類聚》「其中門目，頗有繁簡失宜，分合未當。如山水部五嶽存三，四瀆闕一；帝王部三國不錄蜀漢，北朝惟載高齊。」〔註 16〕當然這是極端的例子，從總體上講，《藝文類聚》的部類劃分具有舉要性質，例如第七卷山部上和第八卷山部下的子目：「總載山、崑崙山、嵩高山、華山、衡山、廬山、太行山、荊山、鍾山、北邙山、天台山、首陽山、燕然山、羅浮山、九疑山、虎丘山、蒜山、石帆山、石鼓山、石門山、太平山、岷山、會稽諸山、交廣諸山」，天下之山，何其多也，怎能盡數，所以只好舉要。再如第七十二卷食物部的子目：「食、餅、肉、脯、醬、鮓、酪蘇、米、酒」，也只是舉要。就連包含卷數很多的「人部」也不是盡舉人的全部特徵，而是帶有舉要性質。這是從小的子目來說的，再看大的部類，《藝文類聚》共有 46 個部類，雖然是按照「天、地、人、事、物」的部類結構排序，但也不能窮盡天下所有事物，也只是舉要而已。儘管在《藝文類聚》的多數類目中都沒有貫徹窮盡性的原則，但並不影響它的質量和人們對它的使用。

　　至於排他性原則，是指「把母項劃分後，各子項的外延或範圍應該互不相容。否則，各子項就會相互交叉，模糊了類別的界限，引起概念上和工作上的混亂。」「分類必須遵守排他性原則，也就是說，作為分類根據的那個屬

〔註 14〕姚名達，中國目錄學史〔M〕，上海：上海古籍出版社，2002：57。
〔註 15〕林康義，唐永強，比較‧分類‧類比〔M〕，瀋陽：遼寧人民出版社，1987：49。
〔註 16〕（清）永瑢，等，四庫全書總目〔M〕，北京：中華書局，1965：1141。

性在各子項中所規定的範圍，應該是互不相容和互不交叉的。要保證分類的排他性，在分類時就必須注意劃分的層次性和一次劃分只能根據一個標準這兩個方面。」〔註17〕但是，由於事物的屬性是多方面的，因此對事物的分類，既可以採用某一屬性特徵作爲分類的根據，又可以採用另一種屬性特徵作爲分類的根據，同一個文獻由於具有多種性質，從不同的角度觀察就可能編在不同的部類裏。對於亦此亦彼的事物，從科學分類的角度說，應該有一個明確的歸類，然而，在編纂類書時，就做不到這一點。用對事物的分類來類分文獻資料，自然有許多困難，《藝文類聚》中部類內涵外延不清晰的材料是很多的，不能完全貫徹排他性原則。這就遇到三個難題：第一，如何對一個具有多方面屬性的材料進行分類，因爲任何一個屬性都可以成爲分類的依據。第二，如何加強材料之間的橫向聯繫，將一些相關的資料聯繫起來，彌補縱向分類帶來的資料間的離散狀態，以便於讀者檢索，減少因對分類掌握不確切而發生的漏檢現象，因爲分類的一個重要作用，就是爲迅速查找資料提供方便的檢索手段。第三，內容相同的材料出現在不同的類目裏，如何減少引文的重複、節縮文字。

例如，卷六州部・冀州：

> 《淮南子》曰：往古之時，四極廢，九州裂。於是女媧殺黑龍，以祭冀州。事具帝王部。〔註18〕

卷八水部上・總載水：

> 《淮南子》曰：往古之時，九州裂，水浩漾而不息。於是女媧積蘆灰以止淫水。事具帝王部。〔註19〕

卷十一帝王部一・帝女媧氏：

> 《淮南子》曰：往古之時，四極廢，九州裂，天不兼覆，地不周載，猛獸食精民，鷙鳥攫老弱。於是女媧鍊五色石以補蒼天，斷鼇足，以立四方極。蒼天神，四極正，淫水涸，冀州平，狡蟲死，精民生，背方州，抱圓天。〔註20〕

〔註17〕同〔註15〕：53～54。
〔註18〕（唐）歐陽詢，撰；汪紹楹，校，藝文類聚〔M〕，上海：上海古籍出版社，1999：111。（以下簡稱「《藝文類聚》」）
〔註19〕《藝文類聚》：148。
〔註20〕《藝文類聚》：208。

以上三則材料，內容是一樣的，只是敘述的側重點不同。第一則材料係在子目「冀州」下，因有「以祭冀州」的字樣。第二則材料係在子目「總載水」下，因有「水浩漾而不息」，「積蘆灰以止淫水」的字樣。第三則材料係在子目「帝女媧氏」下，因敘述比較全面，顯示了女媧作爲「帝」的卓越功績。由於關鍵詞（冀州、水、女媧）不相同，所以同一則材料分別歸屬到了不同的子目。「事具……」的標注，具有引導讀者從一處查到另一處的指示作用，加強了材料之間的橫向聯繫，彌補了材料之間的離散狀態，便於讀者從不同的角度檢索。每個條目的文字各有側重，減少了引文的重複，節縮了文字，壓縮了篇幅。參見法的運用，解決了《藝文類聚》在編纂過程中出現的三個難題。

從《藝文類聚》的類目關係上看，部類和子目的關係是從屬關係；按照分類的排他性原則，子目與子目之間的關係應該是並列關係，彼此互不關涉。但是，考察《藝文類聚》全書，發現某些條目彼此是互相關涉的，它們的內容是相關的或者相同的，參照就是顯示類目之間相互關係的方法。

例如，卷二十一人部五‧德：

> 《呂氏春秋》曰：宋景公時，熒惑在心。公問子韋，對曰：「禍在君，可移宰相。」公曰：「宰相所與治國也。」曰：「移於民。」公曰：「民死，誰與爲君？」曰：「移於歲。」曰：「歲饑，民必死。」子韋曰：「天處高而聽卑，君有至德之言三，天必賞君。」熒惑果徙三舍。已具天部星篇。〔註21〕

卷一天部上‧星：

> 《呂氏春秋》曰：宋景公時，熒惑在心，公召子韋問焉。子韋曰：「禍當君，雖然，可移於宰相。」公曰：「宰相所與治國家也。」曰：「移於民。」公曰：「民死，寡人將誰爲君？」曰：「可移於歲。」公曰：「歲饑民餓必死。爲人后而殺其民，誰以我爲君乎？」子韋曰：「君有至德之言三，天必三賞君。熒惑必徙三舍，行（汪紹楹校記曰：《呂氏春秋‧制樂》行上有「舍」字。）七星，星當一年，君延年二十一矣。」熒惑果徙三舍。〔註22〕

根據「已具天部星篇」的指引，把兩個有密切聯繫但側重點不同的類目聯繫起來了。

〔註21〕 《藝文類聚》：376。
〔註22〕 《藝文類聚》：11。

（三）參見法中主條目與參見條目的對應關係

在運用參見法的諸條目（通常是兩個條目）中，把其中含有「事具××」的一個條目叫做主條目，另一個叫做參見條目。根據「事具××」提供的線索，從主條目去查找參見條目，便有了一條通道。稍微麻煩一點的是，「事具××」提示的線索僅指示到部、篇，而沒有標出具體的頁碼，因此需要依據主條目的內容、出處，來確定相應的參見條目。主條目和參見條目大致有以下幾種狀況：

第一，主條目和參見條目絕大多數出處相同，內容相同或相關。這又分為三種情況：

第一種情況：主條目和參見條目出處相同，內容相同，文字基本相同，相差僅僅幾個字，這種差異，可以視為摘錄時的隨手改動或抄寫之誤。

1.「鄒子在燕」之例

卷五歲時部下・律：

> 劉向《別錄》曰：鄒子在燕，燕有谷，地美而寒，不生五穀。鄒子居之，吹律而溫氣至，今名黍谷。事具地部谷篇（筆者按，「地」應作「水」）。〔註23〕

卷九水部下・谷：

> 劉向《別錄》曰：方士傳言：「鄒衍在燕，燕有谷，地美而寒，不生五穀。鄒子居之，吹律而溫氣至，而穀生，今名黍谷。」〔註24〕

參見條目僅比主條目多「方士傳言」「而穀生」七個字，主條目中的「鄒子」，參見條作「鄒衍」；其餘完全相同。

2.「東海棗華而不實」之例

卷八十五百穀部、布帛部・布：

> 《晏子》曰：景公謂晏子曰：「東海中有水而赤，有棗華而不實，何也？」晏子曰：「昔秦繆公乘龍理天下，以黃帝布裹蒸棗，至海而投其棗布，故水赤，蒸棗，故華而不實。」公曰：「吾佯問子。」對曰：「嬰聞佯問者亦佯對之。」事具棗部（筆者按，「部」應作「篇」）。
>
> 〔註25〕

〔註23〕《藝文類聚》：96。
〔註24〕《藝文類聚》：175。
〔註25〕《藝文類聚》：1461。

卷八十七菓部下・棗：

　　《晏子》曰：景公謂晏子曰：「東海之中，有水而赤，其中有棗華而不實，何也？」晏子曰：「昔者秦繆公乘龍理天下，以黃布裹蒸棗，至海而投其布，故水赤，蒸棗，故華而不實。」公曰：「吾佯問子耳。」對曰：「嬰聞之，佯問者，亦佯對。」〔註26〕

　　參見條目僅多出「之」「其中」「者」「耳」「之」幾字，主條目中的「黃帝」「棗布」「對之」「佯」，參見條目分別作「黃」「布」「對」「佯」；其餘完全相同。

　　第二種情況：主條目和參見條目出處相同，內容相同或相關，而文字詳略有別，一般是參見條目文字較詳，相差十幾字到一百多字不等。

　　1.「蘇從諫楚莊王」之例

卷二十人部四・忠：

　　《說苑》曰：楚莊王立，三年不聽朝，令於國曰：「諫者死。」蘇從曰：「處君之高爵，食君之厚祿，愛死而不諫，非忠也。」乃諫。事具諫篇。〔註27〕

卷二十四人部八・諫：

　　（《說苑》）又曰：楚莊王立，三年不聽朝，令於國曰：「寡人惡為人臣諫其君者。今寡人有國家，立社稷，有諫即死無赦。」蘇縱曰：「處君之高爵，食君之厚祿，愛死而不諫，則非忠臣也。」乃諫莊王，立鍾鼓之間。王左伏楊姬，右擁成姬曰：「吾鍾鼓不暇，何諫之聽？」縱曰：「臣聞之，好樂者迷，荊國亡無日矣。」王曰：「善。」左執縱手，右抽佩刀，刓鍾鼓之懸。明日授縱為相。〔註28〕

　　2.「燕雀處屋下」之例

卷八十火部・灶：

　　《呂氏春秋》曰：燕雀處一屋之下，自以為安。灶突決，火上棟宇，燕雀不知禍將至也。事具雀部（筆者按，「部」應作「篇」）。〔註29〕

〔註26〕　《藝文類聚》：1485。
〔註27〕　《藝文類聚》：366。
〔註28〕　《藝文類聚》：436。
〔註29〕　《藝文類聚》：1374。

卷九十二鳥部下・雀：

> 《呂氏春秋》曰：燕雀處一屋之下，子母相哺，呴呴然其相樂
> 也，自以為安矣。灶突決，火上，棟宇將焚，燕雀顏色不變，不知
> 禍將及也。為人臣免燕雀之智者寡矣。〔註30〕

3.「葛由綏山成仙」之例

卷八十六果部上・桃：

> 《列仙傳》曰：葛由，羌人，好剋木作羊賣之。騎羊入蜀，蜀
> 中王侯貴人追之。上綏山，皆得仙。故里諺曰：「得綏山一桃，雖不
> 能仙，亦足以豪。」事具獸部。〔註31〕

卷九十四獸部中・羊：

> 《列仙傳》曰：葛由者，羌人。周成王時，好刻木作羊賣之。
> 一旦騎羊而入蜀，蜀中王侯遣人追之。上綏山，山在峨眉山西南，
> 無（汪紹楹校記曰：「《太平御覽》九百零二「無」上有「高」字。）
> 極，隨之者不得還，皆得仙道。山上有桃，故里諺曰：「得綏山一桃，
> 雖不得仙，亦足以豪，山下立祠。」〔註32〕

也有個別參見條目的文字較為簡略的，例如：

「趙簡子渡河娶婦」之例

卷七十一舟車部・舟：

> 《列女傳》曰：趙簡子南擊荊，至河津。津吏醉臥，不能渡。
> 簡子怒，將殺之。津吏之女，乃持楫而前走曰：「妾父聞君王將渡，
> 恐風波之起，水神動駭，故禱祀九江三淮之神，不勝杯杓餘瀝，醉
> 於此。君命誅之，願以微軀易父之死。」簡子將渡，用楫少一人。
> 操楫曰：「妾居河濟之間，習舟楫之事，願備員持楫。」簡子遂與操
> 度，中流秦河激之歌。簡子乃聘為夫人。事具水部津篇。〔註33〕

卷九水部下・津：

> 《列女傳》曰：趙簡子南擊楚，津吏醉臥，不能渡。簡子召，
> 欲殺之。津吏女子持楫而前曰：「妾父聞君東渡不測之水，恐風波之

〔註30〕《藝文類聚》：1594。
〔註31〕《藝文類聚》：1469。
〔註32〕《藝文類聚》：1632。
〔註33〕《藝文類聚》：1231。

起，故禱九江三淮之神，不勝巫祝杯酌餘瀝，醉至於此。妾願以鄙軀易父之死。」簡子將渡，少一人，乃備員持楫，遂與渡。中流，發激棹之歌。簡子悅，以爲夫人。〔註34〕

主條目的文字多於參見條目的文字。

第三種情況：主條目和參見條目出處相同，內容相關，且可以互相補充。

1，「燭之武退秦師」之例

卷十八人部二‧老：

《左傳》曰：燭之武對鄭伯曰：「臣之壯也，猶不如人；今老矣，無能爲。」事具遊說篇（筆者按，「遊」字衍）。〔註35〕

卷二十五人部九‧說：

《左傳》曰：晉侯、秦伯圍鄭，佚之狐言於鄭伯曰：「國危矣！若使燭之武見秦君，師必退。」燭之武夜縋而出，見秦伯曰：「秦晉圍鄭，鄭既知亡矣！若亡鄭而有益於君，敢以煩執事。越國以鄙遠，君知其難也，焉用亡鄭以陪鄰？夫晉何厭之有？既東封鄭，又欲肆其西封；不闕秦，焉取之？闕秦以利晉，唯君圖之！」秦伯悅。〔註36〕

對照《左傳‧僖公三十年》，可以看到下列文字：

晉侯、秦伯圍鄭，……佚之狐言於鄭伯曰：「國危矣！若使燭之武見秦君，師必退。」公從之。辭曰：「臣之壯也，猶不如人；今老矣，無能爲也已。」公曰：「吾不能早用子；今急而求子，是寡人之過也。然鄭亡，子亦有不利焉。」許之。夜縋而出。見秦伯曰：「秦、晉圍鄭，鄭既知亡矣！若亡鄭而有益於君，敢以煩執事。越國以鄙遠，君知其難也；焉用亡鄭以陪鄰？……夫晉何厭之有？既東封鄭，又欲肆其西封；若不闕秦，將焉取之？闕秦以利晉，唯君圖之！」秦伯說，與鄭人盟。〔註37〕

很顯然，《藝文類聚》中的兩條，均摘自《左傳‧僖公三十年》，文字各有側重，但都不是對原文的照錄，而是有刪減。卷十八人部二‧老「《左傳》」條，

〔註34〕 《藝文類聚》：181。
〔註35〕 《藝文類聚》：339。
〔註36〕 《藝文類聚》：442。
〔註37〕 （晉）杜預，注：（唐）孔穎達，等，正義，春秋左傳正義〔M〕，／／（清）阮元，校刻，十三經注疏，北京：中華書局，1980：1830～1831。

僅爲一句話，不包含任何事件；卷二十五人部九‧說「《左傳》」條，敘述的
是「燭之武退秦師」事，而只有兩個條目互相參照，才可以展現一個比較完
整的故事。

2.「伍子胥薦孫子」之例

卷五十三治政部下‧薦舉：

> 《吳越春秋》曰：孫子者，吳人，名武，善爲兵法，僻隱幽居，
> 世人莫知其能。子胥明於識人，乃薦孫子。吳王問以兵法，每陳一
> 篇，王不覺口之稱善。事具人部嘯篇。〔註38〕

卷十九人部三‧嘯：

> 《吳越春秋》曰：吳王闔閭，將欲伐楚，登臺向南風而嘯，有
> 頃而歎，群臣莫有曉王意者。伍子胥深知王憂，乃薦孫武，善爲兵
> 法，人莫知其能。〔註39〕

對照《吳越春秋‧闔閭內傳》，可以看到下列文字：

> 三年，吳將欲伐楚，未行。……有頃，吳王問子胥、白喜曰：
> 「寡人欲出兵，於二子何如？」子胥、白喜對曰：「臣願用命。」吳
> 王內計，二子皆怨楚，深恐以兵往，破滅而已。登臺向南風而嘯，
> 有頃而歎，群臣莫有曉王意者，子胥深知王之不定，乃薦孫子於王。
> 孫子者，名武，吳人也，善爲兵法，僻隱深居，世人莫知其能。胥
> 乃明知鑒辯，知孫子可以折衝銷敵，乃一旦與吳王論兵，七薦孫子。
> 吳王曰：「子胥託言進士，欲以自納。」而召孫子，問以兵法。每陳
> 一篇，王不知口之稱善。〔註40〕

《吳越春秋‧闔閭內傳》這段文字，敘述吳王欲伐楚、子胥薦孫子、孫子精
通兵法、孫子向吳王論兵法等幾層意思；只有把《藝文類聚》中所引的兩段
文字合起來看，才能展現事情的完整過程，因此說，它們的內容是互相補充
的。

第二，少數主條目與參見條目雖然內容相關，但是出處不一樣。這又分
爲兩種情況。

〔註38〕 《藝文類聚》：957。

〔註39〕 《藝文類聚》：353。

〔註40〕 （漢）趙曄，原著；張覺，譯注，吳越春秋全譯〔M〕，貴陽：貴州人民出版
社，1993：117～119。

第一種情況：主條目和參見條目出處不同，但內容相同或相關。

1.「陰氏臘日祠灶」之事

卷五歲時下・臘：

> 《搜神記》曰：宣帝時，陰子方者，當臘日晨炊，而灶君神形見，子方再拜受慶。家有黃羊，因以祀之。自是以後，暴至巨富，故後常以臘日祠灶。事具灶部（筆者按，「部」當作「篇」）。〔註41〕

卷八十火部・灶：

> 《東觀漢記》曰：初陰氏世奉管仲之祀於邑，謂之相君子。至子方，以累積恩德，爲神所饗。臘日晨炊於灶，神見，再拜受慶。時有黃羊，因以祠之。自是富殖百萬，田至七百頃。後世子孫，常以臘日，奉祠灶神以黃羊。〔註42〕

兩條出處不同，但敘述的是同一件事。因爲摘錄材料時側重點不同，同時這個材料又具有兩屬的特性，所以它們被安排在不同的子目下。按照《藝文類聚》的編纂原則，參見條目的內容較主條目詳細。

2.「史魚屍諫」之例

卷四十禮部下・弔：

> 《家語》曰：史魚將卒，命其子曰：「吾在朝，不能進蘧伯玉，退彌子瑕，是不能正君，不可以成禮。我死，汝其置屍牖下。」靈公弔焉，怪而問之。其子以父言告。公曰：「寡人過也。」令殯於客位。進蘧伯玉，退彌子瑕。孔子曰：「史魚死而屍諫，可謂直乎！」事具人部諷篇（筆者按，「諷」應作「諫」）。〔註43〕

卷二十四人部八・諫：

> 《逸禮》曰：衛史䲡病且死，謂其子曰：「我死，治喪於北堂。吾生不能進蘧伯玉而退彌子瑕，是不能正君也。生不能正君者，死不當成禮。死而置尸於北堂，於我足矣。」靈公往弔，問其故，其子以父言聞于靈公。公失容曰：「吾失矣。」立召蘧伯玉而貴之，召彌子瑕而退之。徙喪於堂，成禮而後去。〔註44〕

〔註41〕《藝文類聚》：94。
〔註42〕《藝文類聚》：1374。
〔註43〕《藝文類聚》：727。
〔註44〕《藝文類聚》：433。

「史魚屍諫」之記載，見於《家語·困誓》《逸禮》，又見於《新書·胎教》《韓詩外傳》卷七、《新序·雜事一》《大戴禮記·保傳》，各書文字小異。《藝文類聚》的編者從不同的書中採錄此故事，分編到不同的子目下，並用「事具××」的辦法指引讀者參見閱讀。蔡邕《琴操》卷下也引此故事，但說史魚是自殺。

第二種情況：主條目和參見條目出處不同，內容相關，但不大相同，可以互相補充。

1.「張芝學書」之例

卷九水部下·池：

> 《王羲之書》云：張芝臨池學書，池水盡黑。寡人耽之若是，未必後之。事具藝部書篇（筆者按，「藝」應作「巧藝」）。〔註45〕

卷七十四巧藝部·書：

> 《後漢書》曰：張奐長子芝，字伯玉（汪紹楹校記曰：「玉」字衍。）英，最知名。芝及弟昶，善草書，至今稱之。〔註46〕

兩個條目涉及同一個人物張芝，但是所記事蹟不同，可以互補參看。

2.「魯仲連辭讓歸隱」之例

卷二十一人部五·讓：

> （《史記》）又曰：魯連既說秦軍，秦軍爲卻。平原君欲封魯連，魯連辭謝者三，終不肯受。平原乃置酒，酒酣起前，以千金爲魯連壽。連歎曰：「所貴天下之士者，爲人排患釋難解紛而無所取也；即有取者，是商賈之事，連不忍爲也。」遂辭而去，終身不復見。事具隱逸部（筆者按，「部」應作「篇」）。〔註47〕

卷三十六人部二十·隱逸上：

> （《高士傳》）又曰：魯連好奇偉倜儻，嘗遊趙，難新垣衍以秦爲帝，秦軍爲却。平原君欲封連，連三辭。平原君乃以千金爲連壽。連笑曰：「所貴於天下之士者，爲人排患釋難也；即有取之，是商賈之事爾。」及燕將守遼（汪紹楹校記曰：《史記》八十三《魯仲連傳》作「聊」。）城，田單攻之不能下，連乃爲書射城中，遺燕將。燕將

〔註45〕《藝文類聚》：171。
〔註46〕《藝文類聚》：1266。
〔註47〕《藝文類聚》：379。

見書，泣三日，乃自殺，城降。田單欲爵連，連曰：「吾與於富貴而詘於人，寧貧賤輕世而肆意。」〔註48〕

查《史記》卷八十三《魯仲連鄒陽列傳》，知以上兩個條目是抄錄其中的文句連綴而成。第一個條目爲魯仲連卻秦軍，第二個條目包含兩個故事：魯仲連卻秦軍、魯仲連助田單攻下聊城，可以互補參看。

第三，少數主條目中「事具××」提示的部、篇內沒有相關的具體條目，而是指向部、篇的整體。這又分爲兩種情況。

第一種情況：主條目中「事具××」指向某部的。

1.「王子喬吹笙」之例

卷四十四樂部四・笙：

《列仙傳》曰：王子喬者，周靈王太子晉也。好吹笙作鳳鳴。遊伊雒間，道士浮丘公接以上嵩山。事具神仙部（筆者按，「神仙部」應作「靈異部・仙道」）。〔註49〕

「靈異部・仙道」並無與此相關的具體條目，但「靈異部・仙道」皆敘神仙事，與此條目在整體上內容是相關的，故用「事具××」指向「靈異部・仙道」。此條本應是用「事具××」指向某篇的條目，但因《藝文類聚》原書作「事具神仙部」，故繫於此。

2.「休與之山」之例

卷七十四巧藝部・博：

《山海經》曰：休與之山，其上有石焉，名曰帝臺之棋。五色而文，狀如鶉卵。事具山部。〔註50〕

查「山部」上、下，並無與此相關的具體條目，但山部皆敘各地之山，與此條在整體上內容是相關的，故用「事具××」指向「山部」。

第二種情況：主條目中「事具××」指向某篇的。

1.「師曠勸學」之例

卷八十火部・燭：

《尚書大傳》曰：晉平公問師曠曰：「吾年七十，欲學，恐已暮。」師曠曰：「臣聞老而學者，如執燭之明；執燭之明，孰與

〔註48〕　《藝文類聚》：638。
〔註49〕　《藝文類聚》：792。
〔註50〕　《藝文類聚》：1276。

昧行？」公曰：「善！」事具禮部學篇（筆者按，「學」應作「學校」）。〔註51〕

查「禮部·學校」，並無與此相關的具體條目，但「禮部·學校」中各條目或敘學校名稱，或敘學校功能，或敘學校建制與教學，均與《尚書大傳》所記學習之事有關，所以用「事具××」指向「禮部·學校」。

2.「侯瑾好學」之例：

（《汝南先賢傳》）又曰：侯瑾甚孤貧，依宋人居。晝爲人傭賃，暮輒燃柴薪以讀書。事具文部讀書篇（筆者按，「文」應作「雜文」）。

〔註52〕

查「雜文部·讀書」，並無與此相關的具體條目，但「雜文部·讀書」篇中均敘苦讀故事，所以將侯瑾好學苦讀事用「事具××」指向「雜文部·讀書」。

這種情況，即：少數主條目中「事具××」提示的部、篇內沒有相關的具體條目，而是指向部、篇的整體，它不如前兩種容易查找，因此要認眞翻檢，仔細辨識，否則容易造成誤會。裴芹《漫說〈藝文類聚〉的「事具……」》就犯了這樣的錯誤。裴文說：

有的「事具」指示的部、篇內既查不到相關條目，也發現不了它們之間有任何聯繫，例如地部·野篇（102 頁）引錄：「《韓詩外傳》曰：孔子出遊少原之野，有婦人哭甚哀，問之。婦人曰：『向刈著薪，亡吾蓍，是以哀也。』」下注「事具草部」，查草部有蓍篇（1410頁）。蓍篇事的部分引錄資料僅四條，無一與刈著亡蓍而哀相關者。

再如：布帛部·素篇引錄《揚雄答劉歆書》「天下上……二十七歲於今矣」一段，注云「事具雄（雜）文部」，而雜文部內的書篇、筆篇均查不出與它相關聯的資料來。這類「事具」約有十多條。〔註53〕

根據筆者對《藝文類聚》的考察，並沒有發現裴文所說的「既查不到相關條目，也發現不了它們之間有任何聯繫」的條目，只是這類情況中，主條目並不是與某一個具體的參見條目相對應，而是主條目以其涉及的某一方面內容與它指示的某一部或某一篇相對應。就拿裴文中所舉的兩個例子來說，「刈著亡蓍而哀」事，「草部下·蓍」沒有與此相對應的具體條目，但是，在《藝文

〔註51〕《藝文類聚》：1370。
〔註52〕《藝文類聚》：1377。
〔註53〕同〔註9〕：126。

類聚》的參見中，有一類是主條目指向相關的部、篇的，即前面說的第三類
參見，此條就屬於這種情況。因爲主條目中有「向刈蓍薪」的字樣，編者便
以「蓍」爲主題索引，讓讀者去參見列在草部下的「蓍」篇。《說文解字》云：
「蓍：蒿屬，生十歲，百莖，易以爲數。天子蓍九尺，諸侯七尺，大夫五尺，
士三尺。」〔註54〕《爾雅・釋草》載：「繁之醜，秋爲蒿。」郭璞注：「醜，
類也。春時各有種名，至秋老成，通皆呼爲蒿。」〔註55〕在《爾雅》的時代，
就已經把蒿歸爲草類，又蓍爲蒿屬，那麼《藝文類聚》的編者把蓍歸屬於草
部是正確的。讓讀者感到「既查不到相關條目，也發現不了它們之間有任何
聯繫」的原因，是地部・野篇《韓詩外傳》條目的「事具××」標注殘缺，
應標作：「事具草部蓍篇」。因爲「蓍」在此條目中並不是一個主要物象，按
《藝文類聚》原書的標注方式，很難讓人想到此條目是指向參見草部下・蓍
篇的。在現代人看來，「蓍」只不過是一種普通的草而已，但是，「蓍」在古
人眼中卻是非常重要的，因爲古代多用它的莖占卜。《洪範五行》曰：「蓍之
言爲耆也。百年一本生百莖。此草木之壽，亦知吉凶者，聖人以問鬼神。」
〔註56〕《周易・繫辭上》載：「是故蓍之德圓而神，卦之德方以知。」〔註57〕
《史記・龜策列傳》載：「余至江南，觀其行事，問其長老，云龜千歲乃遊蓮
葉之上，蓍百莖共一根。又其所生，獸無虎狼，草無毒螫。」〔註58〕李時珍
《本草綱目・草四・蓍》云：「蓍乃蒿屬，神草也。」〔註59〕原來蓍是占卜吉
凶的神草。這就是爲什麼《藝文類聚》的編者要標出「事具草部」讓讀者去
參見草部的原因。

布帛部・素篇引錄的《揚雄答劉歆書》這個條目，是一個主條目用「事
具××」指向參見某篇的，主條目中的「事具雄（雜）文部」，應作「事具雜
文部書篇」。由於《藝文類聚》編者的疏忽，「事具××」的標注殘缺，造成
查檢上的麻煩，以致於在「雜文部內的書篇、筆篇均查不出與它相關聯的資
料」。在雜文部內的書篇中，摘錄了鄒陽《上書梁王》、沈約《與范述曾論竟

〔註54〕 （漢）許慎，說文解字〔M〕，北京：中華書局，1963：20。
〔註55〕 （晉）郭璞，注；（宋）邢昺，疏，爾雅注疏〔M〕，（清）阮元，校刻，十三
經注疏，北京：中華書局，1980：2630。
〔註56〕 《藝文類聚》：1410。
〔註57〕 （魏）王弼，（晉）韓康伯，注；（唐）孔穎達，等，正義，周易正義〔M〕，
／／（清）阮元，校刻，十三經注疏，北京：中華書局，1980：81。
〔註58〕 （漢）司馬遷，史記・龜策列傳〔M〕，北京：中華書局，1982：3225。
〔註59〕 （明）李時珍，本草綱目〔M〕，北京：人民衛生出版社，1979：935。

陵王賦書》等多篇書體文章；《藝文類聚》編者在布帛部·素篇引錄的《揚雄答劉歆書》條目下標注「事具雄（雜）文部」，是要引導讀者去參見雜文部·書篇內摘錄的這些文章，因爲它們和《揚雄答劉歆書》一樣，都是屬於「書」這個文體。

（四）參見法在《藝文類聚》中的指示方式

前面談到，《藝文類聚》中的參見是一種單向參見，與現代參見法往往是雙向參見的情況不同。《藝文類聚》中「事具」參見的指示方式，大體上說有三類：事具某部類、事具某部某篇類、事具某篇類，即指向某部的參見、指向某部某篇的參見、指向某篇的參見。

第一，「事具某部」類

1.「桓公北征」例

卷九水部下·谿：

　　《管子》曰：桓公北征孤竹，至卑耳之谿。事具武部。〔註60〕

卷五十九武部·戰伐：

　　（《管子》）又曰：桓公北伐孤竹，未至卑耳之谿十里，援弓而射，未敢發也，謂左右曰：「見前人乎？」對曰：「不見。」公曰：「寡人見人長尺，而人物具焉。冠冠，右祛衣，馬前疾走。寡人其不濟乎？」管仲曰：「祛衣示前有水也，右示涉也。」至卑耳之谿，從左涉，深及冠；從右涉，方深至膝。已涉大濟，公拜曰：「仲父之聖若此也。」〔註61〕

2.「越王焚宮室」例

卷八十火部·火：

　　（《韓子》）又曰：越王問於大夫種曰：「吾欲伐吳，可乎？」對曰：「可矣。何不試焚宮室？」於是遂焚宮室，民莫能救火，乃下令曰：「民之救火而死者，比死敵之賞。」民之塗其體，被濡衣走火者，左二千人，右三千人。事具刑法部。〔註62〕

〔註60〕　《藝文類聚》：174。
〔註61〕　《藝文類聚》：1063。
〔註62〕　《藝文類聚》：1363。

卷五十四刑法部・刑法：

　　　　《韓子》）又曰：越王問於大夫種曰：「吾欲伐吳，可乎？」對曰：「可矣。君賞厚而信，罰嚴而必。君欲知之，何不試焚宮室？」於是遂焚宮室，民莫救火，乃下令曰：「人救火而死者，比敵死之賞；勝火而死者，比勝敵之賞；不救火，若比降北之罪。」民之塗其體，被濡衣，走火者，左三千人，右三千人。此知必勝之勢也。〔註63〕

第二，「事具某部某篇」類

1.「楚昭王夫人溺水」例

卷八水部上・江水：

　　　　《列女傳》曰：楚昭王貞姜，齊女也。昭王出遊，留夫人漸臺。江水大至，使使者迎夫人，忘持符。夫人不肯出。使者還取符，未及，臺已壞，流水而死。事具人部賢婦人篇。〔註64〕

卷十八人部二・賢婦人：

　　　　《列女傳》曰：楚昭貞姜，齊侯之女、楚昭王之夫人也。昭王出遊，留夫人漸臺之上而去。王聞江水大至，使使者迎夫人，忘持符。使者至，請夫人出。夫人曰：「大王與宮人約，命曰：『召宮（汪紹楹校記曰：《列女傳》四、《太平御覽》四百四十一「宮」下有「人」字。）必以符。』今使者不持符，妾不敢從使者而行。妾聞之：貞女之義不犯約，勇者不畏死，守節而已。妾知從使者必生，留必死也，然妾不敢弃約，越義而求生。」大水至而死。乃號曰「貞姜」。
〔註65〕

2.「奇肱氏飛車」例

卷七十一舟車部・車：

　　　　《括地圖》曰：奇肱民能爲車，從風遠行。湯時西風久，奇肱車至於豫州，去玉門四萬里。事具天部風篇。〔註66〕

卷一天部上・風：

　　　　《括地圖》曰：奇肱氏能爲飛車，從風遠行。湯時，西風吹奇

〔註63〕　《藝文類聚》：968。

〔註64〕　《藝文類聚》：157。

〔註65〕　《藝文類聚》：334。

〔註66〕　《藝文類聚》：1235～1236。

肱車至於豫州。湯破其車，不以示民。十年，西風至，乃復使作車，
遣歸，去玉門四萬里。〔註67〕

第三，「事具某篇」類

1.「神人驅石下海」例

卷六地部‧石：

> 《三齊略記》曰：始皇作石塘，欲過海看日出處。時有神人，
> 能驅石下海。石去不速，神輒鞭之，皆流血，至今悉赤。陽城山石
> 盡起立，嶷嶷東傾，狀如相隨。事具神篇。〔註68〕

卷七十九靈異部下‧神：

> 《三齊略記》曰：始皇作石橋，欲過海觀日出處。于時有神人，
> 能驅石下海。城陽一山石，盡起立，嶷嶷東傾，狀似相隨而去。云
> 石去不速，神人輒鞭之，盡流血，石莫不悉赤，至今猶爾。〔註69〕

2.「閔子騫喪畢鼓琴」例

卷三十四人部十八‧哀傷：

> 《家語》曰：閔子騫三年喪畢，見於孔子，與之琴，使之弦，
> 切切而悲。孔子曰：「君子也，哀未盡，能斷之以禮。」事具品藝篇
> （筆者按，「藝」應作「藻」）。〔註70〕

卷二十二人部六‧品藻：

> （《家語》）又曰：子夏三年喪畢，見於孔子，與之琴，使之弦，
> 侃侃而樂，作而曰：「先王制禮，不敢不及。」子曰：「君子也。」
> 閔子三年喪畢，見於孔子，與之琴，使之弦，切切而悲，作而曰：「先
> 王制禮，不敢過焉。」子曰：「君子也。」子貢曰：「二者殊情，而
> 俱曰君子，賜也惑之，敢問？」孔子曰：「閔子哀未盡，能斷之以禮；
> 子夏哀已盡，能引之及禮。雖鈞謂之君子，不亦可乎？」〔註71〕

參見法在《藝文類聚》中的三類指示方式，都不同程度地體現了參見的
功能，它們或指引讀者從簡略的摘錄去參看詳細的記述，或指引讀者從某個
事例去參看相關的補充資料，或指引讀者在看到某個資料時再同時從不同的

〔註67〕《藝文類聚》：17。
〔註68〕《藝文類聚》：108。
〔註69〕《藝文類聚》：1347。
〔註70〕《藝文類聚》：595。
〔註71〕《藝文類聚》：403～404。

角度參看相同的資料。裴芹說：「類書用事物的類系來組織文獻資料，由此
產生兩個不可避免的問題：文獻的割裂與引錄的重複。……爲減少重複，節
縮文字，《藝文類聚》用略一處、詳一處，而在略處注明『事具×部×篇』
的辦法，不能不說是一種有效的措施。它密切了條目間的聯繫，增加了檢索
入口。」〔註72〕這種參見系統雖然簡單，卻是《藝文類聚》在類書史上的一
個創舉。

〔註72〕同〔註9〕：127。

十五、《藝文類聚》的索引功能及其現代價值

　　關於類書與索引的關係，歷來頗多異議。本文試以《藝文類聚》為切入點，對此加以探討。何為索引？索引有哪些要素？這是在探討《藝文類聚》與索引的關係之前，應該首先弄清楚的。索引又稱「通檢」「備檢」等，也有據英文（index）音譯為「引得」的。彭斐章等的《目錄學》說：「所謂索引，就是記錄和指引相關文獻信息或單元知識，並按照一定的編排系統組織起來的檢索工具。」〔註1〕這個定義雖稍嫌簡略，但也概括出了索引的主要特徵。另外，黃恩祝的《應用索引學》、〔註2〕日本索引家協會的《索引編製工作手冊》〔註3〕等，也都對索引做出了各自的定義。綜合有關論述，我們認為現代索引應該包含五個要素：第一，要有揭示文獻資料的標目；第二，要有對標目的專指和修飾的限定詞；第三，要注明文獻的出處；第四，要按照一定的方法排列文獻，如類序法、字序法等，即索引應具有一定的檢索方式；第五，只向讀者提供查找資料的線索，而不提供資料本身。在下面的論述中，將以這五要素為標準來探討《藝文類聚》和索引的關係，以及《藝文類聚》的索引功能。

〔註1〕彭斐章，喬好勤，陳傳夫，目錄學（修訂本）〔M〕，武漢：武漢大學出版社，2003：234。

〔註2〕黃恩祝，應用索引學〔M〕，上海：上海書店出版社，1993：3～5。

〔註3〕日本索引家協會，編；賴茂生，余惠芳，張國清，譯，索引編製工作手冊〔M〕，北京：北京大學出版社，1988：10。

（一）關於類書與索引關係的不同觀點

關於類書與索引的關係有兩大對立的觀點。

第一種觀點認爲，類書是我國古代的索引。如侯漢清認爲：類書是我國古代索引的濫觴。索引的三個要素——標目、出處和檢索手段，類書均具備。「無論從類書的性質、功能和結構，還是從索引的發展，都可以看出類書符合索引的定義，具有索引的特徵，是具有我國特點的早期索引。」〔註4〕黃恩祝也認爲：「類書不僅是我國古代早期的索引，而且是我國索引發展史從胚胎進入成型期的主要界石。」〔註5〕

第二種觀點認爲，類書不是我國古代的索引。如錢振新認爲：「索引與類書有如下幾方面不同：索引是一種二次文獻情報產品。類書是我國古代的一種集一次文獻大成的工具書。索引作用在『指南』，旨在提供一次文獻的線索而不是直接閱讀。類書是供直接閱覽備考的。因此有些類書本身需要輔助索引；索引本身是一種派生情報工作，在我國起步遲，發展慢，而且至今還有許多落後之處。類書的編纂是我國圖書編纂工作的驕傲，它以百科全書性質爲世界學術界所矚目。」〔註6〕管蔚華也認爲：「索引和類書是不盡相同的二個事物，且分屬於檢索工具和工具書兩個不盡相等的概念。它們之間還存有某些實在的差異，因此是不宜隨意等同起來的。雖然類書在輯錄文獻條目時，大都引用原材料，也注明出處，它與索引之間的關係較爲接近，並對我國的索引事業的產生和發展還是起了很大的促進作用。我國古代類書的編纂工作，僅可被看作是拉開了我國古代索引史的序幕，它同本身意義上的索引還是有區別的。」〔註7〕他的意思很明確，即不能把類書等同於索引，兩者是有一定區別的，只能說類書具有索引的某些功能。

用索引的五個要素來衡量，一些類書符合第一條和第四條，另一些類書還符合第三條。類書並不完全符合索引的要素，而且類書均提供原始的資料供人們閱讀，所以說，類書並不等同於索引。

〔註4〕侯漢清，我國古代索引探源〔J〕，圖書館理論與實踐，1986（2）：6～8。
〔註5〕黃恩祝，類書是我國古代的索引〔J〕，湖北高校圖書館，1986（3）：64。
〔註6〕錢振新，「類書是我國古代的索引」說質疑〔J〕，廣東圖書館學刊，1988（3）：76～78。
〔註7〕管蔚華，試論索引的本質屬性及與類書的關係〔J〕，圖書館學刊，1989（2）：25。

　　既然類書不是古代的索引，那麼類書是否與索引沒有關係呢？不是的。潘樹廣認爲，索引的基本要素「類書大部分具有，即：規定特定的款目作爲索取對象（綜合性或專科性），款目按一定的排檢法編排（分類或分韻），注明出處。因而，我們可以說，古代的類書，已具索引的雛形。」〔註8〕類書就其功能來說，的確具有索引的部分功能，是索引的雛形，但是，類書並不是現代意義上的索引，這一點是十分清楚的。

　　類書雖然具有索引的大部分功能，但是最終沒有發展成爲現代意義上的索引，而索引學在我國古代的發展又極爲緩慢。這是因爲，類書包含各種知識，兼有百科全書和資料彙編的性質，能滿足人們日常多方面的需要，又方便閱讀和攜帶，比索引更具有實用性。而索引只能提供檢索的線索，卻不能提供文獻本身；在書籍數量不多又流通不廣的古代社會，它不利於人們對文獻的索取與閱讀。因此，類書興盛，索引發展緩慢。

（二）《藝文類聚》的索引功能

　　按照我們歸納的索引五要素，《藝文類聚》具備三要素，即標目、出處、檢索方式。

　　索引五要素中的第一要素是索引要有揭示文獻資料的標目。「標目通常又稱爲索引詞，由於它是識別特定款目的主要標誌，因此也稱爲標誌。」〔註9〕《藝文類聚》把當時的知識，按照天、地、人、事、物，分爲 100 卷，46 部，再按以類相從的方法將輯錄的資料分別編排爲 732 個子目。從一級類目和二級類目的具體標目看，有事物的名稱，如日、月、琵琶、笙；有地名，如冀州、河南郡；有人名，如晉武帝、齊高帝；這些與現代的詞語索引、地名索引、人名索引極其相似。

　　索引五要素中的第三要素是索引要注明文獻的出處。只有注明出處，才能使輯錄的眾多資料具有索引功能，否則，只是一般的資料彙編。《藝文類聚》的每個子目下，均輯錄了大量資料，並且用「×× 曰」的方式注明這些文獻的來源、出處。如卷四歲時中・九月九日，分別輯錄了《風土記》《續晉陽秋》《續齊諧記》《孟嘉傳》《臨海記》等書中關於「九月九日」的記載，以及宋

〔註8〕潘樹廣，古籍索引概論〔M〕，北京：書目文獻出版社，1984：16。
〔註9〕同〔註1〕：240。

謝瞻《九日從宋公戲馬臺詩》、宋謝靈運《九日從宋公戲馬臺送孔令詩》、齊竟陵王蕭子良《九日侍宴詩》、齊王儉《侍皇太子九日玄圃宴詩》、梁簡文帝《九日侍皇太子樂遊苑詩》、周王褒《九日從駕詩》、宋傅亮《九月九日登陵囂館賦》、魏文帝《與鍾繇書》等涉及「九月九日」的詩文。「事」的部分注明書名，一般不注明作者，也不注明朝代；「文」的部分注明朝代、作者和篇名。但不論「事」的部分，還是「文」的部分，均不注出原書的卷次和頁碼，這是《藝文類聚》作爲一部具有部分索引功能的類書，與現代索引不完全相同的地方。

索引五要素中的第四要素是索引應具有一定的檢索方式。沒有檢索方式，就不成其爲索引。《藝文類聚》是用事物分類和主題分類，按照天、地、人、事、物的基本序列排列有關資料的。如果要在《藝文類聚》中檢索關於某一座山峰（比如衡山）的文獻記載，就不必從第一頁開始逐一查找，而是可以憑藉一定的檢索方式（即本書資料排列的天、地、人、事、物序列和本書的目錄），迅速檢索到。檢索其他的文獻記載，也是如此。

《藝文類聚》是具有部分索引功能的類書。以檢索《藝文類聚》中收錄的隱逸資料爲例，來說明其擁有的檢索體系。

如果想要檢索《藝文類聚》中收錄的有關隱逸的資料，第一步是要確定這類資料所在的大類。隱逸與「人」有關，應該在「人」這個大類。《藝文類聚》中屬於「人」這個大類的是第十卷到第三十七卷，包含符命部、帝王部、后妃部、儲宮部、人部。在卷三十六人部二十·隱逸上和卷三十七人部二十一隱逸下，輯錄了唐代以前關於隱逸的資料。由「人」這個大類，進而到「人部」這個一級經目，再到「隱逸」這個二級經目。《藝文類聚》的體例是在二級經目下輯錄資料，按照「事前文後」的體例，分爲兩個部分，前面的部分是「事」，排列經史子著作中的有關資料，後面的部分是「文」，按文體排列各體文章。「事」與「文」是《藝文類聚》的隱形一級緯目。在這個一級緯目「文」之下，又按照「詩、賦、頌、贊、表、銘、令、啓、論、箋」等文體進行復分，這是二級緯目。二級緯目下的文體，如果沒有作品可以輯錄，就自然空缺。現圖示如下：

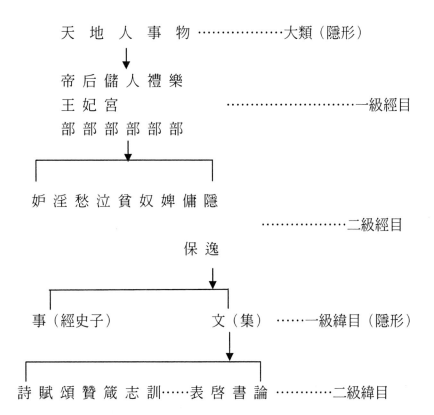

以上就是以子目「隱逸」為例，展示的《藝文類聚》的檢索體系，全書體例一如此。在每個一級經目下的二級經目，有多有少，根據內容靈活設置，且名稱不一。每個二級經目下的二級緯目一般只有幾個，上例中的二級緯目算是較多的，有 21 個。

（三）《藝文類聚》索引功能的現代價值

目前的研究論著均認為《藝文類聚》徵引的圖書為 1431 種，但是，據筆者考證，它徵引的圖書最多為 900 種。〔註 10〕這些圖書流傳至今者不及百分之十，因此可以說《藝文類聚》是一部資料保存性類書，是檢索唐代以前文獻的工具。由於它採用了分類法與主題法相結合的編排結構，編排上的特色與優勢，使後人按圖索驥查找先唐文獻比其他類書便捷。掌握了《藝文類聚》的立類和分類——主題體系的編排規律，其文獻的檢索作用一目了然。上海古籍出版社出版的、汪紹楹點校的《藝文類聚》，書末附有李劍雄、劉德權編

〔註 10〕韓建立，《藝文類聚引用書目》考辨〔J〕，圖書館工作與研究，2013（7）：99。

的《藝文類聚索引》，分《人名索引》和《書名篇名索引》兩個部分，爲古老的《藝文類聚》增添了新的檢索功能。《藝文類聚》作爲類書，除了檢索工具的檢索功能以外，還有檢索工具保存資料的功能。

《藝文類聚》是檢索先唐文史資料，進行文史研究的良好工具。在《藝文類聚》中，保存了天皇氏等上古傳說帝王的史料，爲研究上古歷史與神話提供了寶貴的資料。例如燧人氏，他鑽木取火，教人熟食，是人工取火的發明者。關於他的神話反映了中國原始時代從利用自然火，進化到人工取火的情況。《藝文類聚》中保存了《尙書大傳》的記載：「燧人爲燧皇，以火紀官。」以及《禮含文嘉》的記載：「燧人始鑽木取火，炮生爲熟，令人無腹疾，遂天之意，故爲燧人。」〔註11〕介紹了燧人氏鑽木取火的事蹟和「燧人」名字的來歷。《藝文類聚》卷八十七引《九州論》又有「燧人夏取棗杏之火」的傳說，〔註12〕均與今河南商丘流傳的「燧人擊石取火」的活神話相互印證。

《藝文類聚》保存了大量的文化史方面的資料。例如關於九月九重陽節的習俗，在卷四歲時中・九月九日中保存著這方面的五條記載。一般根據《西京雜記》的記載，認爲重陽節登高的習俗始於西漢。《藝文類聚》徵引的《風土記》中的文字，更加強了人們的這種看法；還徵引了南朝梁人吳均的《續齊諧記》，保存了關於重陽節風習最完整的傳說。關於筆的來歷，《藝文類聚》中也有明確的記載，卷五十八引《博物志》曰：「蒙恬造筆。」〔註13〕這是關於蒙恬造筆的最早記載，而今本《博物志》無。清代俞樾《春在堂隨筆》載：「秦將軍蒙恬，築長城，絕地脈，致不得其死。今長城之下，未知尙有蒙將軍廟貌否？乃吾湖之善連村，則固有蒙公祠。其地皆以筆爲世業。筆工不忘所始，故有祠宇以祀蒙公，香火頗盛。蒙公本秦將，乃以有功翰墨，千秋廟食，度亦非其意計所及矣。」〔註14〕筆在秦以前早已有之，然傳說流播民間，則有如俞樾所寫之景況。

查找典故，注釋古詩文，也要用到《藝文類聚》。唐代李商隱的《錦瑟》詩有「滄海月明珠有淚」之句，「珠淚」如何解釋？查《藝文類聚》卷八十四

〔註11〕 歐陽詢，撰；汪紹楹，校，藝文類聚〔M〕，上海：上海古籍出版社，1999：207。（以下簡稱「《藝文類聚》」）

〔註12〕 《藝文類聚》：1487。

〔註13〕 《藝文類聚》：1054。

〔註14〕 俞樾，著；張道貴，丁鳳麟標點，春在堂隨筆〔M〕，南京：江蘇人民出版社，1984：113。

寶玉部下・珠，引有鮫人泣珠的故事：「《搜神記》曰：南海之外，有鮫人，水居如魚，不廢絹績，其人能泣珠。」〔註15〕「珠淚」原來是用典。

不僅如此，根據其類目標示的內容，《藝文類聚》還是檢索先唐天文史料、地理史料、音樂史料、哲學史料、軍事史料、藥物學史料、動植物史料、建築史料等的寶庫。這些文獻記錄的線索，都是先按分類、後在每類下標以主題詞來排列的，其檢索性頗有規律，顯而易見。雖然這些方面的資料不是很多，但也有一些它書稀見的記載。

地中概念在中國天文學史上十分重要，它不但是古人宇宙結構理論的重要組成部分，而且在古代天文計量方面發揮了巨大作用。對有關地中問題的關注，影響了中國古代天文學的走向，促成了中國天文學史上一些重要事情的發生。但是，地中具體在什麼地方呢？對此，古人有不同的解答。在中國本土的諸山中，有崑崙山地中說。查《藝文類聚》卷七山部上・崑崙山引《水經》曰：「崑崙墟在西北，去嵩高五萬里，地之中也。其高萬一千里，河水出其東北陬。」〔註16〕崑崙山之所以被視爲地中，是由於古人賦予了它一定的神話和天文特徵。司馬遷在《史記・大宛列傳》中引《禹本記》言：「河出崑崙。崑崙其高二千五百里，日月所相避隱爲光明也。其上有醴泉、瑤池。」〔註17〕《博物志》則引《河圖括地象》曰：「地南北三億三萬五千五百里。地部之位起形高大者有崑崙山，廣萬里，高萬一千里，神物之所生，聖人仙人之所集也。出五色雲氣，五色流水，其泉南流入中國，名曰河也。其山中應於天，最居中，八十城布繞之，中國東南隅，居其一分，是奸（筆者按，「奸」應作「好」）城也。」〔註18〕《山海經・西山經》亦云：「西南四百里，曰崑崙之丘，是實惟帝之下都，神陸吾司之。」〔註19〕崑崙山既然是「日月所相避隱爲光明」處，是聖人、仙人居住的地方，又是天帝之下都，且與天的中心相對應，說它是地中，豈不是很相宜的嗎？地中說十分複雜，此不詳敘，在此只是想說明，《藝文類聚》的記載，支持了崑崙山地中說，是研究古代天文學的寶貴材料。

〔註15〕《藝文類聚》：1437。
〔註16〕《藝文類聚》：130。
〔註17〕司馬遷，史記・大宛傳〔M〕，北京：中華書局，1982：3179。
〔註18〕張華，撰；范寗，校證，博物志校證〔M〕，北京：中華書局，1980：7。
〔註19〕袁軻，山海經校注〔M〕，上海：上海古籍出版社，1980：47。

　　吳普的《吳氏本草》現已佚，《藝文類聚》摘錄該書八條，保存了有用的藥物學資料，如卷九十七蟲豸部・蝙蝠引《吳氏本草》曰：「伏翼或生人家屋間。立夏后陰乾，治目冥，令人夜視有光。」〔註20〕記載了蝙蝠的藥用價值。

　　《藝文類聚》卷九十八祥瑞部上・木連理摘錄了有關木連理的記載：「《東觀漢記》曰：安帝延和（汪紹楹校記曰：當依《東觀漢記》三作『光』。）三年，衛縣木連理。又其年，定陵縣木連理。袁山松《漢書》曰：建和二年，河東木連理。《魏略》曰：文帝嗣立爲魏王，是歲天下奏醴泉涌，木連理。干寶《晉紀》曰：武帝自咸寧三年，至太康元年，木連理八生。《晉中興徵祥說》曰：王者德澤純洽，八方同一，則木連理。連理者，仁木也。或異枝還合，或兩樹共合。建元（汪紹楹校記曰：湯球輯《晉中興書》云當作『武』。）元年，木連理四：一生膏（汪紹楹校記曰：湯輯本云當作『嵩』。）山，一生武昌，一生汝陰，一生汝陽。泰興元年，又生武昌。」〔註21〕仁木，即良種植物，異枝還合，或兩樹共合，是自然嫁接產生的現象。具體記載這一現象的文獻已經失傳，只能從《藝文類聚》中檢索到這些資料了。據《藝文類聚》記載，在先唐時期，木連理現象出現在這幾個時期（當然這些記載很可能是不完全的）：延光三年（124 年）、延光四年（125 年）、建和二年（148年）、文帝嗣立爲魏王（220 年）、咸寧三年（277 年）至太康元年（280 年）、建武元年（317 年）、泰興元年（318 年）。這些文字彌補了古代植物學史料的不足。

　　以上僅是略加舉例，探討了《藝文類聚》索引功能的現代價值，其實，它的多方面價值，有待進一步開發和利用。

〔註20〕《藝文類聚》：1685～1686。
〔註21〕《藝文類聚》：1699～1700。

十六、《藝文類聚》分類與主題相結合的目錄體系

　　當代關於《藝文類聚》的研究，取得長足進展，研究的範圍，從傳統的校勘、目錄、版本諸方面，擴展至文學價值及思想史意義等方面，發表了一些有創見的成果。但這並不是說，對《藝文類聚》的研究已經十分充分，沒有需要拓展和深入的領域了。實際上，就以傳統研究來說，《藝文類聚》還有許多文獻問題，尚未進入研究者的視野。例如，《藝文類聚》的目錄學成就，就少有提及，更未見完整的成果問世。這種狀況，與《藝文類聚》這部被《四庫全書總目》編者稱爲「體例最善」的類書所取得的成就相比，實在不相匹配。鑒於此，筆者不揣淺陋，從《藝文類聚》分類與主題相結合的目錄體系入手，探究其目錄學成就，略陳管見。

（一）分類法與類目劃分

　　什麼叫分類？《原始分類》一書中有如下闡釋：

> 所謂分類，是指人們把事物、事件以及有關世界的事實劃分成
> 類和種，使之各有歸屬，並確定它們的包含關係或排斥關係的過程。
> 〔註1〕

　　《圖書館學情報學詞典》的解釋是：

> 分類：根據對象的屬性或特徵，將對象集合成類，並按照其相
> 互關係予以系統組織。根據對象的本質屬性對對象的區分和組織，
> 稱爲自然分類；根據對象的某種顯著特徵對對象的區分和組織，稱

〔註1〕 （法）愛彌爾・涂爾幹，著；汲喆，譯，原始分類〔M〕，上海：上海人民出版社，2005：2。

爲輔助分類。分類是人類認識事物、區分事物、組織事物的一種基本方法。以圖書爲對象的分類，即爲圖書分類。〔註2〕

但是，類書的分類不是一般的分類，而是一種特有的分類，羽離子說：

類書摘抄、彙編了大量文獻，爲使對文獻的分解以及歸納相聚能前後一致地順利進行，必須依據一定的法則，這就是類書特有的分類法。〔註3〕

這種特有的分類法，就是以天、地、人、事、物爲五大類來初分文獻。《藝文類聚》部類是分類編排的。從分類方法上看，它的基本類目主要不是以學科分類爲標準，而是以事物分類爲依據，分兩級類目，主要以事物名稱立目，如一級類目（即部類）的天、歲時、職官、鳥、獸等，以及二級類目（即子目）的石、琴、宅舍等。全書以天、地、人、事、物爲基本序列組織文獻，採用「以類相從」的編輯方法，一級類目（即部類）共分 46 部；二級類目（即子目）之下選編有關資料，按照「事居於前，文列於後」、「事」與「文」兼的編纂方法，構成「事文一體」的體制。《藝文類聚》的分類知識來源於儒家六經，司馬遷《史記・太史公自序》云：「《易》著天地陰陽四時五行，故長於變；《禮》經紀人倫，故長於行；《書》記先王之事，故長於政；《詩》記山川溪谷禽獸草木牝牡雌雄，故長於風；《樂》樂所以立，故長於和；《春秋》辯是非，故長於治人。」〔註4〕《藝文類聚》「天、地、人、事、物」的排序，正是這種思想的體現。下面是它的分部情況：

大類	部　　類	卷　　數
天	天部、歲時部	卷一～卷五
地	地部、州部、郡部、山部、水部	卷六～卷九
人	符命部、帝王部、后妃部、儲宮部、人部	卷十一～卷三十七
事	禮部、樂部、職官部、封爵部、治政部、刑法部、雜文部、武部、軍器部	卷三十八～卷六十
物	居處部、產業部、衣冠部、儀飾部、服飾部、舟車部、食物部、雜器物部、巧藝部、方術部、內典部、靈異部、火部、藥香草部、寶玉部、百穀部、布帛部、菓部、木部、鳥部、獸部、鱗介部、蟲豸部、祥瑞部、災異部	卷六十一～卷一百

〔註2〕周文俊，主編，圖書館學情報學詞典〔M〕，北京：書目文獻出版社，1991：112。

〔註3〕羽離子，類書的分類和目錄〔J〕，圖書館研究與工作，1986（4）：25。

〔註4〕（漢）司馬遷，史記・太史公自序〔M〕，北京：中華書局，1982：3297。

從上表可以看出，《藝文類聚》為讀者提供了一個從分類途徑檢索有關資料的分類目錄。

《藝文類聚》的這種分類，是以事物為中心建立類目體系，把各個知識門類有關一事物的條目集中在事物對象之下。例如卷八水部上・河水，是按事物對象輯錄的有關「河水」的資料，其中有地理學著作《山海經》，文學著作與作品《毛詩》《楚辭》《大河賦》《河清頌》《河銘》等，史學著作《左傳》《穀梁傳》《史記》，文字學著作《爾雅》，經學著作《孝經援神契》《韓詩外傳》，儒家著作《物理論》，雜家著作《淮南子》《呂氏春秋》。從事物分類的角度看是集中的，因為各種資料都是圍繞「河水」這一事物輯錄的；但從學科的角度看則是分散的，因為這些資料涉及到諸多學科。

為了更充分說明《藝文類聚》中的分類法，可將其與現代文獻分類法做一下比較。

第一，從大的部類的確定來看，兩者的區別很大。《藝文類聚》是把當時的文獻分成天、地、人、事、物五個大類，並按照這個基本序列組織材料。現代文獻分類法通常採用的基本部類，是哲學、社會科學、自然科學三大部類，並以此構成基本序列。從現代文獻部類劃分的實際情況來看，是將其劃分為大的學科，然後再依據屬性區分和編排文獻。而《藝文類聚》不是按學科來劃分部類的，或者說不是以學科分類為劃分部類的主要方法。這是因為在唐代初年，學科的發展還不十分成熟，按照學科分類的條件還不完全具備。

第二，從小的類目劃分來看，雖然兩者都是與文獻數量、學科發展水平和人們對學科劃分的認識密切相關，但是，它們的區別是非常明顯的。如上所述，《藝文類聚》中的分類法是以事物分類為基本依據的，它雖然也有學科分類的痕跡，如木部的分類很像現代植物學的分類，鳥部、獸部的分類與現代動物學的分類也有些相似，但那種分類是不自覺的，只能說初步具有現代文獻按學科分類的雛形。而現代文獻分類是以學科和專業為中心集中文獻，其分類體系一般是將知識領域劃分成傳統學科，如哲學、宗教、政治、法律、軍事、經濟、文化、教育、體育、語言、文字、文學、藝術、歷史、地理，以及各門學科，如數學、物理、化學、天文學、醫藥、衛生、工業技術、交通運輸、航空、航天、環境科學等，然後再在每個類目下進一步細分，構成以學科、專業為中心的類目體系。有關某一事物對象的文獻，在這樣的分類體系中往往是分散的。例如，與「煙草」有關的文獻，如煙草的種植、煙草

的加工、煙草的貿易等，在現代文獻分類體系中，是按照研究的學科角度分散在農業、輕工業和經濟等有關門類的。

《藝文類聚》中運用的分類法，按其編製方式來分，屬於等級列舉式，也稱列舉式分類法。按照這種方法，將全書所有類目組織成一個等級系統，並且採用儘量列舉的方式編製各級類目。例如卷七十四巧藝部，其下的子目為：射、書、畫、圍棋、彈棋、博、樗蒲、投壺、塞、藏鉤、四維、象戲。在這個分類中，共有兩個等級：部類和子目，每個等級的類目劃分都使用一個特定的標準，部類是按照天、地、人、事、物的標準劃分的，巧藝部屬於「物」。「射、書、畫」等子目是按照巧藝所屬的內容劃分的，其內容帶有列舉性，不是巧藝內容的全部。這種分類是依據傳統的知識體系進行的。列舉式分類法的特點是，採用等級列舉方式，將分類結構加以展示，類目比較系統，類目體系概括、直觀，易於把握，便於使用。其不足是，採用列舉的方式分類，很難詳盡無遺地揭示各種複雜事物之間的關係，往往無法滿足確切分類的需要。這種分類的類目是一種靜態的分佈，具有一定的凝固性，不能根據需要進行多角度的檢索。

在研究《藝文類聚》分類法時，必然涉及類目劃分的標準問題。類目劃分是依據一定的屬性，對各級類目進行區分，生成一個個類目的過程。類目是《藝文類聚》分類體系的基本構成單元。在類目體系建立的過程中，類目的劃分一般說應遵守相應的邏輯分類規則：第一，每次分類只能使用一個標準，不得同時使用兩個或兩個以上的標準。第二，應該貫徹窮盡性原則，使劃分後的子類之和與母類相等。第三，應貫徹排他性原則，使劃分後的各個子目相互排斥，界限分明，類目之間沒有相互交叉的現象。以「產業部」和「服飾部」為例，對此做進一步說明：第六十五卷、六十六卷產業部上、下的子目是：農、田、園、圃、蠶、織、針、市、田獵、釣、錢；第六十九卷、七十卷服飾部上、下的子目是：帳、屏風、幔、簟、薦席、案、幾、杖、扇、塵尾、枕、被、褥、如意、胡床、火籠、香爐、步搖、釵、梳枇、囊、鏡、襪。《藝文類聚》的部類是按照事物的性質來區分的。由於篇幅的限制和事物本身的多樣性、複雜性，《藝文類聚》並沒有完全貫徹分類的基本原則。例如，窮盡性的分類原則，在《藝文類聚》中就沒有得到很好的貫徹。以上面四卷為例，產業部不是只能劃分出「農、田、園」等 11 個子目，服飾部也不是只能劃分出「帳、屏風、幔」等 23 個子目，但是，兩部的子目也就

僅此而已，從劃分的規則上講，各子項（此即指子目）並未窮盡所有母項（此即指產業、服飾）。分類的另外一個原則——排他性原則，《藝文類聚》卻是嚴守的，這是它運用類書特有的分類方法劃分部類取得成功的重要原因。就拿上面這兩部來說，因爲很好地貫徹了排他性原則，所以，產業部和服飾部內各自擁有的子目，不會互相包容與交叉，而是界限分明地分屬在各自的部類。

（二）主題法與子目下的資料摘錄

什麼是主題法？《圖書館學情報學詞典》是這樣定義的：「主題法，指以文獻中論及的事物或概念爲標引對象，直接用語詞做這種對象的標識，按字順序列組織文獻，並用參照系統顯示概念之間相互關係的一種索引方法或文獻處理方法。……它在揭示文獻主題和組織文獻的方法上都不同於分類法。它以事物和概念爲中心，集中相關的文獻，區分不相關的文獻，表達主題概念直接性強，排列方式直觀易懂，更適於揭示文獻中的新事物、新問題及其他新情報。」〔註5〕其實，就其實質而言，主題法與分類法並不是互相排斥的，而是相互滲透或兼容的。在《藝文類聚》的目錄體系中，就體現了主題法與分類法的滲透與兼容。關於此點，後文將有評述。

潘樹廣從主題索引的角度對此做出論述：「唐宋以來，《藝文類聚》、《太平御覽》等類書，把分散在各種古籍中的有關資料摘錄出來，分類編排（也有按韻編排的），每一個細目之下排比了大量資料，並注明出處，這就不但使讀者從類書中讀到引文，而且能根據引文的出處追溯原始文獻。從這個角度而言，類書實際上兼具主題索引的性質。」〔註6〕歐陽詢在《藝文類聚序》中指出：「九流百氏，爲說不同，延閣石渠，架藏繁積，周流極源，頗難尋究」，爲了貫徹「俾夫覽者易爲功，作者資其用」的編輯宗旨，必須「披條索貫」，即編製目錄必須方便檢索，才能「日用弘多」。在材料的選擇與編排上，要「摘其精華，採其指要」，「棄其浮華，刪其冗長，金箱玉印，比類相從」，「事居於前，文列於後」，〔註7〕以方便讀者查檢爲原則。例如，卷九十四獸部中·牛：

〔註5〕同〔註2〕：590。
〔註6〕潘樹廣，文獻檢索與語文研究〔J〕，辭書研究，1979（1）：254。
〔註7〕（唐）歐陽詢，撰；汪紹楹，校，藝文類聚〔M〕，上海：上海古籍出版社，1999：27。（以下簡稱「《藝文類聚》」）

《爾雅》曰：……《毛詩》曰：爾牛來思，其耳濕濕。《左傳》曰：……《玄中記》曰：萬歲樹精爲青牛。《漢書》（汪紹楹校記曰：《太平御覽》九百作「《玄中記》」。）：桓帝出遊河上，忽有一青牛從河中出，……《呂氏春秋》曰：百里奚未遇時，販牛於秦，……《史記》曰：騎劫攻即墨，田單取牛千頭，……《蜀王本紀》曰：秦惠王欲伐蜀，乃刻五石牛，……謝承《後漢書》曰：劉寬嘗行，有人失牛者，……《列異傳》曰：秦文公伐梓樹，梓樹化爲牛。……《魏略》曰：鉅鹿時苗，爲壽春令，始之官，乘牸牛。……《諸葛亮集》曰：木牛者，方腹曲頭，……《符子》曰：堯以天下讓巢父。巢父曰：「君之牧天下，亦猶余之牧孤犢。……」袁山松《宜都山川記》曰：自峽口泝江百許里，至黃牛灘。……竺法眞《登羅山疏》曰：增城縣南有列渚洲，洲南又有牛潭。……《琴操》曰：甯戚飯牛車下，……〔賦〕臧道顏《馭牛賦》曰：……〔贊〕梁劉孝威《辟厭青牛畫贊》曰：……〔表〕魏陳王曹植《上牛表》曰：……〔啓〕梁元帝《謝東宮賚蒸粟牛啓》曰：……梁劉孝儀《謝始興王賜車牛啓》曰：……又《謝豫章王賜牛啓》曰：……〔書〕梁劉孝威《謝南康王饟牛書》曰：……〔註8〕

《爾雅》《毛詩》《左傳》《玄中記》等條目，是在「牛」的子目下，把各種書籍中有關「牛」的資料，按照事在前、文在後的順序加以聚集編排，故曰「類聚」。事的部分包含經、史、子三部的典籍，文的部分是集部的典籍。對所引之事，都注明書名，其中鮮見和容易混淆之書還著錄了作者；所引詩文都注明時代、作者和題目，並按不同文體，用「賦」「贊」「表」「啓」等標明類別。這樣，如果以「牛」爲主題，那麼，卷九十四獸部中的子目「牛」下類聚的一些有關資料，實際上類似於今天的主題索引，查檢十分方便，起到索引「按圖索驥」和「一索即得」的作用。

《藝文類聚》共有 732 個子目，每個子目下的材料，都是運用主題法摘錄的。如卷七十三雜器物部以「盤」爲標目，摘錄《周官》、《禮記》、《康誥》、《左傳》、《史記》、《孫卿子》、《神異經》、《漢武內傳》、應劭《漢官儀》、《風土記》中的有關資料，這是「事」的部分，包含經、史、子三部的內容；此外還有關於「盤」的各體文學作品，有詩、賦、銘等，這是「文」的部分，

〔註8〕《藝文類聚》：1625～1629。

包含集部的內容。這些資料都是圍繞「盤」這一主題選編的，沒有考慮學科分類。用四部分類法衡量，上述文獻已遍佈經、史、子、集四大部。在同一子目下輯錄豐富的資料，讀者可以通過這種主題目錄，查閱各種圖書中有關某一事物的內容並弄清其出處。

關於主題法有幾點是應該明確的。

其一，主題法，按照主題詞的選詞方式，可以分爲標題法、元詞法、敘詞法、關鍵詞法。〔註9〕《藝文類聚》中運用的是標題法。標題法「是一種以標題詞作爲文獻主題標識的標引和檢索的主題法。所謂標題詞，亦稱標題，是指經過規範化處理的，用來標引文獻的詞或詞組，通常爲比較定型的事物名稱。」〔註10〕在《藝文類聚》中，會看到這樣的子目：天、日、月、峽、石、舟、車、木、馬，等等，這些都是比較定型的事物名稱。

其二，收錄在《藝文類聚》每個子目下的資料，是以相同的主題而類聚在一起的。所謂相同的主題，應該做寬泛的理解，凡是內容相同，或句中含有與子目相同的詞語，或篇題中含有與子目相同的詞語，均可以看作是相同的主題。正是因爲按照主題法來輯錄材料，所以完全不考慮摘引的原書是屬於哪個學科的。例如，子目「琴、箏、將帥、燈、燭」等，既是上一級部類劃分出的下級類目，同時又是一個個單獨的主題。這些子目互相併列，互不隸屬。每個子目下的文獻少則幾種，多則數十種，它們都跨門類地聚集在各自的子目下。如卷八十火部的子目「庭燎」中，摘錄按學科應當歸在禮部的禮學著作《禮記》；卷九十五獸部下的子目「象」中，摘錄按學科應當歸在天部或歲時部的天文學著作《萬歲曆》。《藝文類聚》的子目，就是這樣打破學科界限，按照主題法來摘引資料的。

（三）分類法與主題法的並用

《藝文類聚》的目錄是分類法和主題法並用的。它的目錄體系共有四層。第一層爲天、地、人、事、物的分目層次，這一層爲編者隱去，爲隱形目錄。第二層爲天部、歲時部、地部等46個部類。第三層爲部類下的天、日、月、星、雲等子目。第四層爲每個子目下的「事」前「文」後的細目，這一細目

〔註9〕馬張華，侯漢清，文獻分類法主題法導論〔M〕，北京：北京圖書館出版社，
　　　　1999：114。
〔註10〕同〔註9〕。

被書前目錄精簡而未予列出;在正文中,「事」的部分沒有明確標注,但「事」是居前的;「文」的部分以「詩」「賦」「贊」「表」等文體名稱標注。第一層、第二層、第四層為分類目錄,第三層為主題目錄。第三層的主題目錄,既是上一級分類目錄的下位類,又是下一級分類目錄的上位類,所以它兼有雙重身份,完善地把分類目錄和主題目錄結合起來。《藝文類聚》分類與主題相結合的目錄體系,把所輯錄的各種書籍中的資料和各體詩文,從縱橫兩方面編輯起來,渾然一體。既可以使讀者從事物分類的角度去檢索文獻,又可以使讀者從主題詞的角度去檢索文獻。姚名達曾總結說:「類書為主題目錄之擴大。蓋分類之道,有時而窮。惟以事物為主題,匯列參考資料於各主題之下,使學者一目了然,盡獲其所欲見之書。此其功用較分類目錄為又進一步。倘刪其繁文,僅存書目,即現代最進步之主題目錄也。」〔註11〕

　　《藝文類聚》分類與主題相結合的目錄體系,使其具備了一定的檢索功能。「臨事取給用便檢索,這是類書編撰的最主要的作用,動機在此,效果亦如此。」〔註12〕「因為類書是將抄錄眾書的有關資料分門別類編排的,便於按類查詢有關資料。」〔註13〕比如,要查古人交友方面的資料,可以先查《藝文類聚》卷二十一人部五,這是按分類法進行檢索;再查其子目「交友」,這是按主題法進行檢索。於是,可以看到唐朝以前 19 種書中 36 條關於交友的資料,以及 4 首詩、1 篇賦、2 篇贊、1 篇箴。如果查更大的類書,比如《太平御覽》,在其卷四百十人事部五十一·交友,則會發現關於交友的材料竟達263 條,其中既有交友的理論,又有交友的故事,還輯錄有詩文。這是後世類書沿用分類與主題相結合的目錄體系的結果。

　　通過《藝文類聚》的目錄體系,還可以查找典故。比如《紅樓夢》第七十八回,賈寶玉哀悼晴雯的悼詞《芙蓉誄》中,有「洲迷聚窟,何來卻死之香」一句,要想知道出自何典,即可查《藝文類聚》。首先,確定關鍵詞「聚窟」;其次,按分類法找到卷七十八靈異部;再次,按主題法找到子目「仙道」,逐條檢索,便可查到這個典故出自《十洲記》:「聚窟洲,在西海中。洲上有大樹,與楓木相似而材芳,華葉香聞數百里,名此為反魂。叩其樹,樹亦能

〔註11〕姚名達,中國目錄學史〔M〕,上海:上海古籍出版社,2002:57。
〔註12〕胡道靜,中國古代的類書〔M〕,北京:中華書局,2005:23。
〔註13〕彭邦炯,百川匯海:古代類書與叢書〔M〕,臺北:萬卷樓圖書公司,2001:
　　　39。

自聲，聲如群牛吼，聞之者皆心震神駭。伐其根心，玉釜中煮取汁，更微火熟煎之，如飴，令可丸，名曰驚精香，或名之振靈丸，或名之爲反生香。」〔註14〕據此可以知道，賈寶玉是爲找不到這種起死回生的返生香而發出感歎。《藝文類聚》的此類功能，上文已經談得很充分，這裡不過是連類而及，故不再贅述。

在我國古代的圖書資料工作中，分類法和主題法均處於雛形階段。《藝文類聚》將兩者綜合運用到類書編纂中，極大推動了類書編輯技術的進步。分類法和主題法都是從文獻內容的角度來解釋和編排資料的基本方法，兩者有一定聯繫。但是，分類法和主題法是兩種不同體系的目錄檢索系統。從內容上看，分類法的基本原則是知識的系統性；而主題法的基本原則是知識的特指性。它們有著不同之處，也有其相同點，它們的功能和作用是互爲補充的，從而在揭示類書資料內容方面構成了一個有機的整體。在我國古代的圖書資料工作中，分類法占絕對的統治地位，而主題法則僅僅處於一種萌芽狀態。《藝文類聚》的編者從其他書籍中輯錄資料，進行歸納整理，選用某一詞語來作爲某一類資料的標題；換言之，是用詞語做文獻主題的標誌，體現了對主題法的自覺運用。與現代主題法相比，《藝文類聚》中所運用的主題法只具有雛形性質。比如，子目標題中的「門」「舟」「桐」等，與現代主題詞尚有差異，沒有經過規範化處理，也沒有參照系統等，但從根本性質上講，它們與現代主題詞是相似的，都是用來做文獻主題的標識，體現了主題詞的因素或萌芽。

從現存類書看，《藝文類聚》是最早運用分類與主題相結合的目錄體系的。這種多功能的目錄形式，從《藝文類聚》始，一直沿用至清末民初的大型綜合性類書《清稗類鈔》。《藝文類聚》分類與主題相結合的目錄體系的創立，是對古典目錄學的傑出貢獻，值得探究、繼承與發展。

〔註14〕《藝文類聚》：1331～1332。

十七、《藝文類聚》選錄的
文體名稱和數量辨正

　　在學術史上，類書不大受重視，對類書編纂與文體學研究的關係，關注得更少，且不夠深入。本文擬從《藝文類聚》入手，探討唐初文體分類狀況。

　　《藝文類聚》是一部供學子閱讀的、看文體的類書，其中選錄了大量各種文體的文章，可供把玩、揣摩。但是，由於《藝文類聚》的文體劃分出於眾手，標準掌握得不一致，甚至不準確，所以顯得細密而雜亂。對《藝文類聚》選錄的文體名稱和數量進行辨正，弄清其眾多文體的真實情況，有利於清理《藝文類聚》整理與校勘方面遺留的問題，並推動古代文體學的研究。

（一）文體的含義

　　文體是指文章之體，也簡稱為「體」。褚斌傑說：「研究文體的學科稱為文體論或文體學，是文學理論的一個重要方面。但文體本身是一個非常複雜的現象。」〔註1〕「文體」一詞，最早見於西漢賈誼《新書・道術》：「動有文體謂之禮，反禮為濫。」〔註2〕這裡的「文體」指的是文雅有節的體態。東漢王充《論衡・正說》云：「夫經之有篇也，猶章句也；有章句，猶有文字也。文字有意以立句，句有數以連章，章有體以成篇，篇則章句之大者也。」〔註3〕這裡的「體」指體例。這兩例都不是我們所指的「文體」的含義。

〔註1〕褚斌傑，中國古代文體概論（增訂本）〔M〕，北京：北京大學出版社，1990：1。

〔註2〕于智榮，賈誼新書譯注〔M〕，哈爾濱：黑龍江人民出版社，2003：237。

〔註3〕（漢）王充，論衡〔M〕，∥諸子集成，上海：上海書店，1986：270。

魏晉以降,「文體」的界說已較爲清楚。「文體」的義項豐富,總的來看,主要有四方面的含義。

一是指文章體裁。如《南齊書‧文學傳論》載:「若子桓之品藻人才,仲治(筆者按,「治」應作「洽」)之區判文體,陸機辨於《文賦》,李充論於《翰林》,張际摘句褒貶,顏延圖寫情興,各任懷抱,共爲權衡。」〔註4〕摯虞(字仲洽)的《文章流別論》對多種文章做了較詳細的辨析,《南齊書》中說的「文體」顯然是指文章體裁。又如劉勰《文心雕龍‧辨騷》云:「故其陳堯舜之耿介,稱禹湯之祗敬,典誥之體也。」〔註5〕典、誥是《尚書》中的兩類文體,所以這裡的「體」也是指文章體裁。

二是指文章風格。如《宋書‧謝靈運傳論》云:「自漢至魏,四百餘年,辭人才子,文體三變。」〔註6〕鍾嶸《詩品》云:「文體省淨,殆無長語。」〔註7〕此二例中的「文體」均指文章風格。

三是指語體。江淹《雜體詩三十首序》云:「關西、鄴下,既已罕同;河外、江南,頗爲異法。今作三十首詩,效其文體,雖不足品藻淵流,庶亦無乖商榷。」〔註8〕這裡的「文體」是語體的意思。江淹模擬自漢無名氏至晉宋諸家的語言體式,寫下三十首詩,故曰《雜體詩三十首》,被蕭統列入《文選》雜擬類。

四是指篇章體制,即一篇文章的全部及其各個組成部分。《文心雕龍》云:「夫才童學文,宜正體制,必以情志爲神明,事義爲骨髓,辭采爲肌膚,宮商爲聲氣;然後品藻玄黃,摛振金玉,獻可替否,以裁厥中:斯綴思之恒數也。」〔註9〕劉勰說,學童學習寫作,應該端正文章的篇章體制,一篇文章要以抒寫的思想感情爲精神,內容的事義爲骨髓,文章的辭采爲肌膚,語言的音調爲聲氣。這裡的「體」就是指篇章體制。劉勰認爲,一篇文章由情志、事義、辭采、宮商四個要素組成。

「文體」的含義是多樣的,本文中使用的「文體」是指「文章體裁」。

〔註4〕(梁)蕭子顯,南齊書‧文學傳論〔M〕,北京:中華書局,1972:907。
〔註5〕周振甫,文心雕龍今譯〔M〕,北京:中華書局,1986:43。
〔註6〕(梁)沈約,宋書‧謝靈運傳論〔M〕,北京:中華書局,1974:1778。
〔註7〕(梁)鍾嶸,著;陳延傑,注,詩品注〔M〕,北京:人民文學出版社,1961:41。
〔註8〕(梁)蕭統,編;(唐)李善,注,文選〔M〕,上海:上海古籍出版社,1986:444。
〔註9〕同〔註5〕:378。

（二）爲什麼要研究《藝文類聚》中選錄的文體

　　研究古代文體的發展和演變，多關注各朝的文學總集、文學理論著作等，而忽視《藝文類聚》中收錄的文體狀況。《藝文類聚》中收錄的文體，成了文體學研究的盲點。《藝文類聚》「文」的部分標注出的文體共有71種（沒有將收錄在「事」的部分的「詩經體」和「楚辭體」計算在內）。除去其中重複和錯謬的，數量仍然很大。選錄這樣多的文體，同時又在每個文體下收錄了若干篇（首）這類文體的片段，這是當時及《藝文類聚》以前甚至以後的多數文學總集、文學理論著作沒有做到的。例如，曹丕的《典論·論文》論及的文體有8種；陸機的《文賦》論及的文體有10種；摯虞的《文章流別論》，從現存佚文看，論及的文體有12種；任昉的《文章緣起》論及的文體數量較多，爲84種，但它只列文章名，並不收錄具體作品。劉勰的《文心雕龍》，其篇名中提到的文體有34種，但因爲它是一部文學理論著作，所以論及某個文體的時候，亦只提作品的題目，不可能選錄具體的作品；蕭統的《文選》收錄的文體是39種，這還包括了《藝文類聚》中的「楚辭體」（在《文選》中稱爲「騷體」）。連宋代的大型文學總集《文苑英華》收錄的文體也只有38種。從事古代文體研究，如果對《藝文類聚》收錄的文體視而不見，那麼這樣的研究，其可靠性就要大打折扣。所以，考查《藝文類聚》選錄的文體名稱和數量，可以透視唐初文體的發展狀況，促進當今的文體學研究。

（三）《藝文類聚》中選錄的文體

　　在《藝文類聚》許多子目「文」的部分，分別標注了選錄的各種文體，在子目中也有以文體作爲標題的，如卷五十六雜文部二的子目是「詩」「賦」，卷五十七雜文部三的子目是「七」「連珠」等。現依據各種文體名稱出現的先後順序，將《藝文類聚》選錄的文體排列如下：

　　（1）詩，（2）賦，（3）贊，（4）表，（5）歌，（6）文，（7）頌，（8）銘，（9）令，（10）序，（11）祭文，（12）啓，（13）論，（14）箴，（15）碑，（16）吟，（17）書，（18）敘，（19）典引，（20）述，（21）誄，（22）策文，（23）章，（24）議，（25）哀策文，（26）哀策，（27）敕，（28）箋，（29）謚策，（30）詔，（31）行狀，（32）教，（33）墓誌，（34）誡，（35）說，（36）解，（37）疏，（38）訓，（39）誥，（40）答客難，（41）歎，（42）哀辭，（43）志，（44）譏，（45）弔，（46）樂府古詩，（47）樂府，（48）傳，（49）策，（50）奏，（51）

難,（52）書奏,（53）集序,（54）七,（55）連珠,（56）檄文,（57）移文,（58）引,（59）詠,（60）移,（61）戒,（62）勢,（63）弈旨,（64）弈勢,（65）寺碑,（66）放生碑,（67）眾食碑,（68）檄,（69）謳,（70）讚,（71）狀。

其實,《藝文類聚》中收錄的文體,並沒有 71 種。因爲其中有編者生造的文體;有同一種文體分作兩個或兩個以上名稱,分別收在不同部類的;有將文題誤作文體的。

（四）《藝文類聚》中選錄的文體名稱辨正

1.「贊」與「讚」,實際上是同一種文體。徐師曾《文體明辨序說》云:「字書云:『贊,稱美也,字本作讚。』」〔註 10〕關於贊,劉熙《釋名》云:「稱人之美曰讚,讚,纂也,纂集其美而敘之也。」〔註 11〕指出「贊」的意思是稱讚人,故其文體的內涵就是總結概括人的美德並敘寫出來。吳訥《文章辨體序說》亦云:「贊者,讚美之辭。」〔註 12〕贊體文是對整篇文章內容進行簡短概括、闡明的言辭,或對人物、事蹟及事物等進行稱頌讚美的文章,它或放在文章的末尾,或獨立成篇。

2.「序」與「敘」和「集序」,實際上是同一種文體。序,也作「敘」。王兆芳云:「敘者,通作序,次第也,端緒也,述也。」〔註 13〕序,指序文,是指寫在一部書或者一篇詩文前的文字。但唐以前,一般來說,爲文集寫的序,多置於書後,少數置於書前;爲單篇詩、文寫的序,多置於作品之前。從所選序體文的種類看,占多數的是書序和篇章小序;其次是宴記之序。從所選序體文的表現方法看,書序總體上以敘事和議論爲主;篇章小序,雖也交代寫作緣起,卻多以抒情爲主,而不是敘事。先唐時期的序體文,尚未達到獨立發展的程度,還需依託各類文體而存在。

3.「碑」和「寺碑」「放生碑」「眾食碑」,均應屬於同一種文體,即「碑」。碑,即碑文,亦稱碑誌或碑銘,是刻在石碑上的文辭。碑文細分之,「有山川之碑,有城池之碑,有宮室之碑,有橋道之碑,有壇井之碑,有神廟之碑,有家廟之碑,有古蹟之碑,有風土之碑,有災祥之碑,有功德之碑,有墓道

〔註 10〕 （明）徐師曾,文體明辨序說〔M〕,北京:人民文學出版社,1962:143。
〔註 11〕 （清）王先謙,釋名疏證補〔M〕,上海:上海古籍出版社,1984:175。
〔註 12〕 （明）吳訥,文章辨體序說〔M〕,北京:人民文學出版社,1962:47。
〔註 13〕 （清）王兆芳,文體通釋〔M〕,1925 年印本。

之碑，有寺觀之碑，有託物之碑。」〔註14〕按照其用途和內容，概而言之，大致有三種：紀功碑文、宮殿廟宇碑文、墓碑文。

在卷七十六「內典上」子目「內典」中的「寺碑」下，依次收錄齊王巾《頭陁寺碑銘》、梁簡文帝《善覺寺碑銘》《神山寺碑序》《慈覺寺碑序》《相宮寺碑》、梁元帝《善覺寺碑》《鍾山飛流寺碑》《曠野寺碑》《郢州晉安寺碑銘》《揚州梁安寺碑序》《攝山棲霞寺碑》《歸來寺碑》、梁沈約《法王寺碑》、梁陸倕《天光寺碑》、梁王筠《開善寺碑》、梁張纘《龍樓寺碑》、周王褒《善行寺碑》《京師突厥寺碑》、陳徐陵《齊國宋司徒寺碑》、梁元帝《莊嚴寺僧旻法師碑》《光宅寺大僧正法師碑》、梁王筠《國師草堂寺智者約法師碑》、梁沈約《比丘尼僧敬法師碑》、梁王僧孺《棲玄寺雲法師碑銘》、陳徐陵《東陽雙林寺傅大士碑》、隋江總《明慶寺尙禪師碑銘》《建初寺瓊法師碑》。《藝文類聚》的編者是將「寺碑」按照文體認定的，但「寺碑」並不是文體的名稱，而是由於所選的文章標題中多含有「寺碑」兩字，因此將其誤標作文體名稱。

在卷七十七「內典下」的子目「寺碑」中，依次收錄了後魏溫子昇《寒陵山寺碑序》《印山寺碑》《大覺寺碑》《定國寺碑序》、梁王僧孺《中寺碑》、梁任孝恭《多寶寺碑銘》、梁劉孝綽《棲隱寺碑》、北齊邢子才《景明寺碑》《并州寺碑》、陳徐陵《孝義寺碑》、隋江總《大莊嚴寺碑》。這些文章也是屬於「碑」這種文體。同時，在卷七十七「內典下」的子目「寺碑」中，又以「放生碑」「眾食碑」爲文體，收錄了梁元帝《荊州放生亭碑》、陳徐陵《長干寺眾食碑》。「放生碑」「眾食碑」並不是文體名稱，而是因爲所選錄的文章中有「放生碑」「眾食碑」的字樣，而誤作文體名稱。

4.「典引」不是文體名稱。在卷十符命部的子目「符命」下文體「典引」中，輯錄有班固的《典引》，且只輯錄了這一篇。《後漢書·班彪傳》載：「（班）固又作《典引篇》，述敘漢德。以爲相如《封禪》，靡而不典，楊雄《美新》，典而不實，蓋自謂得其致焉。」〔註15〕在《後漢書》的作者看來，《典引》與《封禪》（即《封禪文》）、《美新》（即《劇秦美新論》）是一類性質的文章，《文選》引蔡邕言注釋其篇名曰：「《典引》者，篇名也。典者，常也，法也。引者，伸也，長也。《尙書疏》堯之常法，謂之《堯典》。漢紹其緒，伸而長之

〔註14〕同〔註10〕：144。
〔註15〕（宋）范曄，撰；（唐）李賢，等，注，後漢書·班彪傳〔M〕，北京：中華書局，1965：1375。

也。」〔註16〕典，指《尚書‧堯典》，是稱述古代氏族首領唐堯品德和政績之文。班固寫《典引》的目的，就是要根據《尚書‧堯典》的讚美唐堯，來讚美漢朝，再加引申。《後漢書‧班彪傳》載：「（班）固所著《典引》《賓戲》《應譏》、詩、賦、銘、誄、頌、書、文、記、論、議、六言，在者凡四十一篇。」〔註17〕《藝文類聚》將《典引》看作文體的名稱，可能是對《後漢書‧班彪傳》有關記載的誤讀。其實，「《典引》《賓戲》《應譏》」是文章名，而「詩、賦、銘、誄、頌、書、文、記、論、議、六言」是文體名，兩者並不是一回事。《昭明文選》將班固的《典引》收在「符命」一體之下，同時收錄的還有司馬相如的《封禪文》、揚雄的《劇秦美新論》，而《文心雕龍》則將此三篇文章歸入「封禪」類。但《藝文類聚》既沒有「符命」這個文體，也沒有「封禪」這個文體，所以，我們按其內容將《典引》歸入「頌」體文。

　　5.「策文」和「哀策文」「哀策」，均應屬於同一種文體，即「哀策」。《藝文類聚》在3卷的8個子目下選錄有哀策，同時在2卷的2個子目下選錄有哀策文，在1卷的1個子目下選錄有策文。哀策、哀策文、策文，均為同一種文體，即哀策。因為，第一，在「哀策」的文體下選錄的文章，文題均為《××哀策文》，如徐陵的《文帝哀策文》。第二，在「策文」的文體下選錄的文章，文題或為《××哀策》，如王珣的《孝武帝哀策》；或為《××哀策文》，如郭璞的《元皇帝哀策文》。「策文」應作「哀策」或「哀策文」，漏掉一「哀」字。三種標注方式下選錄的是同一種文體。哀策本來是寫贈諡的，因為哀悼而成為哀策文。它可以用於帝王，如沈約的《齊明帝哀策文》；也可以用於皇后、太子等人，如謝朓的《敬皇后哀策文》、王筠的《昭明太子哀策文》。

　　6.「行狀」和「狀」，實際上是同一種文體。行狀，也簡稱狀。所謂「行狀」，就是指一個人的德行狀貌。劉勰說：「狀者，貌也。體貌本原，取其事實，先賢表諡，並有行狀，狀之大者也。」〔註18〕它是一種記述死者世系、籍貫和生平概略的文字。吳訥認為它多出於「門生故舊」之手。〔註19〕徐師曾認為它的內容和用途是：「蓋具死者世系、名字、爵里、行治、壽年之詳，

〔註16〕同〔註8〕：2158。
〔註17〕同〔註15〕：1386。
〔註18〕同〔註5〕：239～240。
〔註19〕同〔註12〕：50。

或牒考功太常使議謚，或牒史館請編錄，或上作者乞墓誌碑表之類皆用之。」〔註20〕

7.「誡」和「戒」，實際上是同一種文體，即「戒」。《藝文類聚》在3卷的3個子目下選錄有「戒」和「誡」體文。王兆芳云：「戒者，與誡通，警也，救也。其意曰戒，其言曰誡，諱語通也。亦謂之儆，儆戒也，主於警救人己，意嚴辭厲。」〔註21〕所選戒體文大致有家戒類戒文、物事類戒文、女戒類等。

8.「答客難」不是文體名稱，而是文章篇名。在《藝文類聚》卷二十五人部九的子目「嘲戲」下，以《答客難》爲文體名，依次收錄東方朔的《答客難》、楊雄的《解嘲》、班固的《賓戲》（也作《答賓戲》）、崔駰的《達旨》、崔寔的《答譏》、蔡邕的《釋悔》、陳琳的《應譏》。「答客難」不是文體名稱，而是東方朔文章的題名。《答客難》是東方朔晚年的作品。《漢書·東方朔傳》云：「久之，朔上書陳農戰強國之計，因自訟獨不得大官，欲求試用。其言專商鞅、韓非之語也。指意放蕩，頗復詼諧，辭數萬言，終不見用。朔因著論，設客難己，用位卑以自慰諭。」〔註22〕從字面上看，《答客難》就是回答別人的責問，其實是東方朔借答客之機，抒發政治失意、懷才不遇的感慨和牢騷。它傚仿宋玉《對楚王問》，首創對問體，設主客問答，這種形式對當時及後人都產生很大影響。楊雄的《解嘲》、班固的《賓戲》、崔駰的《達旨》、崔寔的《答譏》、蔡邕的《釋悔》、陳琳的《應譏》等，皆爲仿傚之作。《文選》將《對楚王問》歸入「對問」，而將《答客難》《解嘲》《答賓戲》歸入「設論」。對問、設論、難三種文體，都具有問答這一共同特徵，明代吳訥的《文章辨體》、徐師曾的《文體明辨》將它們合併爲「問對」一體。《藝文類聚》未設對問、設論二體，我們認爲應將《答客難》諸篇歸入「難」體。《藝文類聚》在1卷的1個子目下選錄有難體文，即漢代張敞的《議入穀贖罪蕭望之難》。文題有誤。據《漢書·蕭望之傳》，前半部分（「以豫備百姓之急」之前）爲張敞的上書，後半部分是蕭望之等的辯駁，《藝文類聚》的編者將兩部分文字誤作一篇文章。難，是一種論辯文體。吳曾祺云：「難亦駁之類，蓋皆以己意不同於人者相往復也。」〔註23〕這種特點正好符合《答客難》諸篇。

〔註20〕同〔註10〕：148。

〔註21〕同〔註13〕。

〔註22〕（漢）班固，撰；（唐）顏師古，注，漢書·東方朔傳〔M〕，北京：中華書局，1962：2863～2864。

〔註23〕（清）吳曾祺，文體芻言·論辨類第一〔M〕，//曾棗莊，中國古代文體學——附卷5，近現代文體資料集成，上海：上海人民出版社，2012：29。

9.「譏」不是文體的名稱。卷三十六人部二十七隱逸上文體「譏」下選錄有魏糜元的《譏許由》，但「譏」不是文體的名稱。

譚家健將《譏許由》這類文章歸爲詼諧文，並指出：「詼諧文，或稱誹諧文，滑稽文，是具有詼諧、幽默、諷刺、諷諭甚至調笑內容的雜文。」「雖然有時也借用其他文體名目，而內容卻是遊戲筆墨。」「六朝文中還有譏嘲古人的，如魏糜（筆者按，應作「糜」）元《譏許由》、《弔夷齊文》，李兆洛悉歸入雜文。」〔註24〕其實，李兆洛的《駢體文鈔》選錄了糜元的《弔夷齊文》，並沒有選《譏許由》，但這不妨礙我們對《譏許由》是詼諧文的認定。李兆洛《駢體文鈔》「雜文」云：雜文是「緣情託興之作」。「戰國詼諧、辨謔者流，實肇厥端。其言小，其旨淺，其趣博，往往託思於言表，潛神於旨裏，引情於趣外，是故小而能微，淺而能永，博而能檢。就其褊者，亦潤理內苞，秀采外溢，不徒以縟繪爲工，逋峭取致而已。」〔註25〕早在六朝時期，劉勰就將詼諧文作爲一種文體加以考察了。劉勰在《文心雕龍・諧讔》中說：「諧之言皆也，辭淺會俗，皆悅笑也。昔齊威酣樂，而淳于說甘酒；楚襄宴集，而宋玉賦好色：意在微諷，有足觀者。及優旃之諷漆城，優孟之諫葬馬，並譎辭飾說，抑止昏暴。是以子長編史，列傳滑稽，以其辭雖傾回，意歸義正也。」〔註26〕劉勰認爲詼諧文的作用在於諷諫，它的外在形式是「辭淺會俗」、悅笑世人、「譎辭飾說」，內容上是「意歸義正」。

譚家健關於詼諧文的劃分是著眼其內容的，若從文章形式上看，詼諧文也應該歸爲「文」這個文體。來裕恂《漢文典》云：「文者，文章也，凡篇章皆謂之文。而此以『文』名者，蓋文中有一種文體，往往爲文人遊戲俳諧之作。或雜著之文，隨事命名，無一定之體格，或盟神，或諷人，或用韻語，或爲散文，或爲四六文。其體不同，其用各異。然本乎義理，發乎性情，則與他文無異焉。」〔註27〕來裕恂所說的「文人遊戲俳諧之作」的「文」，正是指糜元《譏許由》這類作品。

所以，《藝文類聚》卷三十六人部二十七隱逸上「譏」的文體標注應爲「文」。

〔註24〕譚家健，六朝詼諧文述略〔J〕，中國文學研究，2001（3）：15～23。
〔註25〕（清）李兆洛，駢體文鈔〔M〕，∥四部備要，中華書局版。
〔註26〕同〔註5〕：133。
〔註27〕來裕恂，著；高維國，張格，注釋，漢文典〔M〕，天津：南開大學出版社，1993：341～342。

10.「樂府古詩」和「樂府」，實際上是同一種文體，即「樂府詩」。「樂府古詩」在卷四十一樂部一，是該卷子目「論樂」下的文體標目；選錄的作品有《飲馬長城窟行》《董逃行》《長安有狹斜行》《結客少年場行》《日出東南隅行》《相逢行》等。「樂府」是卷四十二樂部二樂府的子目；選錄的作品有《短歌行》《長歌行》《京洛篇》《燕歌行》《太山吟》等。據筆者核查，這些作品多爲宋代郭茂倩《樂府詩集》收錄；只有 9 篇作品例外，即宋孝武帝《夜聽妓詩》、梁簡文帝《聽夜妓詩》、梁元帝《春夜看妓詩》、梁何遜《詠妓詩》、周庾信《看妓詩》、陳劉刪《侯司空第山園詠妓詩》、陳陰鏗《侯司空第山園詠妓詩》、陳蕭琳《隔壁聽妓詩》、隋盧思道《夜聞鄰妓詩》，均爲歌詠女子的作品。宋代吳開在《優古堂詩話》中說：「古今詩人詠婦人者，多以歌舞爲稱。」〔註28〕並舉以上的陰鏗、劉刪、庾信、盧思道等人的詩爲例。這些詩寫到歌、舞，可能還要配樂演唱，正和樂府詩的特點。樂府原本是一個音樂機構，逐漸演變爲一種詩體名稱。樂府由音樂機關名稱轉變爲一種詩體名稱，是在東晉以後。樂府裏合過樂的曲詞，在漢代只稱「歌詩」；到六朝時，才把它們稱作樂府，以此來同未合過樂的「徒詩」區別開來。這樣，樂府就成爲一種詩體的名稱。以上 9 篇均是六朝時期作品。《藝文類聚》中所指的「樂府古詩」，不單指漢代樂府，而是泛指唐代以前的樂府詩。

11.「奏」和「書奏」，實際上是同一種文體，即「奏」。《藝文類聚》在 1 卷的 1 個子目下選錄有奏體文；在另外 1 卷的 1 個子目下又以「書奏」爲文體名，選錄 8 篇文章，分別是：漢代杜欽的《奏記於王鳳》，漢代貢禹、張俊、三國魏鍾繇、晉代劉頌的《上書》，晉代杜豫的《奏事》，劉頌的《刑獄奏》，郭璞的《奏》。「書奏」並不是一種文體名稱。考察這些文章的名與實，均應屬於「奏」體。奏，是上達天子之文，即用言語向君主陳事。春秋戰國時代，臣子向君主陳事，稱爲上書。秦朝初年，將上書改稱爲「奏」。漢代制定禮儀，則有四品，其二曰奏。王充：「上書謂之奏。」〔註29〕雖然秦時已改上書爲奏，但後世「上書」作爲文體的名稱，仍繼續使用。

12.「檄文」和「檄」，實際上是同一種文體，即「檄」。《藝文類聚》在 2 卷的 2 個子目下收錄有檄體文。檄，是軍事性文告，主要用於聲討被征伐的

〔註28〕 （宋）吳開，優古堂詩話〔M〕，／／景印文淵閣四庫全書：第 1478 冊，臺北：商務印書館，1983：310。

〔註29〕 （漢）王充，論衡〔M〕，／／諸子集成，上海：上海書店，1986：281。

對象，也可以用來通報軍情；早期檄文還可以用來徵召官吏，曉諭人民。《藝文類聚》選錄的檄文，從功用上看，主要用於征討；從語言上看，主要是散體文。

13.「移文」和「移」，實際上是同一種文體，即「移」。《藝文類聚》在2卷的2個子目下選錄有「移」和「移文」。移，是勸諭訓誡的文告。同檄文類似，但不用於對敵，而是行於官府和官民之間。用於武事的移，實際上爲檄文的衍生名稱。爲了界定文種，《藝文類聚》未選此類移文。

14.「勢」和「弈旨」「弈勢」，實際上均不是文體名稱。「勢」非文體。《辭源》和《漢語大字典》《漢語大詞典》均把「勢」解釋爲一種文體的名稱，大誤，這恐怕是受到《文章緣起》的影響。《藝文類聚》卷七十四巧藝部的子目「書」下的文體「勢」中，共收有4篇文章，分別是：後漢蔡邕的《篆書勢》、晉衛恒的《四體書勢》、晉索靖的《書勢》、晉劉邵的《飛白書勢》。《文章緣起》中提到的崔瑗的《草書勢》，是書論史上的第一篇專論，王鎭遠評論說：「(《草書勢》)通過形象描摹而展現書法特徵的論書方式沾漑後人，成爲中國書論的一種重要表現形式，如蔡邕的《篆勢》、衛恒的《古文字勢》、《隸勢》及索靖的《草書勢》以及唐宋大量描摹書法的詩賦都可以說是崔瑗此文的後裔。」〔註30〕蔡邕的《篆書勢》等所謂「勢」體文章，均是書論體的文章，應該歸入「論」體。

同樣道理，《藝文類聚》卷七十四巧藝部的子目「圍棋」下文體「弈勢」中收錄的魏應瑒的《弈勢》，則是專論圍棋的文章，也應該歸入「論」體；「弈勢」也不是文體名稱。《藝文類聚》卷七十四巧藝部的子目「圍棋」下文體「弈旨」中收錄的後漢班固的《弈旨》，《班蘭臺集》歸爲文體「文」。弈，圍棋；旨，要旨，要領。按照我們的分法，歸爲「論」體文亦未嘗不可；「弈旨」也同樣不是文體名稱。

（五）《藝文類聚》中選錄的文體數量

通過對《藝文類聚》中選錄的文體名稱的辨正，去掉重複和錯謬的，共得出51種：

（1）詩，（2）賦，（3）贊，（4）表，（5）歌，（6）文，（7）頌，（8）銘，（9）令，（10）序，（11）祭文，（12）啓，（13）論，（14）箴，（15）碑，（16）

〔註30〕王鎭遠，中國書法理論史〔M〕，合肥：黃山書社，1990：12。

吟，（17）書，（18）述，（19）誄，（20）章，（21）議，（22）哀策，（23）敕，（24）箋，（25）諡策，（26）詔，（27）教，（28）墓誌，（29）說，（30）解，（31）疏，（32）訓，（33）誥，（34）歎，（35）哀辭，（36）志，（37）弔，（38）樂府，（39）傳，（40）策，（41）奏，（42）難，（43）七，（44）連珠，（45）引，（46）詠，（47）移，（48）戒，（49）檄，（50）謳，（51）行狀。

《藝文類聚》實際選錄的文體數量，比其標注的少20種。

十八、唐代類書對陶淵明的認知與接受
——以《藝文類聚》《初學記》《白氏六帖事類集》爲例

　　陶淵明接受史研究，是學術史上一個有趣的話題；詩人生前寂寞，死後卻聲譽日隆，關注度持久不衰；這種巨大的反差，極大刺激著研究者鉤沉梳理的興趣。在唐代，陶淵明及其作品的傳播，主要有陶集、《文選》、類書、史書四種途徑。陶集、《文選》，論者甚眾；史書記載，具體明白；唯有古已有之的類書，處境尷尬。歷代學者多認爲類書「淆雜而滅裂」，〔註1〕「品格最下亦最濫」，〔註2〕「此體一興，而操觚者易於檢尋，注書者利於剽竊，轉輾稗販，實學頗荒。」〔註3〕因此，歷史上關於類書的專門論述極爲罕見。在當代，雖然情況發生轉變，但對類書與陶學關係的研究還很少，且不夠深入，如劉文中的《唐代陶淵明接受研究》，在「緒論」中涉及到類書與陶學關係的話題，但限於該書體例與論述重心，未能對此展開論述。

　　本文的目的，是通過唐代類書對陶淵明事典與詩文的輯錄情況，深入而翔實地考察類書與陶學的關係，拓展陶淵明接受史上這一有待進一步開發的研究領域。

〔註1〕黃摩西，《普通百科新大辭典》序〔M〕，／／黃摩西，普通百科新大辭典，上海：國學扶輪社，1911。

〔註2〕汪辟疆，目錄學研究〔M〕，上海：華東師範大學出版社，2000：215。

〔註3〕（清）永瑢，等，四庫全書總目〔M〕，北京：中華書局，1965：1141。

（一）唐代類書對陶淵明事典、詩文輯錄概況

在唐代，類書的數量明顯增多，據趙含坤《中國類書》統計，共有 103 部，9000 多卷。完整保存至今的有《藝文類聚》《初學記》《白氏六帖事類集》（以下簡稱《六帖》）三部，分別成書於武德七年（624 年）、開元十六年（728 年）和貞元、元和年間，各有代表性和影響力。

《藝文類聚》乃受詔編纂，目的是「欲使家富隋珠，人懷荊玉」，〔註4〕，即編成家藏一本，甚至人手一冊的大眾化類書；此書借助朝廷的推廣，在民間的影響一定空前。

《初學記》的編纂則與皇子教育有關。《大唐新語》載：「玄宗謂張說曰：『兒子等欲學綴文，須檢事及看文體。……卿與諸學士撰集要事並要文，以類相從，務取省便。令兒子等易見成就也。』（張）說與徐堅、韋述等編此進上，詔以《初學記》為名。」〔註5〕《郡齋讀書志》亦載：「初，張說類集事要，以教諸王。開元中，詔（徐）堅與韋述、佘欽、施敬本、張煊、李銳、孫季良分門撰次。」〔註6〕張說以宰相知集賢院事，為學士之首，所以玄宗獨降敕與他，而實際工作則以副知院事徐堅為首。

《六帖》是白居易為積累寫作材料而自編的類書。宋代程大昌認為此書的命名與進士考試中的帖經之法有關〔註7〕《四庫全書總目》的編者予以駁斥，認為「此書雜採成語故實，備詞藻之用，與進士帖經絕不相涉」。〔註8〕不論是否與帖經有關，此書都非常流行，唐宋時不斷有人對它擴充、補續即是證據。

在這三部類書中，共有五十一處輯錄陶淵明事典或詩文，事典均具有代表性，詩文多為陶淵明代表作。類書對一時代普通人的知識結構、文化趣味以及思維方式均有影響，所以能夠從一個側面考察出唐代對陶淵明的認知與接受。

〔註4〕（唐）歐陽詢，撰；汪紹楹，校，藝文類聚〔M〕，上海：上海古籍出版社，1999：27。（以下簡稱「《藝文類聚》」）

〔註5〕（唐）劉肅，大唐新語〔M〕，北京：中華書局，1984：137。

〔註6〕（宋）晁公武，郡齋讀書志〔M〕，//四部叢刊三編，上海：上海書店，1985。

〔註7〕（宋）程大昌，演繁露〔M〕，//景印文淵閣四庫全書：第852冊，臺北：商務印書館，1983：82。

〔註8〕同〔註3〕：1143。

（二）唐代類書對陶淵明隱士身份的認知與接受

　　從南朝梁代鍾嶸始，便認爲陶淵明是「古今隱逸詩人之宗」。〔註 9〕梁代沈約的《宋書》、唐代房玄齡等的《晉書》、唐代李延壽的《南史》，均將陶淵明置於《隱逸傳》，可見南朝和唐代都把陶淵明看作隱士。《藝文類聚》《初學記》並輯王弘致酒之事，《藝文類聚》卷四「歲時中・九月九日」載：「《續晉陽秋》曰：陶潛嘗九月九日無酒，宅邊菊叢中，摘菊盈把，坐其側久，望見白衣至，乃王弘送酒也。即便就酌，醉而後歸。」〔註 10〕同書卷八十一「藥香草部上・菊」又引《續晉陽秋》所載此事。《初學記》卷四「歲時部・九月九日・事對」「王酒」條亦引此，文字基本相同。據沈約《宋書・隱逸傳》載，此爲陶淵明隱居之後事。九月九日宅邊摘菊、王弘送酒事，頗具典型意義，凸顯了陶淵明超逸的隱士形象。

　　菊花是傳統的中藥，古人認爲飲菊花酒能夠延年益壽，因此菊花被稱爲「延壽客」。〔註 11〕陶淵明之前，重陽之菊的文化內涵，僅此而已。從陶淵明開始，「菊」被賦予一種嶄新的文化意蘊——隱士標格。周敦頤《愛蓮說》云：「晉陶淵明獨愛菊。……予謂菊，花之隱逸者也。」〔註 12〕陶淵明與菊的契合點在於「隱逸」。《藝文類聚》《初學記》輯錄的有關菊花酒事的文字，雖然僅此一段，但在傳播陶淵明隱士身份上極具典型意義。

　　《六帖》輯錄的陶淵明隱逸事蹟增多，除了在卷一「九月九日・菊酒」條下輯錄王弘重陽致酒之事外，按照卷次順序依次還有：卷四「印綬」有「買臣懷，淵明棄」之語。卷七「隱逸」「慕山林之操」條釋語曰：「晉陶潛字淵明，少慕山林之操，志行高潔，退居山林，以琴酒自娛。」同卷「五柳」條釋語曰：「陶潛五柳。」卷十二「棄官」「歸去來」條釋語曰：「陶潛爲彭澤令，曰：『今日不能爲五斗粟折腰於鄉里小兒。』乃棄官作《歸去來》。」同卷「解印詠風」條釋語曰：「陶潛事。」卷十八「琴」「但識琴中趣，何勞弦上聲」條釋語曰：「陶潛不解琴，蓄素琴一張，弦徽不具曰云云。」卷二十一「縣令」「歸去來」條釋語曰：「晉陶潛淵明爲彭澤令，州使掾來，吏曰：『當迎。』潛曰：『不能爲五斗米折腰於鄉里小兒。』乃詠《歸去來》，遂納印，棄官而

〔註 9〕 鍾嶸，著；陳延傑，注，詩品注〔M〕，北京：人民文學出版社，1961：41。
〔註 10〕《藝文類聚》：81。
〔註 11〕（宋）吳自牧，夢梁錄〔M〕，杭州：浙江人民出版社，1980：30。
〔註 12〕（宋）周敦頤，周敦頤集〔M〕，北京：中華書局，2009：53。

歸。」〔註13〕卷十二和卷二十一兩次輯錄陶淵明棄官歸隱之事，凸顯陶淵明氣節與隱士身份；其餘各條也都突出具有隱士特點的琴、酒、山林等意象。《六帖》所引陶淵明隱逸事蹟增多，說明中唐對陶淵明隱士身份的認識加深。

陶淵明隱士身份被唐代類書認知與接受不是偶然的，而是有其特定的時代因素。在唐代，隱逸作爲包含高雅脫俗等價值觀念的生活方式，受到全社會普遍欣賞，成爲文人喜歡談論的話題。尙隱風氣的形成，與唐代皇帝禮遇隱士的做法關係密切。《舊唐書·隱逸傳》云：「高宗天后，訪道山林，飛書岩穴，屢造幽人之宅，堅回隱士之車。」〔註14〕顯慶四年（659年）二月，唐高宗還在制舉中設「安心畎畝，力田之業夙彰科」和「養志丘園，嘉遁之風載遠科」〔註15〕初盛唐時期尋訪棲隱的狂熱，在唐高宗、武則天時期達到高潮。唐玄宗禮遇隱士盧鴻一的故事，更是傳爲一時美談。〔註16〕據《冊府元龜》卷六七、六八「帝王部·求賢」所載，唐代幾乎每個皇帝都下過搜求「丘園棲隱」「遁跡藏名」之士的詔書。朝廷徵隱，刺激士人競相奔走「終南捷徑」，社會上重隱之風日烈。唐代詩文中嘉隱慕遁的言論，不勝枚舉。陶淵明在官修史書中立有專傳，是前代著名隱士，又被收入流行的《高士傳》中，成爲傚仿的對象；唐人在抒隱逸之情，行隱逸之事時，便很自然地想起陶淵明。因此尙隱是唐代類書接受陶淵明隱士身份的基本社會原因。

與唐代類書對陶淵明隱士身份的認知與接受相關聯的一個問題是，雖然唐代類書輯錄了陶淵明的隱逸之事，但在設有「隱逸」類的《藝文類聚》《六帖》中並未輯錄陶淵明的詩作。這是否說明類書的編者只認可陶淵明的隱士身份，卻不認可他的詩人身份，或者認爲陶淵明所作不是隱逸詩，他不是隱逸詩人呢？胡大雷先生就持有類似觀點，他認爲，鍾嶸稱陶淵明爲「古今隱逸詩人之宗」的見解並未獲得唐宋人的認同。〔註17〕我們認爲，胡先生此說不確。且不說宋代類書《太平御覽》《類說》《記纂淵海》《群書考索》等均輯錄鍾嶸此語（輯錄本身就是一種接受），就是僅以本文所及考察，此說也不能

〔註13〕 （唐）白居易，白氏六帖事類集〔M〕，∥董治安，唐代四大類書，北京：
　　　　清華大學出版社，2003：1979、2010、2064、2121、2155。
〔註14〕 （後晉）劉昫，等，舊唐書·隱逸傳〔M〕，北京：中華書局，1975：5116。
〔註15〕 （宋）趙彥衛，雲麓漫鈔〔M〕，瀋陽：遼寧教育出版社，1998：61。
〔註16〕 （後晉）劉昫，等，舊唐書·隱逸傳·盧鴻一傳〔M〕，北京：中華書局，1975：
　　　　5119～5121。
〔註17〕 胡大雷，《文選》編纂研究〔M〕，桂林：廣西師範大學出版社，2009：302。

成立。《藝文類聚》「人部·隱逸」雖未摘錄陶詩，卻在「賦」體中摘錄了表現歸隱田園的《歸去來兮辭》片段，在「贊」體中摘錄了歌頌隱士的《夷齊贊》《魯二儒贊》《張長公贊》《周陽（妙）珪贊》等近似四言詩的韻文和近似五言詩的《尚長禽贊》。《歸去來兮辭》題名《歸去來》，置於「賦」體陸倕《思田賦》和沈約《八詠》（守山東）之間；沈約《八詠》亦可劃歸為詩，《歸去來》介於賦、詩之間，故編者將其置於「賦」體之後，乃是變通的做法。收錄這些作品可以看作編者對陶淵明隱逸詩人的一種間接確認。況且在《藝文類聚》的其他部類和《初學記》中，還輯有陶淵明不少田園隱逸之作（詳下），就更能說明問題了。《六帖》摘引了《歸去來兮辭》二語，其編者白居易還說過「以康樂之奧博，多溺於山水；以淵明之高古，偏放於田園」的話〔註18〕，將山水與田園對舉，肯定了陶淵明詩作的田園隱逸性質。

《藝文類聚》《六帖》「隱逸」類未輯錄陶詩的現象尚可深入探析。通觀陶詩，單純表現隱逸之情的詩作並不多。即使是表現企慕隱逸的作品，也多寫在歸隱之前，主要是表達「遙遙從羈役，一心處兩端」（《雜詩》其九）的矛盾心理；歸隱後，其隱逸之情便融入農事活動之中。如果將這些詩算作隱逸詩的話，也只是包著田園詩外殼的廣義的隱逸詩，與描寫隱逸生活與環境、吟詠隱士、企慕隱逸、徵隱士出山等單純表現隱逸主題的狹義隱逸詩不同。胡大雷認為，《藝文類聚》「人部·隱逸」未錄陶詩，是因為陶詩與整個「隱逸」類所錄的隱逸詩品格不合。胡先生認為，「人部·隱逸」除了題名「招隱」的詩作，所錄詩可分為吟詠隱士、吟詠隱居生活或隱居處景物、招隱士出山等三類，且前兩類詩或把隱士的生活環境置於山林之中，或都是山林景物。〔註19〕此說大抵確當。因為「人部·隱逸」所輯都是狹義的隱逸詩；遍檢陶集，此類詩作甚少。這就是陶詩不入「隱逸」類的重要原因。只是「前兩類詩或把隱士的生活環境置於山林之中，或都是山林景物」的說法，值得商榷。據筆者考察，《藝文類聚》「人部·隱逸」許多詩中的山、林意象，或是一般的點綴，或是說理時使用的意象，並不都是以背景畫面出現的；前者如任昉的《答何徵君詩》，後者如梁武帝的《逸民詩》、任昉的《答劉居士詩》等。

〔註18〕（唐）白居易，著；顧學頡，校點，白居易集〔M〕，北京：中華書局，1979：961。
〔註19〕同〔註17〕：297。

　　《藝文類聚》《六帖》「隱逸」類未收陶詩還可能受了《文選》的影響。特別是《藝文類聚》，編纂時間與《文選》接近，對陶詩的歸類蓋因襲《文選》。《文選》選錄八首陶詩，六首與隱逸有關。以《藝文類聚》《文選》都選錄的《讀山海經》（其一）和《辛丑歲七月赴假還江陵夜行塗口》爲例，《讀山海經》（其一）寫歸隱後耕餘讀書之樂，《辛丑歲七月赴假還江陵夜行塗口》抒發出仕時的隱逸願望，兩詩均與隱逸有關；前者《藝文類聚》收錄在「雜文部·讀書」，《文選》入「雜詩」類；後者《藝文類聚》收錄在「人部·行旅」，《文選》亦入「行旅」類。這樣劃歸原因何在？第一，《讀山海經》（其一）全詩雖然以描寫隱逸生活爲主題，但《藝文類聚》的編者對其進行了刪減，節錄的部分爲：「既耕亦已種，且還讀我書。泛覽周王傳，流觀山海圖。俯仰終宇宙，不樂復何如？」〔註 20〕變成了以讀書爲主題的詩，故入「雜文部·讀書」。《藝文類聚》摘錄的《辛丑歲七月赴假還江陵夜行塗口》爲：「閒居三十載，遂與塵事冥。詩書敦宿好，園林無俗情。叩枻新秋月，臨流別友生。涼風起將夕，夜景湛虛明。」〔註21〕表達詩人企慕隱逸的句子同樣被刪減了，變成以行旅爲主題的詩，故入「人部·行旅」。第二，《文選》「招隱」「反招隱」類未錄陶詩，《藝文類聚》加以倣傚，在其「人部·隱逸」也不錄陶詩；對於與隱逸有關的詩作，均做了類似以上兩詩那樣的刪減，並歸入其他部類。

（三）唐代類書對陶淵明詩文的認知與接受

　　就類書編纂角度而言，《藝文類聚》《初學記》《六帖》都是事文兼採的。從採「文」看，有的是全文輯錄，有的是摘句；而對於有故事情節之文，如《桃花源記》，在《六帖》卷三十「桃」「武陵」條下所輯文字，則屬於改寫，消解了原文的故事性，反映出類書編者對敘事的排斥態度。

　　唐代類書對陶淵明詩文的輯錄方式，使其具有選本批評與摘句批評意義。除《六帖》對陶淵明詩文完全是摘句外，《藝文類聚》《初學記》完整輯錄的陶淵明詩文有：《藝文類聚》卷三十六「人部·隱逸」中的《魯二生贊》《夷齊贊》《尚長禽慶贊》，《初學記》卷十四「禮部·輓歌·詩」中的「荒草何茫茫」詩。兩書完整輯錄的陶淵明作品雖然不多，但在一定程度上卻具有陶淵明詩文選本批評的特徵。

〔註 20〕 《藝文類聚》：991。
〔註 21〕 《藝文類聚》：485。

　　根據傳統目錄學，選本屬於集部總集類；此以「選本」爲名，旨在別於
「逢詩輒取、逢文即書」（鍾嶸《詩品序》）一類的總集。《隋書·經籍志》將
《文心雕龍》和《詩品》等「解釋評論」之作，列於總集類，說明唐代人對
選本批評作用的認識。《四庫全書總目·總集類》小序云：「文籍日興，散無
統紀，於是總集作焉。一則網羅放佚，使零章殘什，並有所歸；一則刪汰繁
蕪，使菁稗咸除，菁華畢出。」〔註 22〕指出總集的兩方面功能：一是網羅眾
作，二是薈萃菁華。作爲總集之一的選本，其功能更偏重於區別優劣，體現
編纂主旨與編者看法，進而進行文學批評。

　　批評總要依據一定的審美標準，而一定的審美標準又制約著對具體作品
的選錄。《魯二儒》《夷齊》是《讀史述九章》中的兩篇。「史」是指《史記》，
「述」是述懷。在《史記》眾多歷史人物中，選擇夷齊、箕子、管鮑、程杵、
七十二弟子、屈賈、韓非、魯二儒、張長公等述而賦之，表明對他們的爲人
及事蹟深有所感，寄寓敬仰之意。《藝文類聚》選錄《魯二儒》《夷齊》兩篇，
並在文題中加「贊」字，歸入「贊」體。吳訥云：「贊者，讚美之辭。」〔註 23〕
其體有三：一曰雜贊，二曰哀贊，三曰史贊；《讀史述九章》屬於史贊。《魯
二儒贊》《夷齊贊》均爲四言，每篇八句，偶句用韻。《魯二儒贊》贊魯地兩
儒生。《史記·劉敬叔孫通列傳》載，漢初權臣叔孫通，被稱爲「知當世之要
務」，但魯二儒厭惡他好諛，拒不與其合作，守節隱居。故《魯二儒贊》云：
「逝焉不顧，被褐幽居」。〔註 24〕《夷齊贊》贊上古著名隱士伯夷、叔齊。兄
弟讓國，逃至周。武王伐紂，兩人叩馬而諫。殷滅後，恥食周粟，隱於首陽
山，采薇而食之，遂餓死。《尚長禽慶贊》中的尚長，《後漢書》作「向長」，
隱居不仕。禽慶，亦爲東漢人，王莽篡權，辭官歸隱。兩人俱遊名山，不知
所終。三篇贊文，均贊隱士。文章取材與陶淵明本身不仕而歸耕的行事有關。
就其形式而言，《尚長禽慶贊》爲五言八句，其餘兩篇是四言。就其內容而言，
三篇均贊隱士，與「人部·隱逸」的主旨相符，故選錄。《初學記》所錄「荒
草何茫茫」詩，是《擬輓歌辭》的第三首，亦爲《文選》所錄。《擬輓歌辭》
三首作於陶淵明六十三歲時，具有自挽性質，無隱逸內容；第三首寫眾人給
自己送葬。就其內容而言，與部類「輓歌」的主旨相符；就其形式而言，與
「詩」的體裁一致，故選錄。

〔註 22〕　同〔註 3〕：1685。
〔註 23〕　（明）吳訥，文章辨體序說〔M〕，北京：人民文學出版社，1962：47。
〔註 24〕　《藝文類聚》：652。

　　對於類書來說，所選作品大部分是摘錄。若從「摘句」角度看，在一定程度上具有「秀句集」的性質，體現了「摘句」批評的意義。《藝文類聚》摘錄的陶文片段依次有：《祭從弟敬遠文》《與子儼等疏》《歸去來兮辭》《周陽（妙）珪贊》《自祭文》《桃花源記》《五柳先生傳》；陶詩片段依次有：《辛丑歲七月赴假還江陵夜行塗口》《詠貧士》（七首）之「萬物各有託」「安貧守賤者」、《讀山海經》（其一）、《詠荊軻》《歸園田居》之「種豆南山下」「少無適俗韻」、《飲酒》序及「結廬在人境」「秋菊有佳色」「有客常同止」。《初學記》摘錄的陶文片段依次有：《閒情賦》《桃花源記》；陶詩片段依次有：《詠貧士》（七首）之「萬物各有託」「淒厲歲云暮」「榮叟老帶索」「仲蔚愛窮居」、《讀山海經》之「粲粲三株樹」。《六帖》摘錄陶淵明作品很少，只有《歸去來兮辭》中「無心而出岫」「鳥倦飛而知還」二語，以及卷三十「桃」「武陵」條下述《桃花源記》梗概：「有桃花源，秦人避亂之所，漁人至焉。」〔註25〕

　　這種摘句方法，更適合查找各種材料和詩文取材之用。王昌齡《詩格‧論文意》曰：「凡作詩之人，皆自抄古今詩語精妙之處，名為隨身卷子，以防苦思。作文興若不來，即須看隨身卷子，以發興也。〔註26〕類書對詩文的摘錄，同樣具有「秀句集」的作用。但類書的摘句不是「鉅細畢舉」而「不加篩選」的資料陳列，而是體現著編者的主觀意圖和審美取向，還要符合類書輯錄文獻「以類相從」的原則和「子目標題法」和「篇題法」等具體方法。〔註27〕唐代類書摘錄陶淵明的「秀句」，有著一定的選句標準，是具體可徵的寫作範例，體現著編者對陶淵明的認知與接受。

　　不論是選本批評，還是摘句批評，唐代類書摘錄的陶淵明作品，大多為公認的代表作。摘錄詩文，顯出編者的價值評價和鑒別去取的眼光，這正是具體批評的表現。魯迅說：「選本可以借古人的文章，寓自己的意見。」〔註28〕對於類書而言，摘句同樣具有選本的功能。選錄《歸去來兮辭》《桃

〔註25〕同〔註13〕：2211。
〔註26〕（唐）王昌齡，詩格〔M〕，／／張伯偉，全唐五代詩格匯考，南京：江蘇古籍出版社，2002：164。
〔註27〕韓建立，《藝文類聚》輯錄文獻方法述略〔J〕，農業圖書情報學刊，2009（3）：85～87。
〔註28〕魯迅，魯迅全集‧集外集〔M〕，北京：人民文學出版社，1981：136。

花源記》,「採菊東籬下,悠然望南山」(《飲酒》)的隱逸詩人,有了幾分飄逸;選錄《閒情賦》「起攝帶以伺晨」諸句,語句清麗,表達熾烈愛情,平添幾分浪漫。作爲隱士,陶淵明絕非不食人間煙火,他也自有人間情懷、兒女情長。《祭從弟》數語,惻愴萬分,情勝手足;《與子儼等疏》殷殷誡勉之情,感人肺腑。陶淵明的歸隱,絕非啖飯之道,而是看破塵世之舉,所以能安貧樂道,勘破生死。《詠貧士》的「好爵吾弗營,厚饋吾不酬」,〔註29〕《自祭文》的「人生實難,死如之何」,〔註30〕《輓歌詩》的「親戚或餘悲,他人亦已歌。死去何所適,託體同山阿。」〔註31〕無不曠達、超脫。僅以詩論,除了爲人激賞的「悠然望南山」外,也還有「惜哉劍術疏」(《詠荊軻》)之類的「金剛怒目」式的抒情。

　　唐代類書對陶淵明詩文的輯錄,稱引恰當,展現的是眞實而全面的陶淵明形象。通過「摘錄」的方式,從側面體現了編者對陶淵明的評價。雖然未對陶淵明下隻字論斷,沒有任何抑揚,但摘與不摘,摘多摘少,「摘引」這一行爲本身已清楚表明了編者的看法。對於類書編纂來講,「摘引」這一行爲,雖然有著一定的隨意性,但並不能因此認定編者是在毫無原則的前提下任意摘引,而恰恰相反,編者是要遵循一定的原則的,即是否入選,選多選少,怎樣摘引,必須依據事先制定的選擇標準。

(四) 結語

　　唐代三部類書各有其代表性和影響力,也是陶淵明傳播的一個重要途徑。在整個唐代,特別是中唐以前,陶詩文知音稀少,常被忽視。唐代陶淵明的形象,主要還是高雅的隱士、嗜酒的縣令,而不是一位詩人。一些著述泛論文學史上的歷代作家時,往往不及陶淵明。而在唐代類書中,陶淵明不僅僅是個隱士,更是一位特色獨具的詩人。它們對陶淵明的認知與接受,爲讀書界提供了相當的知識與思想資源。略作這樣的比較,便可見唐代類書編者見識之高,選錄之全面,評價之公允,遠在一般儒士之上。

〔註29〕　《藝文類聚》:628。
〔註30〕　《藝文類聚》:679。
〔註31〕　(唐)徐堅,等,初學記〔M〕,北京:中華書局,1962:363。

表 1 《藝文類聚》輯錄的陶淵明的詩文及事典

卷數、部類 及子目	詩文題目 或事典出處	輯錄的文字
卷二十一人部 五·友悌·「文」	《祭從弟文》（爲 《祭從弟敬遠文》 片段）	仁者壽，竊獨信之；如何斯言，獨能見欺！年甫 過立，奄與世辭，長歸蒿里，邈無還期。庭樹如 故，齋字廓然，孰云敬遠，何時復旋？
卷二十三人部 七·鑒誡·「書」	《誡子書》（爲《與 子儼等疏》片段）	少來好書，偶愛閒靜，開卷有得，便欣然忘食。 見樹木交蔭，時鳥變聲，亦復歡爾有喜。常言五 六月中，北窗下臥，遇涼風暫至，自謂是羲皇上 人。汝等雖不同生，當思四海皆兄弟之義。鮑叔、 敬仲，分財無吝情；歸生、伍舉，班荊道舊，遂 能以敗爲成，因喪立功。他人尚爾，況同父之人 哉！
卷二十七人部 十一·行旅· 「詩」	《赴假還江陵夜行 塗口作詩》（爲《辛 丑歲七月赴假還江 陵夜行塗口》片段）	閒居三十載，遂與塵事冥。詩書敦宿好，園林無 俗情。叩枻新秋月，臨流別友生。涼風起將夕， 夜景湛虛明。
卷三十五人部 十九·貧·「詩」	《貧士詩》（爲《詠 貧士七首》其一片 段）	萬族各有託，孤雲獨無依。曖曖空中滅，何時見 餘暉。
卷三十五人部 十九·貧·「詩」	《詩》（安貧守賤 者）（爲《詠貧士七 首》其四片段）	安貧守賤者，自古有黔婁。好爵吾弗營，厚饋吾 不酬。一旦壽命盡，蔽覆乃不周。豈不知其極， 非道固無憂。
卷三十六人部 二十·隱逸 上·「賦」	《歸去來》（爲《歸 去來兮辭》片段）	歸去來兮，田園將蕪胡不歸？既自以心爲形 役，奚惆悵而獨悲？悟已往之不諫，知來者之可 追。實迷途其未遠，覺今是而昨非。舟遙遙而輕 颺，風飄飄而吹衣。乃瞻衡宇，載欣載奔。僮僕 歡迎，稚子候門。三徑就荒，松菊猶存。攜幼入 室，有酒盈樽。引壺觴以自酌，眄庭柯以怡顏。 倚南窗以寄傲，審容膝之易安。策扶老以流憩， 時矯首而遐觀。雲無心而出岫，鳥倦飛而知還。 農人告余以春將及，有事乎西疇。或命巾車，或 棹孤舟。既窈窕而尋壑，亦崎嶇而經丘。木欣欣 以向榮，泉涓涓而始流。善萬物之得所，感吾年 之行休。已矣乎！寓形宇內，復得幾時？曷不委 心任去留？胡爲乎遑遑欲何之？富貴非吾願，帝 鄉不可期。懷良辰以孤往，或植杖而耘耔。登東 皋以舒嘯，臨清流而賦詩。聊乘化以歸盡，樂夫 天命復奚疑！

卷三十六人部二十‧隱逸上‧「贊」	《張長公贊》（爲《讀史述九章》其九全文）	遠哉長公，蕭然何事？世路皆同，而我獨異。斂轡揭來，閒養其志。寢跡窮年，誰知斯意！
卷三十六人部二十‧隱逸上‧「贊」	《周妙珪贊》（爲《扇上畫贊》片段）	美哉周子，稱疾閒居；寄心清商，怡然自娛。翳翳衡門，洋洋泌流；日玩群書，顧眄寡疇。飲河既足，自外皆休；緬懷千載，託契孤遊。
卷三十六人部二十‧隱逸上‧「贊」	《魯二儒贊》（爲《讀史述九章》其八全文）	易大隨時，迷變則愚。芬芬若人，特爲貞夫。德不百年，污我詩書。逝焉不顧，被褐幽居。
卷三十六人部二十‧隱逸上‧「贊」	《夷齊贊》（爲《讀史述九章》其一全文）	二子讓國，相隨海隅。天人革命，絕景窮居。采薇高歌，慨想黃虞。貞風凌俗，爰感儒夫。
卷三十六人部二十‧隱逸上‧「贊」	《尚長禽慶贊》（全文）	尚子昔薄宦，妻孥共早晚。貧賤與富貴，讀易悟益損。禽生善周遊，周遊日已遠。去矣尋名山，上山豈知反。
卷三十八禮部上‧祭祀‧「文」	《自祭文》（片段）	歲惟丁未，律中無射。天寒夜長，風氣蕭索，鴻雁於徵，草木黃落。陶子將辭逆旅之館，永歸本宅。故人淒其相悲，同祖行於今夕。自余爲人，逢運之貧，簞瓢屢罄，絺綌冬陳。已達運命，疇能罔眷。余今斯化，可以無恨。壽涉百齡，身慕肥遁，從老得終，奚所復戀！葬之中野，以安其魂。寂寂我行，蕭蕭墓門。奢恥宋臣，儉笑王孫。匪貴前譽，孰重後歌？人生實難，死如之何？
卷五十五雜文部一‧讀書‧「詩」	《讀山海經詩》（爲《讀山海經十三首》其一片段）	既耕亦已種，時還讀我書。泛覽周王傳，流觀山海圖。俯仰終宇宙，不樂復何如！
卷五十五雜文部一‧史傳‧「詩」	《詠荊軻詩》（爲《詠荊軻》片段）	惜哉劍術疏，奇功遂不成。其人久已沒，千載有餘情。
卷六十五產業部上‧田‧「詩」	《雜詩》（應爲《歸園田居五首》其三片段）	種豆南山下，草盛豆苗稀。晨興理荒穢，帶月荷鋤歸。
卷六十五產業部上‧園‧「詩」	《雜詩》（應爲《歸園田居五首》其一片段）	開荒南野際，守拙歸園田。方澤十餘畝，草屋八九間。榆柳蔭後簷，桃李羅堂前。
卷六十五產業部上‧園‧「詩」	《雜詩》（應爲《飲酒二十首》其五片段）	結廬在人境，而無車馬喧。問君何能爾？心遠地自偏。採菊東籬下，悠然望南山。

卷六十五產業部上·園·「詩」	《雜詩》（應為《飲酒二十首》其七片段）	秋菊有佳色，裛露掇其英。泛此忘憂物，遠我遺世情。
卷七十二食物部·酒·「詩」	《飲酒詩》（為《飲酒二十首》序、其十三片段）	既醉之後，輒以數句自娛，紙墨遂多。別辭無次，聊命故人書之，以為談笑也。有客常同止，趣舍邈異景。一士長獨醉，一夫終年醒。醒醉還相笑，發言各不領。
卷八十六果部上·桃	《桃花源記》（片段）	晉太元中，武陵人捕魚，從溪而行，忽逢桃花林，夾兩岸數百步，無雜木，芳華芬曖，落英繽紛，漁人異之。前行窮林，林盡見山。山有小口，彷彿有光，便捨船步入。初極狹，行四五十步，豁然開朗。邑室連接，雞犬相聞。男女被髮，怡然並足。見漁人大驚，問所從來。要還，為設酒食。云先世避秦難，率妻子來此，遂與外隔絕，不知有漢，無論魏晉也。既出，白太守。太守遣人隨而尋之，迷不復得路。
卷八十九木部下·楊柳	《五柳先生傳》（片段）	先生不知何許人，亦不詳其姓字。宅邊有五柳，因以為號。
卷四歲時中·九月九日	《續晉陽秋》	陶潛嘗九月九日無酒，宅邊菊叢中，摘菊盈把，坐其側久，望見白衣至，乃王弘送酒也。即便就酌，醉而後歸。
卷六十七衣冠部·巾帽	沈約《宋書》	陶潛在家，郡將侯潛，值其酒熟，取頭上葛巾漉酒，漉酒畢，復還著之。
卷八十一藥香草部上·菊	《續晉陽秋》	陶潛無酒，坐宅邊菊叢中，採摘盈把，望見王弘遣送酒，即便就酌。

表2 《初學記》輯錄的陶淵明的詩文及事典

卷數、部類及子目	詩文題目或事典出處	輯錄的文字
卷四歲時部下·九月九日·事對·「王酒」	檀道鸞《續晉陽秋》	陶潛九月九日無酒，於齋邊菊叢中，摘盈把坐其側。久望見白衣人，乃王弘送酒，即便就酌而後歸。
卷十四禮部下·輓歌·「詩」	宋陶潛《輓歌詩》（為《擬輓歌詩三首》其三）	荒草何茫茫，白楊亦蕭蕭。嚴霜九月中，送我出遠郊。四面無人居，高墳正嶕嶢。馬為仰天鳴，風為自蕭條。幽室一已閉，千年不復朝。千年不復朝，賢達無奈何。向來相送人，各自歸其家。親戚或餘悲，他人亦已歌。死去何所適，託體同山阿。

卷十六樂部下·笛·事對「清哀」	陶潛《閒情賦》(片段)	起攝帶以侍晨，繁霜粲於素階。雞斂翅而未明，遠笛鳴而清哀。
卷十八人部中·貧·「詩」	宋陶潛《詠貧士詩七首》(爲《詠貧士詩七首》其一、其二、其三、其六片段)	萬族皆有託，孤雲獨無依。曖曖空中滅，何時見餘暉。又曰：淒厲歲將暮，擁褐抱南軒。前圃無遺秀，枯條盈北園。傾壺絕餘瀝，窺灶不見煙。詩書塞坐外，白日去不還。又曰：榮叟老帶索，欣然方彈琴。原生納決履，清歌暢商音。斂袂不掩肘，藜羹乏恒斟。豈忘襲輕裘，苟得非所欽。又曰：仲蔚愛窮居，繞屋生蒿蓬。翳然絕交遊，賦詩頗能工。介焉安其業，所樂非窮通。人事固已拙，聊得長自從。
卷二十八果木部·桃·事對「武陵源」	陶潛《桃源記》(爲《桃花源記》片段)	晉太康中，武陵人捕魚，從溪而行，忘路遠近。忽逢花林，夾兩岸芳華鮮美，落英繽紛。林盡得山，山有小口。初極狹，行四五步，豁然開朗。邑屋連接，雞犬相聞，男女衣著，悉如外人。見漁父驚，爲設酒席。云先世避秦難，率妻子來此，遂與外隔。問今是何代，不知有漢，無論魏晉。既出，白太守，遣人隨往尋之，迷不復得。
卷二十八果木部·橘·事對「擲兩」	陶潛《搜神後記》	會稽東野有女子，姓吳，字望。於路忽見一貴人，儼然端坐，即蔣侯像也。因擲兩橘與之。數數形見，遂降情好。
卷二十九獸部·狗·事對「烏龍」	陶潛《搜神記》(實爲《搜神後記》)	會稽句章人張然，養一狗甚快，名曰「烏龍」。
卷二十九獸部·鹿·事對「紫纁」	陶潛《搜神後記》	淮南來氏，於田種豆。忽見有二女，姿色甚美，著紫纁襦青裙，天雨而衣不濕。其壁先掛一銅鏡，鏡中見二鹿。以刀斫獲之，以爲脯。
卷三十鳥部·鳳·事對「雲儀」	晉陶潛《讀〈山海經〉詩》(爲《讀〈山海經〉十三首》其七片段)	靈鳳撫雲儀，神鸞垂玉音。雖非世上寶，爰得王母心。

表3 《白氏六帖事類集》輯錄的陶淵明的詩文及事典

卷數、部類及子目	詩文題目或事典出處	輯錄的文字
卷一雲	(《歸去來兮辭》)	雲無心而出岫。
卷一九月九日·「菊酒」	《晉陽秋》	陶潛九月九日無酒，宅邊摘菊盈把。望見白衣人至，乃王弘送酒。便飲，醉而歸。

卷四印綬		買臣懷，淵明棄
卷七隱逸·「慕山林之操」		晉陶潛，字淵明。少慕山林之操，志行高潔，退居山林，以琴酒自娛。
卷七隱逸·「五柳」		陶潛五柳
卷十二棄官·「歸去來」		陶潛爲彭澤令，曰：「今日不能爲五斗粟折腰於鄉里小兒。」乃棄官，作《歸去來》。
卷十二棄官·「解印詠風」		陶潛事
卷十八琴·「但識琴中趣，何勞弦上聲」		陶潛不解琴，畜素琴一張，弦徽不具，曰云云。
卷二十一縣令·「彭澤柳」		陶潛，字淵明，爲彭澤令，門種五柳。
卷二十一縣令·「歸去來」		晉陶潛淵明爲彭澤令，州使掾來。吏曰：「當迎。」潛曰：「不能爲五斗米折腰於鄉里小兒。」乃詠《歸去來》，遂納印棄官而歸。
卷二十九鳥	（《歸去來分辭》）	鳥倦飛而知還。
卷三十桃·「武陵」	（《桃花源記》）	有桃花源，秦人避亂之所，漁人至焉。
卷三十柳·「彭澤」		柳
卷三十柳·「五柳先生」	（《晉書·陶潛傳》）	《晉書》：陶潛，字淵明，爲彭澤令。宅邊栽五株柳，自號爲五柳先生。
卷三十菊		東籬下黃菊

附錄：《藝文類聚》收錄的作者

（按朝代排序）

（所標頁碼爲李劍雄、劉德權編《藝文類聚索引》中的頁碼。該索引根據 1965 年中華書局上海編輯所初版、1999 年上海古籍出版社重印的《藝文類聚》排印本編製）

一、先秦

1.（楚）宋玉（第 54 頁）
2.（齊）甯戚（第 54 頁）
3.（秦）李斯（第 79 頁）
4.（燕）荊軻（第 83 頁）
5.（楚）荀況（第 88 頁）
6.（魯）柳下惠妻（第 92 頁）
7.（齊）魯仲連（第 447 頁）

二、西漢

1. 應劭（第 2 頁）
2. 京房（第 8 頁）／京氏（第 8 頁）
3. 許慎（第 16 頁）
4. 王充（第 16 頁）
5. 王褒（第 17 頁）
6. 貢禹（第 25 頁）
7. 賈誼（第 25 頁）
8. 班婕妤（第 25 頁）
9. 張俊（第 27 頁）

10. 張敞（第 30 頁）

11. 孔臧（第 31 頁）

12. 孔安國（第 32 頁）

13. 司馬遷（第 34 頁）

14. 司馬相如（第 34 頁）

15. 邵信臣（第 34 頁）

16. 焦贛（第 34 頁）／崔顥（第 39 頁）／焦貢（第 35 頁）

17. 衛宏（第 36 頁）

18. 仲長統（第 44 頁）

19. 朱公叔（第 45 頁）

20. 烏孫公主（第 51 頁）

21. 鄒陽（第 51 頁）

22. 漢高祖（第 76 頁）／劉邦（漢）（第 106 頁）

23. 漢吾丘壽王（第 76 頁）

24. 漢武帝（漢孝武皇帝）（第 77 頁）／劉徹（漢）（第 102 頁）

25. 漢獻帝（第 77 頁）

26. 漢淮南王（第 77 頁）／淮南王（第 53 頁）

27. 李陵（第 80 頁）

28. 韋孟（第 81 頁）

29. 董仲舒（第 83 頁）

30. 蕭望之（第 85 頁）

31. 蘇武（第 87 頁）

32. 荀悅（第 88 頁）

33. 黃石公（第 88 頁）

34. 杜欽（第 90 頁）

35. 楊雄（第 91 頁）

36. 楊惲（第 92 頁）

37. 枚乘（第 93 頁）

38. 史岑（第 93 頁）

39. 東方朔（第 93 頁）

40. 晁錯（第 99 頁）

41. 嚴尤（第 99 頁）

26. 朱穆（第 44 頁）

27. 朱浮（第 44 頁）

28. 皇甫規（第 45 頁）

29. 侯瑾（第 49 頁）

30. 徐淑（秦嘉妻）（第 52 頁）／秦嘉妻徐淑（第 93 頁）

31. 竇玄舊妻（第 54 頁）

32. 宋子侯（第 54 頁）

33. 馮衍（敬通）（第 58 頁）／馮敬通（第 58 頁）

34. 禰衡（第 58 頁）

35. 潘勗（第 59 頁）

36. 邊孝先（第 78 頁）

37. 士孫瑞（第 79 頁）

38. 李尤（第 79 頁）

39. 桓譚（君山）（第 82 頁）／桓君山（第 83 頁）

40. 桓麟（當作「驎」）（第 83 頁）

41. 蘇順（第 87 頁）

42. 黃香（第 89 頁）

43. 蔡邕（第 89 頁）／蔡邑（第 90 頁）

44. 杜篤（第 90 頁）

45. 楊孝元（第 92 頁）

46. 胡廣（第 92 頁）

47. 趙一（第 93 頁）／趙壹（東漢）（第 93 頁）

48. 趙岐（第 93 頁）

49. 秦嘉（第 93 頁）

50. 秦氏（第 93 頁）

51. 馬融（第 101 頁）

52. 馬援（第 101 頁）

53. 劉廣世（第 101 頁）

54. 劉梁（第 102 頁）

55. 劉騊駼（第 107 頁）

56. 滕輔（第 114 頁）

57. 鄭玄（第 115 頁）

58. 鄭氏（即「鄭眾」）（第 115 頁）

四、三國・魏

1. 靡元（第 1 頁）／麋元（魏）（第 8 頁）

2. 高文惠（第 1 頁）

3. 高貴鄉公（第 1 頁）／魏高貴鄉公（曹髦）（第 45 頁）

4. 卞蘭（第 1 頁）

5. 應璩（第 1 頁）

6. 應瑒（德璉）（第 2 頁）／應德璉（魏）（第 2 頁）

7. 辛毗（第 8 頁）

8. 王脩（第 19 頁）

9. 王粲（第 19 頁）

10. 王昶（第 21 頁）

11. 王朗（第 22 頁）

12. 王肅（第 22 頁）／王肅（晉）（第 22 頁）

13. 丁廙（第 23 頁）

14. 丁廙妻（第 23 頁）

15. 丁儀（第 23 頁）

16. 夏侯玄（第 23 頁）

17. 夏侯惠（第 24 頁）

18. 賈充（第 25 頁）

19. 賈代宗（第 25 頁）

20. 甄皇后（魏文帝后）（第 26 頁）／ 魏文帝甄皇后（第 46 頁）

21. 盧毓（第 35 頁）

22. 何晏（第 36 頁）

23. 崔琰（第 39 頁）

24. 傅遐（第 42 頁）

25. 傅選（第 42 頁）／傅選（晉）（第 42 頁）

26. 傅嘏（第 42 頁）

27. 魏文帝（曹丕）（第 45 頁）／曹丕（魏）（第 94 頁）

28. 魏武帝（曹操）（第 46 頁）／ 曹操（第 98 頁）

29. 魏明帝（第 47 頁）

30. 吳質（第 47 頁）

31. 殷褒（第 49 頁）

32. 繆襲（第 51 頁）

33. 徐幹（第 52 頁）

34. 韋誕（第 81 頁）

35. 桓階（第 83 頁）

36. 桓範（第 83 頁）

37. 董巴（第 83 頁）

38. 荀爽（第 88 頁）

39. 黃觀（第 89 頁）

40. 杜摯（第 90 頁）

41. 杜恕（第 90 頁）

42. 楊脩（第 91 頁）

43. 邯鄲淳（第 92 頁）

44. 曹植（子建、陳思王、陳王）（第 95 頁）／陳王（魏）（第 111 頁）／陳
    思王（第 111 頁）

45. 曹同（第 98 頁）

46. 曹義（第 98 頁）

47. 阮瑀（第 99 頁）

48. 阮籍（第 100 頁）

49. 劉靈（即「劉伶」）（第 101 頁）

50. 劉劭（第 101 頁）

51. 劉邵（第 102 頁）

52. 劉伶（第 102 頁）

53. 劉楨（公幹）（第 103 頁）／劉公幹（第 107 頁）

54. 陳琳（第 111 頁）

55. 陳祈暢（第 111 頁）

56. 周生烈（第 113 頁）

57. 周成（第 113 頁）

58. 毋丘儉（第 113 頁）

59. 鍾繇（第 115 頁）

60. 鍾毓（第 115 頁）

61. 鍾會（第 115 頁）

62. 管寧（第 115 頁）

63. 繁欽（第 115 頁）

五、三國・蜀

1. 諸葛亮（第 14 頁）

六、三國・吳

1. 康泰（第 2 頁）

2. 謝承（第 11 頁）

3. 項峻（第 26 頁）

4. 張儼（第 28 頁）

5. 張溫（第 28 頁）

6. 裴玄（第 30 頁）

7. 環濟（第 33 頁）／環氏（第 33 頁）

8. 徐整（第 52 頁）

9. 顧啓期（第 59 頁）

10. 韋曜（第 81 頁）／韋昭（吳）（第 81 頁）

11. 姚信（第 83 頁）

12. 萬震（第 87 頁）

13. 薛綜（第 88 頁）

14. 薛瑩（第 88 頁）

15. 胡綜（第 92 頁）

16. 陸景（第 111 頁）

17. 閔鴻（第 113 頁）／閔鴻（東漢）（第 113 頁）

七、晉

1. 卞壺（第 1 頁）

2. 卞敬宗（第 1 頁）／卞敬宗（宋）（第 1 頁）／卞敬宗（齊）（第 1 頁）

3. 應碩（第 2 頁）

4. 應貞（第 2 頁）

5. 庾亮（第 2 頁）

6. 庾翼（第 3 頁）

7. 庾峻（第 5 頁）

8. 庾凱（第 5 頁）

9. 庾儵（第 5 頁）

10. 庾冰（第 7 頁）

11. 庾肅之（第 7 頁）

12. 庾闡（第 7 頁）

13. 辛女（傅統妻）（第 8 頁）／傅統妻（晉）（第 42 頁）

14. 辛曠（第 8 頁）

15. 辛氏（傅克妻）（第 8 頁）／傅克妻辛氏（第 42 頁）

16. 牽秀（第 8 頁）

17. 謝氏（王凝之妻）（第 14 頁）／王凝之妻謝氏（晉）（第 21 頁）

18. 郭璞（第 14 頁）

19. 許詢（第 15 頁）

20. 王慶（第 16 頁）

21. 王康琚（第 16 頁）

22. 王廙（第 16 頁）

23. 王讚（第 17 頁）

24. 王珣（第 18 頁）

25. 王珉（第 18 頁）

26. 王彪之（第 18 頁）

27. 王獻（第 18 頁）

28. 王升之（第 19 頁）

29. 王叔之（第 20 頁）／王叔之（宋）（第 20 頁）／王淑之（晉）（第 21 頁）

30. 王濟（第 21 頁）

31. 王濬（第 21 頁）

32. 王浚（第 21 頁）

33. 王述（第 21 頁）

34. 王渾妻鍾某（第 21 頁）／鍾夫人（王渾妻）（晉）（第 115 頁）

35. 王凝之（第 21 頁）

36. 王導（第 22 頁）

37. 王隱（第 22 頁）

38. 王氏（劉柔妻）（第 22 頁）／劉柔妻王氏（第 102 頁）

39. 王氏（處士劉參妻）（第 22 頁）／處士劉參妻王氏（第 37 頁）／劉參妻王氏（第 102 頁）

40. 王氏（劉和妻）（第 22 頁）／劉和妻王氏（第 102 頁）

41. 王羲之（第 22 頁）

42. 王惲妻鍾夫人（第 23 頁）／鍾夫人（王惲妻）（晉）（第 115 頁）

75. 孔璠之（第31頁）

76. 孔甯子（第32頁）

77. 孔氏（第32頁）

78. 孔舒元（第32頁）

79. 孫該（第32頁）

80. 孫承（第32頁）

81. 孫綽（第32頁）

82. 孫楚（第32頁）

83. 孫惠（第33頁）

84. 孫盛（第33頁）

85. 孫氏（鈕滔母）（第33頁）／鈕滔母孫氏（第51頁）／劉滔母孫氏（第102頁）／鈕滔母（晉）（第115頁）

86. 孫毓（第33頁）

87. 孟奧（第33頁）

88. 鄧德明（第33頁）

89. 翟鏗（第33頁）

90. 習鑿齒（第34頁）

91. 習蝦（第34頁）

92. 司馬彪（第34頁）

93. 盧諶（第35頁）

94. 盧播（第35頁）

95. 何劭（敬祖）（第35頁）／何敬祖（晉）（第36頁）

96. 何禎（第36頁）

97. 衛恒（第37頁）

98. 崔豹（第39頁）

99. 山濤（第40頁）

100. 伏琛（第40頁）

101. 伏滔（第40頁）

102. 傅玄（第40頁）／傅言（應作「傅玄」）（第44頁）

103. 傅純（第42頁）

104. 傅咸（第42頁）

105. 傅暢（第43頁）

106. 嵇康（叔夜）（第43頁）／嵇叔夜（第44頁）

139. 遠法師（慧遠法師）（第 77 頁）／慧遠法師（第 94 頁）

140. 溫嶠（第 77 頁）

141. 祖臺之（第 78 頁）／祖後（即「祖臺之」）（第 78 頁）

142. 左九嬪（第 78 頁）

143. 左思（第 78 頁）

144. 李充（第 79 頁）

145. 李康（第 79 頁）

146. 李重（第 79 頁）

147. 李秀（第 79 頁）

148. 李顒（第 80 頁）

149. 李氏（陳新塗妻）（第 80 頁）／陳新塗妻李氏（第 111 頁）

150. 李當之（第 81 頁）

151. 支僧載（第 81 頁）

152. 袁彥伯（第 81 頁）／ 袁宏（彥伯）（晉）（第 82 頁）

153. 袁山松（第 81 頁）

154. 袁准（第 82 頁）／ 袁准（當作「袁准」）（第 93 頁）

155. 木玄虛（第 82 頁）

156. 索靖（第 82 頁）

157. 桓玄（第 82 頁）

158. 桓溫（第 83 頁）

159. 戴延之（第 83 頁）

160. 戴逵（第 83 頁）

161. 董勳（第 83 頁）

162. 范甯（第 84 頁）

163. 范汪（第 84 頁）

164. 范堅（第 85 頁）

165. 蕭廣濟（第 85 頁）

166. 蘇彥（第 87 頁）

167. 摯虞（第 87 頁）

168. 華延俊（第 88 頁）

169. 華嶠（第 88 頁）

170. 苗恭（第 88 頁）

十一、南朝·宋

1. 庾仲雍（第5頁）

2. 顏延年（第8頁）／顏延之（延年）（宋）（第8頁）

3. 顏師伯（第9頁）

4. 顏峻（第9頁）

5. 顏測（第9頁）

6. 謝靈運（第9頁）

7. 謝延之（第11頁）

8. 謝琨（第11頁）

9. 謝莊（第11頁）

10. 謝惠連（第11頁）

11. 謝瞻（第12頁）

12. 王誕（第17頁）

13. 王韶之（第17頁）／王韶（《藝文類聚索引》誤作「王歆」）（第17頁）

14. 王弘（第17頁）

15. 王孚（第18頁）

16. 王微（第20頁）／王徽（宋）（第20頁）

17. 王僧遠（第21頁）

18. 王僧達（第21頁）

19. 雷次宗（第25頁）

20. 張望（第26頁）／張望（晉）（第26頁）

21. 張悅（第30頁）

22. 孔靈符（第31頁）／孔臯（第31頁）

23. 伍輯之（第35頁）／伍輯之（宋）（第35頁）／伍輯之（晉）（第35頁）

24. 何瑾（第35頁）

25. 何承天（第35頁）

26. 何偃（第35頁）

27. 何長瑜（第36頁）

28. 何尚之（第36頁）

29. 虞繁（第37頁）

30. 師覺授（第37頁）

31. 任豫（第37頁）／任豫（宋）（第37頁）／任豫（梁）（第37頁）

32. 山謙之（第 40 頁）

33. 伏系之（第 40 頁）

34. 傅亮（第 40 頁）

35. 吳邁遠（47 頁）

36. 鮑照（第 50 頁）

37. 鮑令暉（第 51 頁）

38. 徐諼（第 51 頁）／徐爰（第 51 頁）

39. 徐靈期（第 51 頁）

40. 宗炳（第 54 頁）

41. 宋文帝（第 54 頁）

42. 宋武帝（第 54 頁）

43. 宋江夏王劉義恭（第 54 頁）／劉義恭（宋江夏王）（第 107 頁）

44. 宋南平王（第 54 頁）／宋南平王劉鑠（第 54 頁）／劉鑠（宋南平王）（第 107 頁）

45. 宋孝武帝（第 54 頁）

46. 宋臨川康王（劉道規）（第 55 頁）

47. 江斆（第 58 頁）

48. 沈勃（第 75 頁）

49. 湯惠休（第 78 頁）

50. 支曇諦（第 81 頁）／支曇諦（晉）（第 81 頁）

51. 袁淑（第 82 頁）

52. 檀道鸞（第 82 頁）

53. 范曄（第 84 頁）

54. 賀道慶（第 90 頁）

55. 趙伯符（第 93 頁）

56. 盛弘之（第 94 頁）

57. 晃道元（第 98 頁）

58. 劉道眞（第 103 頁）

59. 劉義慶（宋臨川王）（第 107 頁）

60. 陶潛（第 112 頁）

61. 周祗（第 113 頁）／周祗（宋）（第 113 頁）

62. 段國（第 113 頁）

63. 鄭緝之（第 115 頁）

68. 梁簡文帝（第 65 頁）

69. 沈約（第 71 頁）

70. 沈某（范靜妻）（第 75 頁）／ 沈氏（范靖妻）（梁）（第 75 頁）／ 范靖
妻沈氏（梁）（第 84 頁）／ 范靜妻沈某（梁）（第 84 頁）

71. 沈趨（第 75 頁）

72. 褚沄（第 77 頁）／ 褚湮（梁）（第 90 頁）

73. 湯僧濟（第 77 頁）

74. 李鏡遠（第 81 頁）

75. 戴嵩（第 83 頁）／ 戴暠（梁）（第 83 頁）

76. 范雲（第 84 頁）

77. 范縝（第 84 頁）

78. 范泰（第 84 頁）／范泰（宋）（第 84 頁）

79. 范筠（第 85 頁）

80. 蕭瑱（第 85 頁）

81. 蕭琛（第 85 頁）

82. 蕭子雲（第 85 頁）

83. 蕭子顯（第 85 頁）

84. 蕭子暉（第 86 頁）

85. 蕭子範（第 86 頁）

86. 蕭巡（第 86 頁）

87. 蕭若靜（第 86 頁）

88. 蕭曄（第 87 頁）

89. 賀文摽（第 90 頁）

90. 楊曒（第 92 頁）

91. 柳憕（第 92 頁）

92. 柳惲（第 92 頁）

93. 費昶（第 98 頁）

94. 劉霽（第 101 頁）

95. 劉孺（第 101 頁）

96. 劉瑗（第 101 頁）

97. 劉綏（第 102 頁）

98. 劉緩（第 102 頁）

99. 劉之遴（第 102 頁）

十四、陳

6. 沈佺期（第 75 頁）

7. 太宗皇帝（李世民、太宗文皇帝）（第 79 頁）／ 李世民（唐）（第 80 頁）

8. 李嶠（第 79 頁）

9. 李崇嗣（第 79 頁）

10. 董思恭（第 83 頁）

11. 蘇味道（第 87 頁）

12. 黃子發（第 89 頁）

13. 杜審言（第 90 頁）

14. 楊炯（第 92 頁）